Dieter Urban

Pointierte Werbesprache

Geschriebene Texte – Gelesene Bilder

Dem unbekannten Kreativen gewidmet, der einmal folgende pointierte Werbebotschaft textete: «Nicht alles, was aus der Schweiz kommt, ist Käse.»

Ich bedanke mich bei allen unbekannten Menschen und Tieren, deren Konterfei neben Architektur, Gewächsen und Geräten entsprechende Bildmotive ermöglichte. Das den Headlines gegenüberliegende Bildmaterial stammt ausschließlich von meinen Studenten an der Hochschule für Gestaltung in Linz und der Fachhochschule Augsburg, jeweils aus dem Wintersemester 1993/94 bzw. aus dem Sommersemester 1994. Auch ihnen gilt mein herzlicher Dank. Besonders dankbar verbunden bin ich Herrn Thorisman Wolff, Manager Public Affairs von Philip Morris in München, der mir die Verwendung der Werbefigur auf dem Umschlag ermöglichte.

© 1995 Orell Füssli Verlag, Zürich
Umschlagbild: «Marlboro-Man», mit freundlicher Genehmigung der
Firma Philip Morris GmbH, München
Umschlaggestaltung: Andreas Zollinger, Zürich
Satz: Utesch Satztechnik GmbH, Hamburg
Druck und Einband: Freiburger Graphische Betriebe, Freiburg im Breisgau

ISBN 3 280 02332 7

Inhaltsverzeichnis

Vorbemerkung 1

Kommunikation – oder: Sprache kommt von Sprechen 5
    Direkt/senderbezogen: Das Gespräch 8
    Indirekt/senderbezogen: Die Korrespondenz 15
    Indirekt/empfängerbezogen: Die Beeinflussung 16
Die Organisation der neun Stationen 18

1. Station
Linguistik als wissenschaftliche Orientierung 23
Textanalyse 29
Fragebogen 1 35
Sprachstil 39
    Narrative Kommunikation 41
    Diskursive Kommunikation 42
    Informative Kommunikation 44
    Integrative Kommunikation 44
    Persuasive Kommunikation 45
    Manipulative Kommunikation 46
Fragebogen 2 46
Zwischenfazit 1. Station 47

2. Station
Verbale Kommunikation als Studieninhalt 49
Bewertungsbilder für Texte 53
Optimierung von Texten 55
Fragebogen 3 58
Ergebnisse von Hochschulprojekten 60
Zwischenfazit 2. Station 188

3. Station
Texter als Beruf(ung) 189

Wie? Was? Wo? Wer? 190
Fragebogen 4 191
Dichtung, Phantasie, Wahrheit 193
Fragebogen 5 195
Zwischenfazit 3. Station. 198

4. Station
Meinungsbildung als Verkaufsförderung 199

Fragebogen 6 200
Wie eine Werbeagentur funktioniert. 201
   Beispiele für Werbeziele 203
   Ablauf eines Werbeeinsatzes 206
Märkte, Medien, Mythos 208
Fragebogen 7 212
Zwischenfazit 4. Station. 213

5. Station
Kreativität als Qualitätsförderung 215

Die Verschiebung von Inhaltsebenen. 220
Fragebogen 8 222
Die Neukombination von bereits bestehenden Teilen 224
Fragebogen 9 225
Zwischenfazit 5. Station. 227

6. Station
Witze als Vorbilder 229

Fragebogen 10 233
Wortschatz, Dramaturgie, Manipulation 234
Zwischenfazit 6. Station. 237

7. Station
Lesen als Artikulationstraining 239

Argumentieren, Formulieren, Texten 241
Fragebogen 11 243
Schlagzeile, Slogan, Wortspiel, Stabreim etc. 244
Zwischenfazit 7. Station. 246

8. Station
Klientel als konstruktive Größe 247

Beratung, Durchsetzung, Honorar 248
Fragebogen 12 250
Zwischenfazit 8. Station..................................... 250

9. Station
Erfolg als Ziel 251

Fragebogen 13 252
Sportsprache, Kabarett-Texte, Dialekte 253
Zwischenfazit 9. Station..................................... 260

Resümee: Alle neun Stationen im Zusammenhang 262
    Ideentafel 1: Sprachstil 263
    Ideentafel 2: Textstudium 264
    Ideentafel 3: Texterberuf 265
    Ideentafel 4: Meinungsbildung 266
    Ideentafel 5: Kreativität 267
    Ideentafel 6: Esprit 268
    Ideentafel 7: Briefe 269
    Ideentafel 8: Praxis 270
    Ideentafel 9: Ziel 271

Nachbemerkung... 272

Anmerkungen.. 274
Literaturverzeichnis... 276
Stichwortverzeichnis.. 277

Auf den folgenden Doppelseiten sind jeweils auf der einen Seite ein Bild und auf der gegenüberliegenden ein Text plaziert. Wenn Sie es geschickt anstellen, können Sie so ziemlich jeden Text mit jedem Bild kombinieren, d. h. zu einem bestimmten Bild gibt es verschiedenartigste Texte – die sich immer wieder zu einer «doppelseitigen Anzeige» kombinieren lassen; genauso können Sie das auch mit einem bestimmten Text und verschiedensten Bildangeboten machen. Auf diese Weise entstehen Tausende von Kombinationsmöglichkeiten.

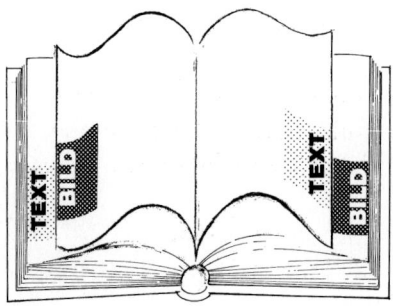

Vorbemerkung

Die Wirkung von Werbebotschaften kann verstärkt werden, wenn innerhalb des Bildes bzw. innerhalb des Textes oder zwischen Bild und Text ein Spannungsverhältnis besteht. Was heißt das?
– Wenn wir ein Lenkrad sehen, denken wir an «Auto».
– Wenn wir ein Auto parken sehen, denken wir an «Fahren».
– Sehen wir ein demoliertes Auto, denken wir an «Unfall».
Dies alles ist gelernt, erfahren, konventionalisiert. Wird diese Konvention gestört, z. B. ein Gegenstand aus seiner ihm zugeschriebenen Positionierung herausgelöst, entsteht beim Betrachter eine Irritation und damit ein höherer Aufmerksamkeitswert. Beispiel:
– Ein Auto steht nicht auf der Straße, sondern hängt als Kabine an einem Luftdrahtseil.
Das gleiche Spiel funktioniert nicht nur visuell, sondern auch verbal:
– Wenn ein junger Mensch das Wort «Bank» hört, denkt er eher an ein Kreditinstitut als der ältere Mensch, welcher vielmehr an eine Sitzgelegenheit denkt.
– Lesen wir das Wort «Frankfurt», denken die einen an den Rhein-Main-Flughafen, die anderen an Johann-Wolfgang von Goethe.
Wird wiederum an der Positionierung manipuliert, entsteht eine zweite Inhaltsebene:
– Die beiden Buchstaben Fr im Wort «Frankfurt» werden durch ein B ersetzt, damit «Bankfurt» gelesen wird.

Sage nie, was du zeigst!

Wenn nun Bild und Text derart miteinander kombiniert werden, daß eine zweite Inhaltsebene entsteht, darf z. B. neben dem Lenkrad nicht stehen: «Was Sie hier sehen, ist ein Lenkrad», sondern vielleicht «Suchen Sie nach einer Geschenkidee?» oder «form follows function» oder «Vorsicht Glatteis!»…
Wer Bilder durch bestimmte Texte in andere Wahrnehmungs- und Bewußtseinswelten überträgt, bedient sich einer wirksamen Konzeptionshilfe, weil er der Regel folgt «Sage nie, was du zeigst!».
Wer Texte durch entsprechende Bilder in neue Diskurswelten versetzt, betätigt sich genauso kreativ, weil er den Umkehrschluß praktiziert: «Zeige nie, was du sagst!»

Unbestritten ist:
- wer ein Bild betrachtet, bildet dazu den Text im Kopf;
- wer einen Text liest, hat dazu das entsprechende Bild vor Augen.

Wie ist das möglich?
Im menschlichen Gehirn korrespondieren zwei Hemisphären miteinander:
- die rechte Hälfte visuell/analog, mit der Bereitschaft zur Synthese, zum Kombinieren, zum Erkennen der Pointe, z. B. bei einem Witz (empfängerorientiert)
- die linke Hälfte verbal/digital, mit der Bereitschaft zur Analyse, zum Strukturieren, zum Produzieren einer Idee, z. B. für einen Werbetext (senderbezogen)

Realität

Dieses Phänomen können Sie, liebe Leser, folgendermaßen nachvollziehen: Nur 24 Wörter, aber unzählige Bilder, Geräusche und Gerüche entstehen in Ihrer Phantasie: «Österreich – das ist nicht nur einfach ein Land, sondern ein Zustand. Österreich heißt Urlaub. Sonne, Luft und Sommerfrische. Schneeglänzende Gipfel, spiegelblanke Seen, holzknarrende Gaststuben...»
Was fällt Ihnen zu dem Bild auf der gegenüberliegenden Seite ein?
Mir z. B. folgende Assoziationskette:
Hausfrau – Frühjahrsputz – Raucherin – Übergewicht – Kumpeltyp – Kantinenhilfe – hat Sinn für Humor – ißt gerne Kuchen/Torte – nicht risikofreundlich in Geschmacksfragen – neugierig. Für welches Produkt bzw. welche Dienstleistung könnte geworben werden, wenn zum Text links das Bild rechts gestellt werden würde?
Auf den folgenden Doppelseiten habe ich jeweils auf der einen Seite ein Bild und auf der gegenüberliegenden einen Text plaziert. Wenn Sie es geschickt anstellen, können Sie, wie bereits gesagt, fast jeden Text mit jedem Bild kombinieren, d. h. zu einem bestimmten Bild gibt es verschiedenartigste Texte – die sich immer wieder zu einer doppelseitigen Anzeige kombinieren lassen; genauso können Sie das auch mit einem bestimmten Text und verschiedensten Bildangeboten machen.

Jetzt stoßen wir auf ein weiteres Phänomen:
Weil sämtliche Schlagzeilen *unabhängig* zu den jeweiligen Bildern formuliert wurden (und sämtliche Bilder zu den entsprechenden Schlagzeilen

Zeige nie, was du sagst!

rein zufälliger Natur sind), müßte ihre Kombination logischerweise Unlogik erzeugen. Und dies ist in der überwiegenden Mehrzahl der Fälle eben *nicht* der Fall!

Warum wohl?

Weil der Homo sapiens daran beteiligt ist:

Lust

Unser Denken wird in Gang gesetzt durch Impulse, die unseren Erfahrungen entweder völlig diametral (Unlogik beim Witz) oder total konform sind (Logik beim Beweis). Es ist ziemlich schwierig, bei unterschiedlichsten Individuen eine vollkommene Übereinstimmung zu bekommen. Besser erreicht man den Adressaten durch einen Impuls, der ihm erst einmal seltsam, paradox, suspekt erscheint. Daraufhin entsteht bei ihm ein (unwillkürlicher) permanenter Denkarbeitsprozeß; automatisch mißt er allen Dingen, die er wahrnimmt, einen bestimmten Sinn bei – er ordnet sie ein, bis er in seiner Vorstellung ein brauchbares Gesamtbild aufgebaut hat. Fest steht: Jedes Bild- bzw. Textangebot wird so lange verarbeitet, bis es *vorstellbar* geworden ist, d. h. ehe die «Pointe» abgelehnt wird, wird sie mit «Rhetorik» begründet und damit angenommen. Anders ausgedrückt: Die Kommunikation darf nur aus 90% Information bestehen; die zur Botschaft fehlenden 10% muß sich der Adressat selbst holen (wie bei einem zündenden Witz), um sie zu komplettieren. Je weiter sich also ein Text vom Bild entfernt (bzw. je größer der Kontrast zwischen Bild und Text ist), desto stärker sind Blickfang, Aufmerksamkeitswert und Penetranz bei den entsprechenden Zielgruppen.

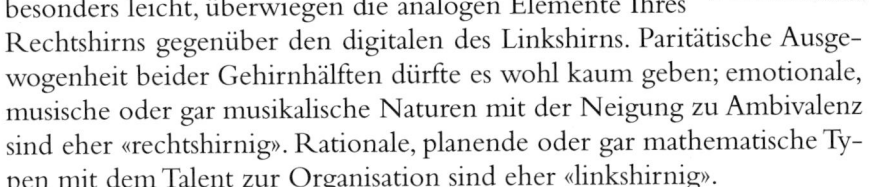

Machen Sie einmal folgenden Stichprobentest:
Kombinieren Sie die Texte auf den Seiten 13, 113, und 213 mit den Bildern auf den Seiten 15, 115 und 215. Je nach kreativem Potential, d. h. Herz, Verstand oder Phantasie, können Sie eine Brücke zur Botschaftsgestaltung finden. Wenn Ihnen das besonders schwerfällt, sind Sie ein Mensch, dessen Gehirn linksdominant ist – fällt es Ihnen besonders leicht, überwiegen die analogen Elemente Ihres Rechtshirns gegenüber den digitalen des Linkshirns. Paritätische Ausgewogenheit beider Gehirnhälften dürfte es wohl kaum geben; emotionale, musische oder gar musikalische Naturen mit der Neigung zu Ambivalenz sind eher «rechtshirnig». Rationale, planende oder gar mathematische Typen mit dem Talent zur Organisation sind eher «linkshirnig».

Wie Sie Ihre Kreativität freisetzen können: *Trainieren Sie Ihre schwächer entwickelte Gehirnhälfte!*

Der kreative Werber betätigt sich bei jeder seiner Anzeigenkonzeptionen quasi als Moderator. Er «schießt» mit einem Bild oder einem Text oder einer Bild/Text-Kombination in das Gehirn seines Ansprechpartners (Kroeber-Riel)[1] Während nun Bilder vor allem konkrete Informationen übermitteln können, bedient sich der Texter der Verbalsprache, wenn er entweder kompliziertere abstrakte Inhalte transportieren muß oder aber gezielt *dialektisch* vorgehen will, indem er den visuellen Impuls mit einem verbalen «verschiebt».

Ich gebe unumwunden zu, daß die Bild/Text-Kombination auf dieser Doppelseite keine guten Voraussetzungen zur Information in die Waagschale werfen kann: Auf den ersten Blick ist alles unlogisch, paradox, geradezu absurd. Rechtshirnige werden zuerst das Bild «durchlöchern» – Linkshirnige werden sich «visuell» mit dem Text beschäftigen. Beide sehen Dinge vor sich, die sie auf dem Papier nicht sehen.

Während sie das Verbindende zwischen rechts und links suchen (und auch sehr wahrscheinlich finden), hat bereits die *Penetranz* stattgefunden, weil «alles, was gedruckt und publiziert ist, zunächst einmal eine Akzeptanzvorgabe besitzt». Vergleichen ließe sich diese Situation mit einem gehörten Witz: Ehe man ihn als «unverständlich» abtut, sucht man krampfhaft nach der Pointe, weil man sich ja um nichts in der Welt die Blöße geben will, «begriffsstutzig» zu sein.

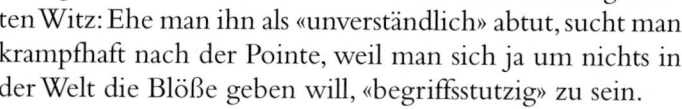

Die Werbung kann die Vorteile der Text- und Bild/Text-Wirkungen nutzen – weil der Mensch, genauer gesagt, das rechts mit links korrespondierende menschliche Gehirn, als «treuer Gefährte» mitmacht. Auf ihn ist stets Verlaß. Gäbe es den menschlichen Hang zu Provokation, Ironie, Persiflage, Parodie, Satire, Sarkasmus, Frivolität etc. nicht, wäre dies alles nicht möglich.

Die Werbung kann meiner Ansicht nach nur überleben, wenn sie den Unterhaltungswert bekommt, der z. B. in Frankreich, England und vor allem in den USA schon lange standardisiert ist. Es liegt nicht am Konsumenten, sondern an den Werbern, wenn man sich nach dem «Kapital, das auf der Straße liegt», noch nicht genügend gebückt hat... Ich wünsche Ihnen, liebe Leserin, lieber Leser, viel Spaß und Effizienz beim Lesen meines Buches!

Aystetten, im Winter 1994/95   Dieter Urban

Kommunikation – oder: Sprache kommt von sprechen

Wer gut spricht, schreibt auch gut: er strukturiert, systematisiert und argumentiert besser, stellt intelligentere Fragen. (Nicht nur Texte aus der Werbung, auch journalistische Produkte oder wichtige Briefe werden pfiffiger bzw. effektiver.)

Kommunikation auf der Basis von Sprechen und Hören gehört zu den Fähigkeiten, welche dem Menschen unter den Lebewesen eine Sonderstellung einräumt. Der Mensch ist nur Mensch durch die Sprache (Wilh. v. Humboldt).[2]

Wir beginnen unser Menschsein mit einem Urschrei – die akustische Explosion ins Leben. Das unartikulierte Gebrüll, der erste Laut ist jedoch undefinierbar: Er liegt irgendwo in der Gegend des A. Indem wir unseren ersten Vokal produzieren, vermischen sich darin gleich alle fünf...

- das E (= eh) der Ermunterung und des Spotts,
- das I (= ii, igittigitt) des Ekels und des Abscheus,
- das O (= oh, oho) der Enttäuschung und der Überraschung,
- das U (= uh) der Abneigung und der Angst sowie
- das A (= ah, aha) des Staunens, des Schmerzes, aber auch des Begreifens.

Werden diese Vokale gesummt, soll nach Ansicht der Homöopathen eine heilende Kraft von ihnen ausgehen – und zwar für
- die Lunge durch das A,
- für die Leber durch das E,
- für den Kopf durch das I,
- für das Herz durch das O und
- für den Magen durch das U.

Zu unseren ersten Sprachleistungen zählt sicherlich das M. Dieser Konsonant (gesummt wiederum soll er nebenbei der Niere guttun) ergibt in Kombination mit dem A bekanntlich das von Müttern so sehnsüchtig erhoffte erste Wort: MAMA.

Geraume Zeit später folgen neben Lautmalereien (muhen, wiehern, klirren, scheppern, klecksen, murksen, raffen, gaffen, meckern, jammern etc.) auch Lautäußerungen:

Tot! Elektriker schwamm gegen den Strom

- das knallende bhh bzw. phh der Geringschätzung,
- das blasende fff bzw. vvv der ablehnenden Überraschung,
- das hauchende hh der Erleichterung,
- das helle ei, ei der Freude und das eieiei des Bedauerns,
- das summende mh-mh-mh der genießerischen Zustimmung,
- das zischende sssss und xxx der schroffen Abweisung.

Empfindungswörter oder «Interjektionen» (Strehle)[3] sind Ausrufe der Erregung wie ah, au, ih, oh, uh oder ui. Diese sind das akustische Pendant zum mimischen Gesichtsausdruck. Betrachten wir uns einmal die Namen (oder Bezeichnungen) von imponierenden Gestalten oder Dingen, so ist nicht selten auszumachen, daß hier diese Interjektionen in Worte oder Begriffe gefaßt sind: Götter haben Namen wie
- B**a**al, Budd**ha**, Allah, J**u**no, J**u**piter, hochgestellte Persönlichkeiten heißen
- P**a**pst, Pasch**a**, Sch**ah**, Admir**a**l, Gr**a**f, Bar**o**n.

Wer die entsprechenden Vokale so artikuliert, daß Bewunderung aus ihnen spricht, merkt, wie gut sich diese Worte dazu eignen. Auch
- br**a**vo, f**a**mos, grandi**o**s oder ph**ä**n**o**men**a**l sind nichts anderes als die Ergänzung von Interjektionen zu einem Wortbegriff.

Eines Tages wird alles anders sein

Der Mensch – anfänglich babbelnd, prustend, gurgelnd und mümmelnd – kommt im Laufe seines Lebens ohne Sprache nicht aus. Wenn Sprache Zeit + Raum überwinden muß, bedarf sie der Schrift. Diese wiederum setzt sich aus Buchstaben zusammen, aus Vokalen und Konsonanten. Letztere sind ja auch die Träger der Sprache, obgleich diese die Vokale und die Um- bzw. Doppellaute zum Schattieren, Modellieren und Phrasieren dringend benötigt. Ursprünglich gab es nur Konsonanten; dem Leser hat man den individuellen Einsatz der Vokale selbst überlassen. Das ist natürlich heute nicht mehr möglich. – Kleiner Spaß am Rande: Die Aneinanderreihung mehrerer Konsonanten ohne Vokale wird mit der Darbietung durch Schrift optisch sehr effektvoll: Die Buchstabenformation *Wrdldnkt, rknntdnwrtdslbns* kann durch einen einzigen Vokal (das e als meistverwendeter Buchstabe unserer Schriftsprache) zur höheren Philosophie werden (Wer edel denkt, erkennt den Wert des Lebens).

Jede Aufnahme von Informationen durch unsere Sinne, Wahrnehmung, Verarbeitung, Speicherung, Weitergabe und die jeweilige Reaktion darauf,

ist Kommunikation. Diese bildet die soziale Grundlage für unser Zusammenleben:
- Impulse zu geben (= Fragen zu stellen),
- Impulse zu suchen (= Antworten zu geben) und
- Impulse zu empfangen (= Bedürfnisse zu haben und zu befriedigen).

Sie dient aber auch dazu, sich anderen gegenüber zu behaupten. – Leben ist Kommunikation!
Warum spricht der Mensch?
Sprechen ist ein Austausch von Denkvorgängen (Molière).[4] An der Spitze aller Kultur steht die Sprache als «geistiges Wunder» (J. Burckardt)[5], «Zeichnung ist Sprache für die Augen, Sprache ist Malerei für das Ohr» (Joubert).[6] Das phonetische Alphabet zwang die magische Welt des Ohrs, sich der neutralen Welt des Auges zu ergeben (McLuhan).[7] Menschliche Sprache wird durch Laute ausgedrückt und durch gefügte Worte dargestellt. Unsere Schrift ist dabei eine Sprache zur Beschreibung von Lautbildern (Wittgenstein).[8]

Wenn heutzutage so mancher Werbetext durch eine oder mehrere Anleihen bei der Umgangssprache zustandekommt (siehe Seite 9) – so liegt das meines Erachtens nicht nur im angestrebten Verständnis bezogen auf die Rezipientengruppe, sondern sehr wohl auch daran, daß angeblich nur diese Gegenwartssprache jene Zwei- und Mehrdeutigkeiten zuläßt, die die notwendige Spannung aufbauen. Nach Untersuchungen des Werbetexters Hans Reinhard Schatter[9] taucht unter den hundert am häufigsten eingesetzten Wörtern der deutschen Sprache nur ein einziges Substantiv auf: ZEIT. Die Hälfte unserer Alltagssprache besteht lediglich aus 207 Wörtern, vorwiegend kurze Ein- und Zweisilber! Unter den rhetorischen Figuren – auf die ich im besonderen noch später eingehe – nehmen die Metaphern eine Sonderstellung ein: Der Schnabel ist nicht nur der Körperteil eines Vogels, sondern auch die Bezeichnung für die Öffnung eines Gefäßes geworden. Die  Wortbedeutung wurde auch erweitert beim Meerbusen, beim Bergrücken, bei der Landzunge und beim Flußarm. Meist sind es die Namen der Menschen- oder Tiergestalt, welche den Grund dafür liefern, daß von einem Bereich (Bild) in den andern (Sprache) übertragen wurde. – Adjektive, die etwas Konkretes ausdrücken, können Substantive, welche etwas Abstraktes bezeichnen, anschaulicher machen: Man spricht von der faulen Ausrede, dem fadenscheinigen Argument, dem launischen Wetter; eine faule Ausrede «stinkt», das launische Wetter ist so unberechenbar wie der Mensch, der zwischen ständig wechselnden Stimmungen schwankt. Sich die «Nase abfrieren» oder «übers Ohr hauen lassen» oder «ein Auge auf etwas werfen» sind Redensarten (Idioms), die in der mündlichen Umgangssprache eingesetzt werden. Wegen der vertrauten Wortfolge verbunden mit visuellen Umsetzungsmöglichkeiten, werden Idioms vorzugsweise in der Werbung eingesetzt, weil vor allem Headlines dem Konsumenten nach dem Mund reden.

Daß Wörter mit übertragener Bedeutung im Kommunikationsdesign so häufig Verwendung finden, hängt ohne Zweifel mit der Funktionsweise unserer Denkzentrale zusammen (G. Schweiger/G. Schrattenecker). [10]

Sprechen ist ein derart vielschichtiger Komplex, daß man ihn nur annähernd mit einer Skala von Sprecharten und den ihr zugeordneten Texttypen darstellen kann. Zwischenmenschliche Artikulationen haben aktive und passive Inhalte im allgemeinen – unterhaltenden, erzieherischen, darstellenden und beeinflussenden Charakter im besonderen. (Beispiele)

Sprechart		Texttyp
sagen, mitteilen	=	Informationsübermittlung
bekanntgeben	=	Neuigkeit, Gerichtsurteil
plaudern, reden	=	Zwiegespräch, Mehrgespräch
referieren	=	Rede, Predigt, Plädoyer
erklären, deuten	=	Sachverhalt, Instruktion
erzählen	=	Märchen, Geschichte, Prosa
meinen, äußern, aussagen	=	Rat, Antwort, Vorschlag
ausplaudern, ausplappern	=	Geheimnis, Indiskretion
auf-/hersagen, deklamieren	=	Poesie, Lyrik, Dramatik
aussprechen, diskutieren	=	Debatte, Diskussion, Anhörung
überreden, überzeugen	=	Verkaufsgespräch, Akquisition

Direkt/senderbezogen: Das Gespräch

Der Linguist Dieter Wunderlich hat in seinen «Studien zur Sprechakttheorie» (Frankfurt/M. 1976) u. a. zwei Beispiele erwähnt, aus denen ich nachfolgend entsprechend zitieren darf.

Um auf die Handlungstheorie, welche mit der Sprachtheorie in engerem Zusammenhang steht, näher einzugehen, bedarf es zunächst der Beantwortung der Frage: Was ist eine Handlung?

komplex-gesellschaftlich: z. B. der Bau eines Kernkraftwerks, das Führen einer Wahlkampagne, das Durchführen einer Herzoperation oder der betrügerische Bankrott eines Unternehmens...
konkret-praktisch: z. B. das Fällen eines Baumes, das Kochen einer Suppe etc.
Gemeinsam ist allen Handlungen die Frage «Wie macht man das?» oder «Darf man das?» oder eine Kombination beider Fragen. – Dabei sind wir schon bei der «Sprechhandlung», d. h. bei der Formulierung der (angekündigten oder vollzogenen) Handlung und der Reaktion darauf – beides unter Zuhilfenahme der Sprache (Geschriebenes zum Lesen bzw. Gesprochenes zum Hören).

Beispiel
Max fährt mit seiner Freundin Emma mit seinem Sportcoupé im Morgenverkehr.
Emma: «Fahr' doch zu und überhol' ihn... Du traust dich nur nicht!... (Sprache)
Max drückt mit der linken Hand den Aufblendhebel, mit dem rechten Fuß das Gaspedal hinunter...
– Mit dem Aufblenden drückt er die Absicht aus, zu überholen (Handeln)
– Mit dem Beschleunigen vollzieht er den Überholvorgang
Auf diese Weise folgt er der Aufforderung seiner Freundin und widerlegt damit ihre Behauptung, er sei feige:
– Durch diese Handlung (Auf-/Abblenden) irritiert er gleichzeitig die entgegenkommenden Fahrer; auch der vor ihm Herfahrende gerät unter Druck und reagiert u. U. säuerlich... (Folge/n)
Daran lassen sich folgende wesentliche Handlungsmerkmale ableiten:

Am Arsch der Welt

generell	speziell
– Aufblenden bzw. Fernlicht einschalten	– Morgenverkehr auf der Umgehungsstraße
– Mit Emma im Sportcoupé zur Arbeit fahren	– zum Überholen langsamerer Fahrzeuge ansetzen
– Handlungen mehrerer (Autofahrer)	– Max als (wie auch immer gearteter) Typ

Was wäre passiert bzw. nicht passiert, wenn Max der Herausforderung durch Emma *nicht* gefolgt wäre? Sein Selbstbewußtsein wäre vielleicht angekratzt, nicht sein Auto. Die Folge der Folge: Max löst einen Unfall aus (1), hilft anschließend seiner Freundin aus seinem Wrack (2), streitet jegliche Mitschuld ab (3) und telefoniert zuerst mit den Rettungsdiensten (4), dann mit seiner Versicherung (5)
Eigentlich wollte Max dies alles nicht.
Max wollte nur seiner Freundin Emma imponieren, hat aber einen anderen Partner so genervt, daß (unkontrollierbare) Hektik entstand – die dann letztlich zum Unfall führte. – Im Polizeiprotokoll lesen wir jedoch nicht die *Ursache* (= Emma), sondern nur die *Auswirkung* (= Blendmanöver)
Dialogmuster von Sprechhandlungen:

Frage
(«Haben Sie schon das neue Buch von Max Frisch gelesen?»)

Antwort
(«Nein, ich interessiere mich nicht dafür.»)

Aufforderung
(«Rufen Sie mich unbedingt morgen abend an.»)

Versprechen
(«Ich werde es bestimmt tun.»)

Erlaubnis
(«Du darfst heute abend mein Auto nehmen.»)

Bedankung
(«Besten Dank!»)

Vorwurf
(«Du bist schon wieder zu spät nach Hause gekommen.»)

Entschuldigung
(«Tut mir leid, ich habe Emma noch unterwegs getroffen.»)

Beispiel
Arno und sein Freund Berni machen Hausaufgaben.
Berni: «Hier zieht's.»
Arno blickt auf, schaut herum und erwidert: «Du kannst ja die Fensterklappe schließen.»
Arno interpretiert dabei folgendes:
- Berni stellt fest, daß es hier zieht. (sprachliches Wissen)
- Ich nehme an, daß er, Berni, mir etwas Relevantes sagen will (Kooperationsprinzip)
- Ich habe ihm aber keine Frage gestellt, auf die dies eine Antwort gewesen wäre. Also erwartet er von mir eine Reaktion. (Kooperationsprinzip)
- Ich nehme an, daß Berni es als unangenehm empfindet, daß es zieht. (faktisches Wissen über Präferenzen)

Frühlings-erwachen

Wenn jemand etwas als unangenehm empfindet, kann er dies abstellen, wenn er weiß, wie es geht, und wenn er sicher ist, daß die Veränderung auch von anderen akzeptiert wird, wenn er trotzdem die Feststellung macht, dann weiß er entweder nicht, wie er den Zustand ändern kann, oder er ist nicht sicher, ob die Veränderung akzeptiert wird, oder er kritisiert den Urheber des Zustands, oder er wünscht eine Beseitigung des Zustands durch einen anderen. (generelles Wissen)
Ich habe diesen Zustand nicht hergestellt, und das weiß er. (faktisches Wissen)
Also kritisiert er mich nicht. Wenn seine Äußerung in diesem Zusammenhang relevant sein soll, kritisiert er auch keinen anderen. Ich selbst empfinde den jetzigen Zustand nicht als unangenehm, mir ist es aber egal, ob er verändert wird. (Präferenz)
Ich habe keinen Anlaß, diesen Zustand selbst abzuändern, und das weiß Berni. Also weiß Berni entweder nicht, was er tun muß, um den Zustand abzuändern, oder er ist sich nicht sicher, ob ich der Veränderung zustimmen werde. Ich will auf seine Bemerkung antworten. (Kooperationsprinzip)
Ich sehe, daß die Fensterklappe geöffnet ist, und nehme an, daß dies den Zug veranlaßt. (faktisches Wissen)
Also werde ich ihm sagen, was er tun kann, ohne daß er damit meine Präferenzen beeinträchtigt. Ich werde ihm aber die Entscheidung freistellen. Dies leistet ein Ratschlag. (sprachliches Wissen)
Also werde ich ihm raten, die Fensterklappe zu schließen.
Vorschlag + Angebot + Ratschlag + Empfehlung + Warnung + Drohung = Sprechhandlung, die eine Aktion auslösen können/sollen

Anders als bei der Aufforderung (Emma) ist derjenige, der den Ratschlag gibt, an der Handlung selbst aber nicht unbedingt interessiert. Er bewertet sie vielmehr an den Präferenzen des Angesprochenen. Es ist nun Sache Bernis, sich zu einer Handlung zu entschließen, z.B. so: Ich will, daß es nicht mehr zieht. Arno sagt, wenn ich die Fensterklappe schließe, hört es auf, zu ziehen. Ich glaube Arno, also werde ich die Fensterklappe schließen...

Wer gut schreibt, spricht auch gut, artikuliert besser, kann auch Interviews führen. Nicht nur Vorstellungs-, auch Präsentations- und Verkaufsgespräche werden qualitativer resp. intelligenter.

Eines meiner Werbetextseminare habe ich einmal mit der Frage «Wer sind wir denn eigentlich?» eingeleitet. Ich stellte dabei folgende Aufgabe: Jeder Teilnehmer interviewt einen anderen (und wird dabei selbst interviewt) so, daß nach ca. 20 Minuten (2 x 10 Min.) jeder seinen Tischnachbarn vorstellen kann (und dabei selbst vorgestellt wird). Präsentierzeit jeweils ca. 3 Minuten. Von Wichtigkeit sind neben den Angaben zur Person die Charakterisierung der Persönlichkeit, z. B. sein kommunikatives Engagement, Wissen, Motivation, Interesse etc. – Zwei wichtige Regeln sollten dabei beachtet werden:
– Niemals Fragen stellen, die man selbst nicht freimütig und ehrlich beantworten kann.
– Wer falsch fragt, erhält auch falsche Antworten!

Die Ergebnisse mit dem Fazit «Wie kann, soll, muß gefragt werden?» haben wir daraufhin als *Fragetypen* kategorisiert:
– unvollständig: «Würden Sie mir einige persönliche Fragen beantworten?» (Sachneutraler Einstieg). «Warum besuchen Sie dieses Seminar?» (offene Frage)
– vollständig: «Können Sie mir bitte ausführlicher erzählen, warum Sie dieses Seminar besuchen?» (gezielte Frage) «Würden Sie mir genau sagen, was dazu den Ausschlag gegeben hat?» (vollständige Frage)
  – ungerichtet: «Was kann wohl der Anlaß sein, dieses Seminar zu besuchen?» (generell)
  – gerichtet: «Welchen persönlichen Erwartungshorizont verbinden Sie mit dem Besuch des Seminars?» (speziell)

Nach dieser Befragungseskalation, welche sich von der Peripherie allmählich ins Zentrum bewegt, können zur Auflockerung dann wieder unsystematischere Anstöße erfolgen. Vier Beispiele dafür:
  – projektiv: «Warum wohl geht Ihres Erachtens der ambitionierte Redakteur in dieses Text-Seminar?»
  – indirekt: «Was tun Sie für Ihre berufliche Weiterbildung?» «Welche Art der Weiterbildung ist für Sie am effektivsten?» – «Warum?»
– suggestiv: «Ich möchte mich mit Ihnen über Ihre berufliche Weiterbildung unterhalten. Besuchen Sie hin und wieder Praxisseminare?» – «Warum?»
– auffordernd: «Was halten Sie von Praxisseminaren?» – «Fällt Ihnen sonst noch etwas dazu ein?» – «Wie ist das gemeint?» – «Kann es sein, daß Sie dazu keine Meinung haben?»

Eine geschickte Mischung aus dem hier angebotenen Fragenkatalog wird durch hypothetische (Fangfragen) und, wenn es die Situation zuläßt, tabuisierende Anflüge ergänzt. Dadurch beantwortet der Interviewte auch – indirekt – Fragen, die er eigentlich gar nicht – oder so nicht – beantworten wollte. Diese umfassendste und zugleich gründlichste Befragungsform heißt in der Fachsprache *Exploration*. Sie kann wahre, echte, unbewußte Motive zumindest ansatzweise zutage fördern – ohne in den Geruch des «Lügendetektors» zu kommen.

Schließlich haben wir die Interviewer-Ansprüche («Was will ich wissen?») zur Hinterfragung von komplexem Denken wie folgt aufgegliedert:

– Abstraktions- und Kombinationsfähigkeit des Befragten:
  Ungerichtete Fragen leiten das Interview ein. Nach verschiedenen «Warum-ist-das-so?»-Etappen werden die Fragen immer gerichteter, bleiben aber weitgehend theoretisch.
– intellektuelle Beweglichkeit des Befragten:
  Auffordernde Fragen werden immer wieder von suggestiven Fragen abgelöst, um den Partner «aufs Eis zu führen». Reagiert er entsprechend, lassen sich davon geistige Flexibilität und Souveränität ableiten.
– Raumvorstellung des Befragten:
  Indirekte Fragen helfen festzustellen, ob der Partner Perspektiven für die Zukunft hat, ob er zeiträumlich und komplex zu denken vermag.
– Phantasie des zu befragenden Partners:
  Projektive Fragen führen zur Einschätzung, ob sich der Partner in die Rolle eines anderen versetzen kann. Sollte dies der Fall sein, kann davon ausgegangen werden, daß dieser mit seiner Kreativität umzugehen weiß.
– Kontaktfreude des Interviewpartners:
  Auffordernde Fragen leiten das Gespräch ein. Wird das Interview nicht abgebrochen, können vollständige Fragen (gezielt) gestellt werden. Beantwortet der Partner diese alle bereitwillig, zeigt er damit sein kommunikatives Engagement.

Immer nur die besten Mitarbeiter

Wenn Gesprochenes (als Vielheit) auf Geschriebenes (als Einheit) reduziert wird, entsteht *Text*. Die Frage «Was ist das Typische an meinem Gesprächspartner?» machte ich zu folgender Aufgabe:
Wenn Sie das Ergebnis Ihres Interviews druckreif formulieren müßten – weil es in irgendeiner Zeitung zusammen mit dem Porträt des Interviewten veröffentlicht wird –, fehlt Ihnen noch die Überschrift. Texten Sie bitte in *einem* Satz (nicht mehr als neun Wörter!) das Konzentrat. Schreiben Sie

es groß und deutlich mit einem dicken Filzstift auf ein DIN A4-Blatt und heften Sie es – mit dem jeweiligen Namen versehen – an die Wand. Bearbeitungszeit ca. 10 Minuten. Prinzip: Facts sind Knochen, Vokabular ist Muskulatur, Phrasen sind Fettansätze! – Herausgekommen sind dabei Sätze wie «Ein Realist als Spinner» oder «Peter, der Erfinder».

Als Ziel eines (Befragungs-)Gesprächs habe ich unter der Maxime «Wie kann Unkenntnis durch Kenntnis ersetzt werden?» folgende sechs Leitgedanken formuliert:

- Es ist ein Unterschied, ob sich jemand selbst vorstellt oder ob er durch eine andere (informierte) Person vorgestellt wird. Inhalt und Wirkung der *passiven* Vorstellung sind objektiver (Fremdbild) gegenüber der *aktiven* Vorstellung (Selbstbild). Aber: Dadurch kann es auch Verfälschungen geben – wenn z. B. bei einer Gastlehrveranstaltung im Hörsaal der Assistent des Professors als «Professor» und der echte Professor als «Assistent» vorgestellt wird.
- Fragen des Interviewers und Antworten des Interviewten aneinandergereiht, ergeben noch keine Vorstellung.
Wichtig ist die Reflexion des Interviewers: vergleichendes und überprüfendes Denken nach den Antworten. Anschließend folgt das Resümee sowie die Formulierung für den Kreis der Zuhörer – und damit der erste Versuch, mündlich zu *texten*.
  - Von der Kreativität des Interviewers hängt es ab, ob er durch die Kombinationsfähigkeit von logischen, nachvollziehbaren (ehrlichen) Antworten, die er aufgrund von redlichen (unverfänglichen) Fragen erhält, Dinge erfährt, die ihm der Interviewte nicht oder zumindest *so* nicht verraten wollte. Die Cleverness des Interviewers ist es auch, welche ihn vor der Täuschung durch Scheinantworten schützt. Dabei spielt selbstverständlich das Interview-Klima eine entscheidende Rolle.
  - Die mündliche Vorstellung auf der Basis eines vorher getätigten Interviews ist noch nicht *druckreif* formuliert. Bei der (ggf. schrittweisen) Reduktion auf eine «Generalaussage» in Form einer Headline wird mit der Sprache «gebastelt» – erster Versuch, schriftlich zu *texten*.
- Durch Abwurf von «Ballast» (Redundanz) *verdichtet* sich der Inhalt. Es verbleiben im «Sieb» Facts (Daten), welche mit entsprechendem *Vokabular* präsentiert werden – Worte wie «sozusagen», «eigentlich», «ich meine...» o. ä. werden abgespeckt.

Flexibel in den Alltag

Indirekt/senderbezogen: Die Korrespondenz

Im gleichen Seminar habe ich einige Zeit später die Maxime «Klar, prägnant, verbindlich schreiben!» ausgegeben und sie auf die senderbezogene Mitteilung abgestimmt. Wieder stellte ich dazu eine Aufgabe: Optimieren Sie folgenden Brieftext unter Beibehaltung des höflichen Tons: «In Anbetracht Ihres Schreibens, daß Sie mit der letzten Aufsatzzensur – die ich Ihrem Sohn gegeben habe – nicht einverstanden sind, möchte ich Ihnen folgenden Vorschlag unterbreiten: Um eine befriedigende Klärung dieser Angelegenheit zu erreichen, würde ich es sehr begrüßen, wenn wir uns zu einem persönlichen oder telefonischen Gespräch zusammenfinden könnten.» Dieser unverhältnismäßig hohe Wortaufwand (49) kann auf 35% (17) reduziert werden: «Da Sie mit der letzten Aufsatzzensur Ihres Sohnes nicht einverstanden sind, schlage ich ein klärendes Gespräch vor.» Im Anschluß daran ließ ich nach Synonymen (= sinnverwandte Begriffe) für das Wort «schreiben» suchen. – Präziser, rhetorischer oder umgangssprachlicher sind die 39 folgenden: niederschreiben, notieren, aufschreiben, hinschreiben, protokollieren, registrieren, aufnehmen, ausstellen, aufzeichnen, berichten, bezeichnen, vorzeichnen, beurkunden, festhalten, eintragen, korrespondieren, mitteilen, abschreiben, nachschreiben, kritzeln, unterschreiben, gegenschreiben, gegenzeichnen, aufsetzen, verfassen, ausarbeiten, hinhauen, herunterhauen, beantworten, benachrichtigen, reimen, dichten, erzählen, (ugs.=) pinnen, krakeln, schmieren, sudeln, tippen, sich einen Stiefel zusammenschreiben.

Unter dem Motto «Briefstil ist nicht Freistil!» habe ich meinen Seminarteilnehmern die folgenden acht Fragen gestellt, die sich jeder einmal selbst beantworten sollte:
- Lese ich Goethe, Schiller, Lessing, Heine, Bachmann, Wolf, Böll, Frisch, Grass, Walser oder andere, damit ich spüre, welche Wirkung Sprache erzielen kann?
- Lese ich vielleicht Hemingway, damit ich spüre, wie mit wenigen Worten viel gesagt werden kann?
- Lese ich die «Neue Zürcher Zeitung», die «Süddeutsche Zeitung», «Die Presse», den «Blick», «Bild» oder «Kurier», «Spiegel», «Wirtschaftswoche» oder «auto revue» z.B., um etwas über Lesefluß, Verständlichkeit, Textanordnung oder Gestaltung zu erfahren?
- Sehe ich mit geschlossenen Augen fern, selbst wenn ich das zunächst als widersinnig empfinden würde, um nur auf bilaterale bzw. multilaterale Gespräche zu *hören* und mir dabei subjektive Bilder vorstellen zu können?

- Lese ich Gedichte von Hölderlin, Grillparzer, Uhland, Morgenstern, Rilke, Ringelnatz, Puschkin, Mao oder andere, damit ich registriere, wie Gefühl und Ausdruck in dürren Worten zusammengebracht werden können?
- Höre ich bei der Unterhaltung anderer mit oder trainiere ich, dem einen zuzuhören, während ich beim anderen auch noch etwas «aufschnappe» – auch wenn das gegen die Anstandsregeln verstoßen sollte – um mir die (Wahrnehmungs-)Sensibilität für den Alltagsdialog zu erwerben oder zu erhalten?
- Lese ich auch Schüttelreime, «Antisprichwörter» oder witzig-verspielte Verballhornungen, um Rhetorik im Alltag zu lernen?
- Lebe ich intensiv, mache ich (fast) alles mit, was ich mitmachen kann, um lebendig zu schreiben. Die Umwelt besteht aus Lesern!

Indirekt/empfängerbezogen: Die Beeinflussung

Im Unterschied zur Tierwelt reagiert der Mensch eher auf optische als auf akustische oder haptische Signale – auch Nase und Zunge treten erst in Aktion, wenn entsprechende Assoziationen über Impulse entstanden sind, welche von den Augen aufgenommen wurden. Damit ich recht verstan-

den werde: Hier handelt es sich ausschließlich um gezielte, beabsichtigte Signale im Sinne einer Meinungsbildung oder -veränderung aus verkaufsfördernden Motiven, bei denen nicht der (tierische) Instinkt, sondern (menschliche) Neugier und Prestigedenken gefordert sind.

Während nun Kroeber-Riel mit seiner These «Bilder sind besser als Sprache geeignet, Emotionen zu vermitteln und eine fiktive (Werbe-)Wirklichkeit zu erzeugen»[11] der Illustration das Wort redet, bin ich mir sicher, daß DER LESENDE MENSCH *BILDER* IN DEN KOPF BEKOMMT, ABER DASS DER BILDBETRACHTENDE MENSCH *TEXTE* VOR SEINEM GEISTIGEN AUGE HAT. – Dies zu belegen, habe ich mit meinen Seminarteilnehmern eine weitere Übung gemacht: Unter der Fragestellung «Sagt ein Bild mehr als 1000 Worte?» ließ ich sie in zwei Gruppen einteilen. Die eine Gruppe bekam ein Bild gezeigt, welches sie so in Text zu übertragen hatte (also *nicht beschreiben* durfte), daß sich die andere Gruppe ein Bild vorstellen konnte. Das *Bild* sehen Sie auf Seite 18/19. Der zur Vermittlung des Bildeindrucks formulierte Text lautete:

«Schön von Ken, daß er mich heute abgeholt hat, um den Abend miteinander zu verbringen.» Sandy fühlt sich wohl und geborgen bei ihm und drückt sich noch mehr an seine Schulter, denn nur wenn sie sich ganz weit nach rechts lehnt, wandert der Spiegel aus dem Blickfeld. Hier hinten ist man so ungestört – so abseits parkiert. Draußen rauscht der Wind in den Bäumen, und ihre bewegten Schatten heben sich schwach vom Nachthimmel ab. Ihre Gefühle sind so vordergründig, so präsent, und drängen die Leinwandstory in den Hintergrund. – Es ist wie ein Traum, so dazusitzen. Schön dieser Augenblick, er dürfte nie vergehen...»

Das Bild, welches nun im Kopf des/der Leser/s entsteht, sollte – wenn der Text gut, d. h. phantasiefördernd und präzise ist – möglichst nahe an das umseitig gezeigte heranreichen. Ergebnis = Es war fast identisch mit der Abbildung! Damit steht eines unwiderruflich fest: Dieser Text wäre ein *schlechter* Werbetext, stünde er unter diesem Anzeigenbild. Warum wohl? Hier verweise ich auf meine Eingangsthese auf Seite 1. – Wer den Betrachter bzw. Leser für sich gewinnen will, muß ihn beeinflussen, d. h. er muß seine Botschaft so interessant (spannungsgeladen, kontrastierend, ggf. kontrovers) aufbauen, daß (weiter-)gelesen, begehrt und u. U. gehandelt wird.

Dann ist die beabsichtigte Wirkung (Penetranz) erreicht. Anschließend hatten die beiden Gruppen umgekehrt vorzugehen: Jeder wurde jeweils ein Wortbegriff gezeigt, zu dem ein exemplarisches Bild gefunden werden mußte (ihn also *nicht visualisieren durfte!*) welche die andere Gruppe nach dem Betrachten mit einem «Titel» auszustatten hatte. Der Wortbegriff lautete «TRAUER». Das Bild ist auf Seite 20/21 zu sehen. Der Betrachter assoziiert «Betroffenheit», «Bestürzung», «stille Trauer»: Dieses muß also nicht mehr verbal ausgedrückt werden. Wird jedoch das Bild durch ein gegensätzliches Wort *umgepolt* (z. B. «Begeisterung» oder «Lebensfreude») entsteht ein sog. «Bildstopper».

Diese Beeinflussungsmöglichkeit steht der Werbung uneingeschränkt zur Verfügung. Leider wird sie viel zu selten genutzt. – Aus diesen Erfahrungen und Erkenntnissen heraus formulierte ich unter der Maxime «Höre nie auf, anzufangen – fange nie an, aufzuhören!» vier Leitsätze für Werbetexter:
– Zum Texten gehört Phantasie, Phantasie, Phantasie. Um so triviale Dinge wie Zahnpasta, Kaugummi oder Hustenbonbons zu verkaufen, kommt man ohne Vorstellungskraft, Erfindungsgabe oder Einfallsreichtum nicht aus.

Warten auf das große Glück

– Daß es den «geborenen» Texter gibt, würde ich als Mythos bezeichnen. *Jeder* in der Kommunikationsbranche Tätige kann texten, *wenn er trainiert*, Bilder, welche im Kopf entstehen, zu Papier zu bringen, und zwar folgendermaßen:
– *Schreiben Sie immer gleich in die Maschine!* Machen Sie sich *kein* Manuskript, in dem Sie «schmieren», aus- und unterstreichen und immer wieder neu anfangen können. Überlegen Sie genau, *was* Sie schreiben wollen – *ehe* Sie auf die Tasten hauen! So ein Text dauert unbestrittenermaßen etwas länger, aber er sitzt! Am Anfang ist dies neu und ungewohnt; aber es ist verblüffend, wie schnell sich das Erfolgserlebnis einstellt, wenn man vor dem (wie gedruckten) offiziell anmutenden «Schwarz auf Weiß» Respekt bekommt ...

Die Erinnerung lebt weiter

Texten heißt nicht nur, konkrete Gegenstände mit dem Schreibutensil «abzubilden», sondern auch, *abstrakte* Begriffe assoziativ zu «zeichnen», zu «malen» und zu «illustrieren».

Die Organisation der neun Stationen

Richtiges Denken ist die Basis von konstruktivem Handeln. Wer damit Erfolg hat, denkt auch irgendwann einmal darüber nach, wie er dazu gekommen ist. Diese Reflexion legt dann einen Prozeß frei, welcher für all jene zugeschüttet bleibt, die sich nicht um Zusammenhänge kümmern, denen Analysen fremd sind, kurz gesagt: die unsystematisch zu Werke gehen, wenn sie Werbebotschaften formulieren. Ziel dieses Buches ist es, Ih-

nen die Chance für den Aufbau Ihrer eigenen Vorgehensweise im oben genannten Sinn zu ermöglichen. Mein Konzept besteht aus den folgenden neun Stationen, welche inhaltlich in sich abgeschlossene Teile eines Ganzen darstellen.

In der **1. Station – Linguistik als wissenschaftliche Orientierung** erarbeiten Sie sich Möglichkeiten, wie Sie Sprache analysieren können. Ausgehend von der Frage «Was tun wir, wenn wir lesen?» wird zuerst ein Satz, dann ein ganzer Text analysiert. – Wer texten will, sollte auch die Produkte *anderer* erschließen können; er sollte diese um- oder weiterschreiben können. Damit erarbeitet man sich ein «Zusammenhangverständnis», welches ich als Voraussetzung für unabdingbar halte. Abschließend steht Ihnen ein Fragebogen zur Verfügung, der entweder Antwort-Alternativen anbietet oder Gelegenheit zu persönlich-individuellen Antworten gibt.

In der **2. Station – Verbale Kommunikation als Studieninhalt** werden Sie mit Beurteilungskriterien und Verbesserungsmöglichkeiten von bereits existierenden Texten vertraut gemacht. Studienergebnisse unterschiedlicher Aufgabenstellungen werden gezeigt und argumentativ besprochen.
Checklisten in Form von Fragebogen und – wie nach jeder Station – ein Zwischenfazit schließen sich an.

In der **3. Station – Texter als Beruf(ung)** geht es vor allem um «Eingemachtes», d.h. um den *erfolgreichen* Botschaftsgestalter, um seine Trainingseinheiten, um seine «Sparringspartner», um Kampf, Angriff und Verteidigung...

In der **4. Station – Meinungsbildung als Verkaufsförderung** wird eine Niederlassung der zweitgrößten Werbeagentur der Welt vorgestellt. Anhand einer Funktionsstruktur und einigen Gestaltungsergebnissen können Sie sich ein Bild davon machen, wie Märkte, Medien und Mythos als System ineinandergreifen. Wir befinden uns dann schon bei Fragebogen 7.

In der **5. Station – Kreativität als Qualitätsförderung** – spielt das Thema «Visuelle Rhetorik» die Hauptrolle: Anhand verschiedener Thesen und Kanons wird auch auf einzelne Kreativitätstechniken eingegangen.

In der **6. Station – Witze als Vor-Bilder** werden die Mechanismen der Pointenbildung behandelt, die Gesetzmäßigkeiten von Bisoziation, Dialektik und Ambivalenz der partnerbezogenen Kommunikation. Denken Sie mal bei einem guten Werbetext an einen Witz, der Ihnen erzählt wird, oder bei einem pointierten Werbefoto an einen Cartoon, den Sie gestern gesehen haben!

In der **7. Station – Lesen – als Artikulationstraining** steht der schriftliche Verkehr (Argumentieren, Formulieren, Texten) im Mittelpunkt. Gliederung, Dramaturgie, Reduktion einerseits – Wortspiel, Verballhornung oder Alliteration (Stabreim) andererseits, sind Darbietungs- bzw. Ausdrucksformen, die jeder Werbebotschaftsgestalter kennen muß.

In der **8. Station – Klientel als konstruktive Größe** geht es um Kundenkontakt (Account), d. h. um Auftritt, Argumentation und Implementierung (Durchsetzung) von Gestaltungsideen, aber auch um den «grauen Alltag» im Werbebüro, z. B. um Underdogs (und was man dagegen tun

kann) oder um Honorarfragen. Mittlerweile sind wir dann schon bei Fragebogen 12 angelangt.

In der **9. Station – Erfolg als Ziel** schließlich werden herausragende Beispiele aus Journalismus, Kabarett und einschlägiger Literatur gezeigt, um Ursache, Strategie und Wirkung zu veranschaulichen.

Im Resümee am Ende des Buches finden Sie alle neun Stationen im Zusammenhang in Form von **neun Ideentafeln**, auf denen Sie persönlich Ihre Gedanken zu jeder Station auflisten können – unter dem Motto «Ein guter Schreiber ist ein guter Verwerter, ein guter Verwerter ist ein guter Beobachter.»

Real existierende Faulheit

Probleme sind voraus-zusehen

1. Station
Linguistik als wissenschaftliche Orientierung

Leseforschung ist ein nicht unwesentlicher Teil der Sprachwissenschaft. Der These «Wer gut schreibt, spricht auch gut» möchte ich eine weitere hinzufügen: «Wer viel liest, schreibt auch gut». *Was* tun wir, wenn wir lesen? *Wie* kann man durch Lektüre texten lernen? *Warum* ist optimales Lesen nicht nur zeitsparend, sondern sorgt auch für eine Verbesserung des Sprachverständnisses? Diese Fragen möchte ich beantworten, ehe ich auf Texterschließung und Sprachstil näher eingehe.

Ernst Ott hat sich schon vor einem Vierteljahrhundert in einem 25-Tage-Programm zum Ziel gesetzt, die Lesegeschwindigkeit und die Behaltensquote zu steigern. Heute wissen wir, daß «Optimales Lesen» (so sein Buch) die durch ein Überangebot an (Fernseh-)Bildern verlorengegangene Phantasie und verbale Ausdrucksfähigkeit nicht nur zurückgewinnt, sondern enorm unterstützt. Ich zitiere daraus:

«...Manche Menschen, bei denen das Lesen nicht zu den täglichen Notwendigkeiten gehört, lesen auch noch als Erwachsene so, wie sie es in der Schule ursprünglich lernten, sie buchstabieren. – Zwar nicht mehr so mühselig wie als Schulanfänger, aber doch im Prinzip genauso. Sie nehmen mit den Augen gewissenhaft das Bild eines jeden Buchstabens auf und formen umständlich Wort für Wort. – Diese Methode ist äußerst zeitraubend. Außerdem versteht der Leser meist zunächst nicht, was er liest. Er muß noch einmal zurückfassen, das Wort in seiner Gesamtheit sehen, um es zu begreifen. – Wer so liest, vergißt, daß meist nur einige Buchstaben notwendig sind, um das ganze Wort zu erkennen. So erkennt z. B. jeder A. t. b. hn als Autobahn oder B. ch. ltr. als Buchhalter. – Aus Details kann man meist sofort das Ganze erkennen! Oder: Ein Karikaturist zeichnet mit einem Strich eine bestimmte Nase, und jeder weiß sofort: Er meint den Politiker XY. Jeder? Nein nur derjenige, der weiß, wie XY aussieht, der sein ‹Bild› kennt. – So ist es auch mit den Wörtern. Nur wer das betreffende Wort schon kennt, wer sich das Wortbild eingeprägt hat, kann es aus wenigen Buchstaben wiedererkennen. Ja, so ist es beim Wiedererkennen! Ein Teil vom Ganzen genügt, und das Bild, die Bedeutung, die Aussage, das Ereignis, das Erleb-

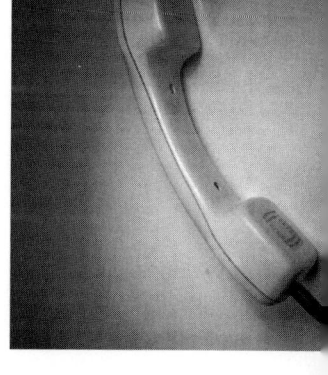

nis taucht wieder vor unserem geistigen Auge auf.» Dieses Phänomen wird in der Design- und Kommunikationstheorie als «Synekdoche» bezeichnet: z. B. signalisiert Lenkrad = Auto, Kopf = Mensch, Eiffelturm = Paris. Ott: «Wenn das Auge z. B. über ein Gemälde gleitet, dann hat es in Sekundenschnelle alle Details (Motiv, Stimmung, Farbe, Technik usw.) dem Gehirn mitgeteilt, und dieses hat alle Wahrnehmungen gespeichert. Eine Schilderung dieser Eindrücke in Worten würde ein Vielfaches an Zeit beanspruchen.» (...)
«Beim kurzen Aufblenden der Augen (ganz kurz auf und zu), welches ungefähr $\frac{1}{6}$ bis $\frac{1}{3}$ Sekunde dauert, werden 6 bis 8 Eindrücke aufgenommen und gespeichert. (...) Beim Lesen können Sie mehrere bekannte Wortbilder erkennen und ihre Bedeutung erfassen, das Vokalisieren der Wörter (= vorlesen) würde ein Vielfaches an Zeit beanspruchen. Das Vokalisieren läßt sich leicht vermeiden. Nehmen Sie einfach ein Stückchen Papier zwischen die Lippen. Amerikanische Lehrer empfehlen ihren Schülern (beim Lesen), Kaugummi zu kauen.» – Optimales Lesen fördert das Lese*verständnis*, weil *im Zusammenhang gelesen* wird. Anders ausgedrückt: Es ist besser, gut Verständliches *schnell* zu lesen und schwer Verständliches *mehrmals* – als *alles langsam* zu lesen! Wichtiger Nebeneffekt: Optimales Lesen schützt vor Müdigkeit, der Tempo-Rhythmuswechsel sorgt außerdem für eine bessere Speicherung des Gelesenen. Satzbau, Vokabular und Sprachstil können besser aufgenommen und reflektiert werden. Folgendes Beispiel kann Ihnen dies veranschaulichen:
– Wie lange brauchen Sie zum Lesen des folgenden Textes? (Stoppen Sie die Sekunden ab!)

«Als die Menschen noch Nomaden waren, traten sie sich lediglich Pfade, die den Wechseln des Wildes ähnelten. – Erst mit dem Seßhaftwerden wurden die Wege befestigt und dauerhaft angelegt. Denn Familiengemeinschaften, die sich in der Nähe niederließen, wollten miteinander verkehren. – Je ausgedehnter die Wechselbeziehungen wurden, desto weiter erstreckten sich die Wege. – Die ungleichmäßige Verteilung von Gütern und Rohstoffen führte zu Tausch, und aus dem Tausch entstand der Handel. – Und dieser erforderte ein großes und gut ausgebautes Straßennetz. – Nur durch ein Straßennetz von 200 000 Kilometern Ausdehnung konnte Roms Kultur bis an die fernsten Grenzen des Imperiums wirken. – Über die Straße fanden Wissenschaften, Dichtung und handwerkliche Fertigkeiten neue Wirkungsstätten.»

Wenn Sie 50 Sekunden zum Lesen benötigten, haben Sie zu langsam, wenn Sie 25 Sekunden brauchten, haben Sie etwas zu schnell gelesen – und können nicht optimal darüber reflektieren. Die Norm liegt bei 200 Wörter/Minute – bei diesen 106 ergibt das 32 Sekunden. – *Decken Sie jetzt bitte den Lesetext mit einem Stück Papier ab* und beantworten Sie die folgenden fünf Multiple-choice-Fragen:

1 Welche Überschrift würden Sie für diesen Text wählen?
   (a) Die ersten Händler
   (b) Straßen bringen Menschen näher
   (c) Zur Geschichte des Straßenbaus.
2 Welches waren die Vorläufer der Straßen?
   (a) Gassen
   (b) Wege
   (c) Pfade
3 Was war der Vorläufer des Handels?
   (a) Tausch
   (b) Güterumschlag
   (c) Herstellung
4 Wie heißt die Analogie zu «Straßennetz»?
   (a) Einkaufsnetz
   (b) Spinnennetz
   (c) Netz als «doppelter Boden» im Zirkus
5 Was verbinden Sie mit dem Begriff «Straße»?
   (a) Fahrzeuge
   (b) Prostitution
   (c) Freiheit

(Die richtigen Antworten finden Sie als Fußnote auf Seite 27) Schreiben Sie jetzt mit den 9 Adjektiven «neu/fern/ausgebaut/gut/groß/ungleichmäßig/weit/ausgedehnt/dauerhaft» den Text für eine SHELL-Anzeige.
(Lassen Sie sich ruhig etwas Zeit – beim Texten wird immer viel zu früh aufgehört und viel zu wenig die Phantasie eingesetzt) – Wenn Sie fertig sind, können Sie den Probetext wieder aufdecken. Ist Ihnen beim Texten der SHELL-Anzeige etwas aufgefallen – z. B. daß genau diese vorgegebenen Adjektive im Probetext enthalten waren, und zwar in umgekehrter Reihenfolge? Oder haben Sie sogar festgestellt, daß man den ganzen Probetext für die SHELL-Anzeige so hätte verwenden können...? Wenn ja, haben Sie *optimal gelesen*: Genau *dies* war der Text für eine SHELL-Anzeige, welche vor einigen Jahren erschienen ist.

Der Weg zum Erfolg

Die Erfahrungen, welche meine Seminarteilnehmer mit dieser kleinen Übung machen, und die Erkenntnisse, die sie daraus ableiten, möchte ich wie folgt zusammenfassen:
Durch *optimales* Lesen kann die Fähigkeit,
- sich am kulturellen Leben aktiv zu beteiligen, wesentlich gefördert werden.
- einem Vortrag zu folgen, besser organisiert werden (dank kluger Notizen).
- einen Text für einen bestimmten Zweck zusammenzufassen, optimiert werden.
- eine Inhaltsangabe (Gliederung, Gerüst) zu schreiben, erworben bzw. aufgefrischt werden.

Der Satzbau eines Textes kann den Sprachstil beeinflussen, *ohne daß das Vokabular verändert wird*. Dies möchte ich an folgender, einer älteren Zeitungsnotiz entnommenen Passage demonstrieren:
«Der Präsident von Madagaskar, Philibert Tsiranana, wird in einem Pariser Krankenhaus behandelt. Am späten Mittwochabend war er mit einem Flugzeug aus Jaunde, der Hauptstadt von Kamerun, in Paris eingetroffen. Die Botschaft teilt mit, der Präsident sei zuckerkrank und nervlich überbeansprucht.» – Dies ist der journalistische Stil einer auf Sachlichkeit und seriöser Recherche basierenden Tageszeitung, etwa der «Frankfurter Allgemeinen». – Diese drei Sätze, welche jeweils einen separaten Gedanken beinhalten, stehen jedoch in einer Beziehung zueinander, z.B. ist der dritte Satz die Ursache für die Konsequenz, die der erste Satz enthält. Deshalb kann der *Text* zu einem *Satz* verkettet werden: «Der Präsident von Madagaskar, Philibert Tsiranana, wird in einem Pariser Krankenhaus behandelt, *nachdem* er am späten Mittwochabend mit einem Flugzeug aus Jaunde, der Hauptstadt von Kamerun, in Paris eingetroffen war, *weil* – *wie* die Botschaft mitteilte – der Präsident zuckerkrank und nervlich überbeansprucht sei.» Von den neu hinzugekommenen Wörtern «nachdem» (temporal), «weil» (kausal) und «wie» (modal) können nur zwei auch durch andere ersetzt werden: für «weil» = «da» oder «denn», für «wie» = «so» (...teilte es die Botschaft mit)

Alternative dazu: «Der Präsident von Madagaskar, Philibert Tsiranana, *der* am späten Mittwochabend mit einem Flugzeug aus Jaunde, der Hauptstadt von Kamerun, in Paris eingetroffen war, wird in einem Pariser Kranken-

Das ganz private Paradies

haus behandelt, *weil* – *wie* die Botschaft mitteilte – der Präsident zuckerkrank und nervlich überlastet sei.»

Hier gilt jedoch folgendes festzuhalten:
- Der Satz zwischen *Konsequenz und Ursache* des Zeitungstextes wird mit den beiden anderen verkettet, d. h. er wird in die Textpassage derart integriert, daß es sich nur noch um *einen* Satz (aus dreien) handelt. Dieser Sprachstil entspräche eher einer regionalen Tageszeitung.
- Die zweite Version der Transformation ist die eindeutig schlechter formulierte, weil «Paris» und «Pariser Krankenhaus» zu nahe beieinanderstehen. Generell ist zu sagen, daß in der Verkettung von Einzelsätzen ein anderes Vokabular gewählt werden sollte, um Wiederholungen (Präsident, Paris) zu vermeiden.

Zwischen allen drei Textversionen besteht *Bezeichnungsidentität*, die Frage nach der *Bedeutungsidentität* bleibt zunächst unberücksichtigt.

Genau das Gegenteil einer Verkettung stellt die (prädikative) Reduktion dar: In einer Art morphologischer «Step by step»-Formulierung entstehen selbständige, einfache Sätze, welche eine in sich geschlossene Gestalt darstellen. Hartwig Frankenberg[12] schreibt dazu: «Im Gegensatz (...) wird hier der Text in 18 einfache Sätze, sogenannte Verbal-Prädikationen, zerlegt. Obwohl er aus völlig isolierten und einfachen Sätzen besteht, besitzt er doch noch eindeutig Textcharakter durch die *Identitätsbeziehungen*, die zwischen den einzelnen Sätzen vorliegen. Die Textfortsetzung wird hier also erst durch die verschiedenen Identitätsbeziehungen generiert, die den Zusammenhang (= Textcharakter) konstituieren. Ohne diese Identitätsbeziehungen hätten wir lediglich eine unmotivierte Reihe von Prädikationen vor uns, jedoch keinen zusammenhängenden Text.»

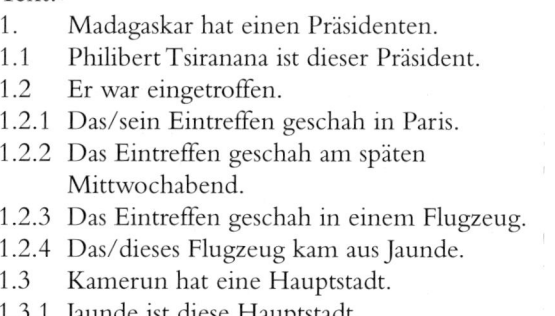

1.	Madagaskar hat einen Präsidenten.	WAS?
1.1	Philibert Tsiranana ist dieser Präsident.	WER?
1.2	Er war eingetroffen.	WAS?
1.2.1	Das/sein Eintreffen geschah in Paris.	WO?
1.2.2	Das Eintreffen geschah am späten Mittwochabend.	WANN?
1.2.3	Das Eintreffen geschah in einem Flugzeug.	WO?
1.2.4	Das/dieses Flugzeug kam aus Jaunde.	WOHER?
1.3	Kamerun hat eine Hauptstadt.	WAS?
1.3.1	Jaunde ist diese Hauptstadt.	WELCHE?

Richtige Antworten von Seite 25: 1b, 2b, 3a, 4b, 5c

1.4	Madagaskar hat eine Botschaft.	WAS?
1.4.1	Diese Botschaft machte eine Mitteilung.	WAS?
1.4.2	Diese Mitteilung betraf ein/das Befinden.	WAS?
1.4.3	Der Präsident hat/hätte dieses Befinden	WAS?
1.4.4	Dieses Befinden betrifft seine Zuckerkrankheit.	WAS?
1.4.5	Dieses Befinden betrifft den nervlich überbeanspruchten Zustand.	WAS?
1.5	Paris hat ein Krankenhaus.	WAS?
1.6	Der Präsident wird behandelt	WAS?
1.6.1	Dieses Behandeln geschieht in diesem Krankenhaus.	WO?

Dies sieht nicht nur wie ein Inhaltsverzeichnis aus, in einem gewissen Sinne ist es das auch: Ein Inhalt wird in seine Einzelteile zerlegt, geordnet und in eine (dramaturgische) Reihenfolge gebracht. Wer dieses «Spiel» einige Male gemacht hat, wird feststellen, daß er durch Fragestellungen systematisch aufgliedern kann und innerhalb der Teile «Hierarchien» findet, (siehe Ordnungszahlen!) welche den Ästen eines Baumes gleichen. Daraus entsteht für ihn als Autor und für seine/n Leser ein Zusammenhangverständnis, welches der Information, aber auch der Meinungsbildung nützt. Die *Bedeutungsidentität* (vgl. S. 27) zeigt sich durch die unterschiedlichen Schwerpunkte, die der Autor setzen kann (fakultativer Teil der Text-Generation):

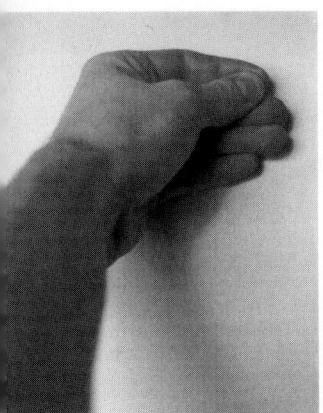

– Der Präsident von Madagaskar, Philibert Tsiranana...
– Philibert Tsiranana, der Präsident von Madagaskar...
– Madagaskars Präsident Philibert Tsiranana...
– Der madagassische Präsident Philibert Tsiranana...
– Der madagassische Präsident, er heißt Philibert T...
(obligatorischer Teil der Text-Generation):
– Madagaskar hat einen Präsidenten. Philibert Tsiranana ist dieser Präsident...
– Philibert Tsiranana ist Präsident von Madagaskar... etc.

Textanalyse

Interessant ist, wie ein kurzer Satz durch den Austausch *eines* Wortes eine völlig andere *Aussage* bekommt:
«Wir und die anderen» klingt sozial.
«Wir ohne die anderen» klingt unsozial.
«Wir mit den anderen» klingt verbunden.
«Wir trotz der anderen» klingt selbstsicher.
Durch die Beschäftigung mit den Gebrauchsformen der Sprache bekommt man Einblick in
– die wichtigsten Elemente der Linguistik und Rhetorik.[13]
– den Unterschied zwischen Ursache und Wirkung;
– das Verhältnis von Absicht und Artikulation;
– die typischen Gestaltungsmittel der Presse;
– die Dramaturgie (Einstieg, Höhepunkt, Ende) der Story.

Nach der Lektüre der folgenden Seiten werden Ihnen die Zusammenhänge klar.
Den Teilnehmern eines Text-Seminars gab ich einmal folgenden Text zum Analysieren:

Als ich an Bord des Dampfers ging, sah ich, hörte und roch ich, daß ich eine Grenze überschritten hatte. War es ein Vergehen? Ich tat es, um zu überleben. Der kalte, feuchte Seewind wehte mir entgegen, doch ich bereute nichts, denn ich begann zu hoffen. Und obwohl viele mir abzuraten versuchten, traf ich diese Entscheidung. Heute hege ich diese Zweifel nicht mehr.
Für damals war es das beste, was ich tun konnte – obwohl, was dann geschah, versetzt mich noch heute in Alpträume. Ich stellte mir ununterbrochen die Frage, was ich eigentlich verbrochen habe. Würde ich es je erfahren? So setzte ich mich kurz – beobachtete die hohen Wellen und begann, nachzudenken. Doch ich schlief ein. Etwas Kaltes, Feuchtes ließ mich hochschrecken. Ich schaute mich um und konnte

Am Ende siegt das Gute

es kaum glauben... Eine wunderschöne Nixe stand hinter mir und streichelte meinen Nacken. Und so begann meine Geschichte endlich Sinn zu bekommen. Das Überschreiten von Grenzen, gefolgt von unendlichen Wellen des ständigen Zweifelns, der Flucht in den Schlaf – dieser Zustand war notwendig zu erreichen, um empfänglich zu werden gegenüber Dingen, die es nur scheinbar nicht gab...

Jetzt stellte ich vier Fragen:
- Wie ordnen Sie diesen Textausschnitt anhand dreier charakteristischer Merkmale der Text*sorte* zu (z. B. Roman, Erzählung, Novelle o. ä.)
- Welcher Autor könnte ihn geschrieben haben?
- Woran erkennen Sie seinen Sprachstil?
- Was wollte er mit diesem Text ausdrücken?

Versuchen Sie einmal selbst, diese Fragen zu beantworten. (Die Lösung steht auf Seite 31)
Anschließend legte ich meinen Leuten einen zweiten Text zur Bearbeitung vor:

Als ich an Bord des Dampfers ging, sah ich, hörte ich, roch ich, daß ich eine Grenze überschritten hatte. Jedoch wußte ich nicht, welche. Mir schoß ein Gedanke durch den Kopf, der mich selbst erschreckte. Sollte das wirklich möglich sein? Ich hatte die Grenze in eine neue Welt überschritten. Voller Angst rief ich: «Beam me up, Scottie!» Und Scottie sagte: «Yeah». Doch die technischen Geräte versagten. Die neue Welt erdrückte mich. Sie war so richtig blumig und schwül, ich lief weiter... Schweißperlen bildeten sich auf meiner Stirn, und mein ganzer Körper fing an zu zittern, als ich es sah! Die Riesenameise, die sich langsam, aber stetig auf mich zu bewegte. Der Schweiß lief mir übers Gesicht, als ich feststellte, daß keinerlei Waffen oder sonstige Verteidigungsmittel in meiner Nähe waren. Ich war ratlos und wußte nicht, was ich tun sollte. Ich dachte automatisch an Robinson Crusoe und wie er es anstellte, so lange auf einer einsamen Insel zu überleben. Doch dieser Gedanke half mir in diesem Moment auch nicht weiter...

Rettet die Kulturlandschaft!

Darauf stellte ich drei Fragen:
- Welcher Unterschied fällt zur ersten Version auf?
- Welcher Autor könnte *diesen* Text geschrieben haben?
- Gibt es dazu drei Merkmale? Wenn ja, welche?

Wenn Sie, liebe Leser, jetzt noch nicht auf die gegenüberliegende Seite geschaut haben, dürfen Sie auch wieder diese Fragen für sich selbst beantworten...
Abschließend legte ich einen dritten Text zur Analyse vor:

Als ich an Bord des Dampfers ging, sah ich, hörte ich, roch ich, daß ich eine Grenze überschritten hatte. Eine von Englands lieblichen Seiten hatte ich gesehen: Kent, fast bukolisch – das topografische Wunder London nur gestreift – dann eine von Englands düsteren Seiten gesehen: Liverpool – aber hier auf dem Dampfer war England zu Ende. Hier roch es schon nach Torf, klang kehliges Keltisch aus Zwischendeck und Bar, hier schon nahm Europas soziale Ordnung andere Formen an. Armut war nicht nur «keine Schande» mehr, sondern weder Ehre noch Schande; sie war – als Moment gesellschaftlichen Selbstbewußtseins – so belanglos wie Reichtum. Die Bügelfalten hatten ihre schneidende Schärfe verloren, und die Sicherheitsnadel, die alte keltisch-germanische Fibel, trat wieder in ihr Recht, wo der Knopf wie ein Punkt gewirkt hatte, vom Schneider gesetzt, war sie wie ein Komma eingehängt worden; als Zeichen der Improvisation förderte sie den Faltenwurf, wo der Knopf diesen verhindert hatte. Auch als Aufhänger für Preisschildchen, als Hosenträgerverlängerung, als Manschettenknopfersatz, sah ich sie – schließlich als Waffe, mit der ein kleiner Junge durch den Hosenboden eines Mannes stach...

Nochmals stellte ich folgende Fragen:
– Welchen Unterschied stellen Sie zu den ersten beiden Versionen fest?
– Was wollte der Autor mit diesem Text ausdrücken?
– Auf welche Wirkung zielt die dabei verwendete Darbietungsweise ab? (Satzbau, Wortwahl, Sprachebenen, Rhetorik o. ä.)
– Wenn Sie diesen Text als «Film» in Ihrem Kopf ablaufen lassen, mit welchem Satz ließe sich der Buchausschnitt fortsetzen?

Feedback zum 1. Text

Bei der Textsorte handelt es sich um eine von mir initiierte «Kettenstory» mit folgenden Merkmalen: Der uneinheitliche Sprachstil läßt vermuten, daß mehrere «Autoren» daran geschrieben haben. Man merkt sehr schnell, daß jeder nur über einen Satz (oder über ein paar wenige) und nicht über einen ganzen Komplex nachdenken mußte. Das Vokabular ist dementsprechend vordergründig und banal, manchmal sogar trivial.

Feedback zum 2. Text

In der zweiten Version ist kaum ein Unterschied zur ersten festzustellen. Diese Kettenstory ist entgegen der ersten (Studenten einer Hochschule für Gestaltung) von Absolventen einer werbefachlichen Akademie geschrieben worden; und zwar derart, daß der erste an den gegebenen Anfang jeweils nur einen Folgesatz anhängen und das Blatt seinem rechten Nachbarn weitergeben mußte, während er von seinem linken Nachbarn einen bereits fortgeschriebenen Text bekam, den er wiederum zu ergänzen hatte. So entstand diese Kettenstory – geschrieben von vierzehn verschiedenen Leuten unterschiedlichen Geschlechts, Alters, Temperaments etc.

Feedback zum 3. Text

Hier handelt es sich um einen Auszug aus dem «Irischen Tagebuch» von Heinrich Böll. Das Vokabular ist «hautnah» – es gibt Gegensätze und verblüffende Gedanken. Heinrich Böll «bedankt» sich damit bei einem Land und seinen Menschen mit Aufzeichnungen über sie, weil er sich ihnen «wahlverwandtschaftlich» verbunden fühlt. – Beim Lesen muß man unterschiedlich lange «Atem holen», d. h. es gibt einen Rhythmuswechsel zwischen langen und kurzen Gedanken, oft nur getrennt durch Interpunktionen. Text 1 und 2 setzen nur 64 «echte» Wörter (Substantive, Adjektive, Verben) ein; der Rest ist «Füllmaterial». Böll dagegen benützt für die fünfzehn ersten Sätze seines Buches 81, d. h. 47 Substantive (gegenüber jeweils 25 der Kettenstories), 14 Adjektive (gegenüber 9 bzw. 7) und 20 Verben (gegenüber 30 bzw. 28). Abgesehen davon, daß beide «künstlichen» Texte etwa das gleiche Vokabular-Gefälle aufweisen, mag man daran erkennen, daß Text 3 literarisch einige Welten darüberliegt. Am auffallendsten ist das «Ego» in Text 1 und 2: 14mal bzw. 11mal erscheint dort das Wort «ich», 8mal bzw. 9mal «mir», «mich» oder «mein», während Böll nur 6mal die Ich-Form einsetzt – ein ganz typisches Merkmal der Kettenstory! Originelle Einfälle (wie der Verlust der «schneidenden Schärfe der Bügelfalten» oder der Gebrauch der «Sicherheitsnadel» prägen die Rhetorik des Meistererzählers. – Der Satz, welcher auf das (vorläufige) Ende des Böll-Textes folgt, lautet: «...Erstaunt war der Junge, erschrocken dann, weil der Mann keinerlei Reaktionen zeigte.»

Folgende vier Rhetorik-Tricks hat Böll angewendet – die auch für Werbetexter erfolgversprechend sein können:

(1) Repetition (= Wiederholung von Wörtern): Als ich an Bord des Dampfers ging, sah *ich*, hörte und roch *ich*, daß ich eine Grenze überschritten hatte. *Hier roch* es *schon* nach Torf... *hier schon* nahm Europas soziale Ordnung andere Formen an. *Eine von Englands* lieblichen *Seiten* hatte ich *gesehen*... dann eine von *Englands* düsteren *Seiten gesehen*: Liverpool... (Hier fällt besonders auf, daß Böll, das Wort «ich» so wenig wie möglich einsetzt; es geht also nicht um «Wiederholung um jeden Preis» – die Repetition wird ganz bewußt und gezielt eingesetzt)

(2) Alliteration (= Stabreim, gleiche Anfangsbuchstaben bzw. -silben): Hier roch es schon nach Torf, *k*lang *k*ehliges *K*eltisch aus Zwischendeck und Bar... (Das sind jedoch nur Anklänge, welche in der germanischen Lyrik z. T. fast unzumutbar übertrieben werden)

(3) Metaphorische Analogie (= Ähnlichkeit, als bildhafte Sprache eingesetzt): Die Sicherheitsnadel, die alte germanische Fibel, trat wieder in ihr Recht, wo der *Knopf* wie ein *Punkt* gewirkt hatte, vom Schneider gesetzt, war sie wie ein *Komma* eingehängt worden...

(4) Transposition (= Abweichung von der normalen Wortstellung): *Erstaunt war der Junge, erschrocken dann*, weil der Mann keinerlei Reaktionen zeigte. (Der Normalsatz würde lauten: Der Junge war (zuerst, zunächst) erstaunt, dann erschrocken...) Diese rhetorische Figur heißt Anastrophe oder Reversion.

Bei der nächsten Aufgabe sollten sich die Seminarteilnehmer selbst einen Text zur Bearbeitung suchen – aus mindestens fünfzehn Sätzen bestehend, gleichgültig aus welcher Dikurswelt. Hier ein Beispiel – stellvertretend für die anderen – mit der Beantwortung ähnlicher Fragen wie vorher:

Kraft durch Genuss

1 Was uns das Erdbeben in Los Angeles angeht? Alles. – Erstens zeigt das Beben, worauf wir leben: auf einer dünnen Kruste, die auf der Glut im Innern unseres Planeten schwimmt. Wir sind wie Ameisen, die auf Blättern über ei-
5 nen tiefen, ruhigen See treiben. – Zweitens lehrt uns der Grund für dieses Beben, was geschieht, wenn Mächte der Natur Kontinente umgestalten, erst unter Wasser, dann darüber. Da wachsen Kontinente nach, sechs Zentimeter jährlich. Wir sind wie Wanderer, die ihren Karten nicht mehr vertrauen als der Landschaft, in der wir unterwegs sind. – Drittens beweist
10 auch dieses Beben, daß sich in der Natur unaufhörlich etwas ändert und

dieser Wandel für uns nur deshalb eine Katastrophe ist, weil unsere Zivilisation aus Gehäusen, Leitungen, Straßen, aus allem, sich gegen diesen Wandel stellt und Dauer will. Wir sind wie Kinder, die mit ihren Sandburgen der Flut des Meeres trotzen wollen. Setzen wir die bisherige Zeit unserer
15 Erde auf die Dauer eines Jahres um, dann erscheinen wir Menschen erst Sekunden vor dem Jahresende. Wir sind ein Hauch, sind erst Hoffnung auf einen möglichen längeren Atem. Wäre unsere Zivilisation so leicht und so einig mit der Natur, sie würde sich mit dem Wandel wandeln. –
19 Ausgenommen das Gebiet rund um die Alpen, selbstverständlich.[14]

Die (richtigen) Antworten lauten wie folgt:

Zuordnung des Textes:
Journalistischer Stil, weil informierend mit philosophischem Touch in Form einer ausführlichen Fußnote bzw. einer Anmerkung/Marginalie.

Gliederung:
1. Frage als Einleitung (Zeile 1)
2. Antwort als These (Zeile 1–4)
3. Antwort als Information (Zeile 4–9)
4. Antwort als Begründung (Zeile 9–13)
5. Antwort als Information (Zeile 13–17)
6. Lösungsweg aufgezeichnet (Zeile 17–18)
7. Schlußsatz nimmt Bezug auf den Anfang (Zeile 19)

Absicht des Verfassers:
Den Leser zum Nachdenken anzuregen und zu informieren.

Wirkung durch Darstellungsweise:
Satzbau – klar und verständlich; mutet an wie die Sprache eines gesprochenen (politischen) Fernsehkommentars.
Wortwahl – differenzierte Ausdrucksweise, gutes Vokabular, hohes Niveau.
Rhetorik – Drei Analogien (Bionik = Zeile 3/«Ameisen», Metapher = Zeile 7/«Wanderer», Metapher = Zeile 13/«Kinder»)

Reduktion auf einen Satz (als Überschrift, die es nicht gab):
«Warum uns das Erdbeben von Los Angeles alle etwas angeht.»

Zusammenfassend läßt sich feststellen: Durch die Analyse einer Textvorlage (= Texterschließung) erwirbt man die Fähigkeit,
- zu Form und Inhalt, Argumentation und Wirkung, Stellung zu beziehen;
- Nachschlagewerke und Sekundärliteratur (Quellen) zu benutzen;
- reflektiert über einen Text zu berichten bzw. Erörterungen über diesen anzustellen.

Die nachfolgenden Fragen sollen Ihnen nun helfen, einen Text aus Ihrer Arbeitswelt zu erschließen.

Fragebogen 1

a) Zählt es zu Ihrem beruflichen Aufgabenbereich, hin und wieder Texte zu verfassen?
    - [ ] ja
    - [ ] nein

aa) Wenn ja, welche Texte?
    - [ ] Medientexte (Werbung, Öffentlichkeitsarbeit, Journalismus, Film, Funk, TV)
    - [ ] Instruktive Texte (Didaktik, Wissenschaft)
    - [ ] Publizistische Texte (Belletristik, Sach/Fachbücher)
    - [ ] Rhetorische Texte (Reden, Vorträge, Referate, Plädoyers, Predigten, dramatische Texte/Sprechtheater)

ab) Ihre Lernziele liegen auf folgenden Ebenen:
    - [ ] Techniken der Argumentation erkennen,
    - [ ] Absichten des Verfassers zu erschließen,
    - [ ] Strategien der Überredung nicht zum Opfer zu fallen,
    - [ ] Versuche der Manipulation zu durchschauen.
    Diese dienliche Textanalyse bezieht sich auf Ideologiekritik.

    - [ ] Aufgabenstellungen im Deutschunterricht bzw. in der Germanistik (Studium Höheres Lehramt),
    - [ ] Verfassen von Vorlesungen, Erstellung von Skripten,
    Diese Textarbeit bezieht sich auf eine zeitgemäße Didaktik.

Wie sieht Ihre Vergangenheit aus?

☐ Differenzierung unterschiedlicher Diktionen in der narrativen, diskursiven, persuasiven und manipulativen Mitteilung,
☐ Erstellung eines Fragenkatalogs zu einem bestimmten Themenbereich (z. B. Corporate Identity/Leitbild),

Diese Arbeit vermittelt wichtige Erkenntnisse für die Anwendung im Kommunikationsbereich (Design, Werbung, PR).

☐ Sprech- und Schreibsensibilität anderer aufzuspüren,
☐ Möglichkeiten und Grenzen eigenen Sprachgebrauchs kritisch zu analysieren,
☐ Bedingungen des Instruments Sprache zu erkennen und zu nutzen.

Dies sind Voraussetzungen zum Schreiben publizistischer Texte.

b) Möchten Sie Ihre mündliche und schriftliche Ausdrucksfähigkeit oder Ihr für Studium und Beruf notwendiges Sprachverständnis verbessern? Möchten Sie fähig sein, sich am kulturellen Leben aktiv zu beteiligen? Wünschen Sie Einblick in einige bedeutende Werke der deutschen Literatur zu bekommen?

☐ ja
☐ manchmal
☐ selten
☐ nein

bb) Welche Bereiche interessieren Sie?
☐ Erstellung eines Protokolls
☐ Beteiligung an einer Diskussionsrunde
☐ Stichwort-Dokumentation eines Vortrags
☐ Vorbereitung eines Kurzreferats
☐ Zusammenfassung eines längeren Textes
☐ Formulierung einer Inhaltsstruktur
☐ Stellungnahme zur Verarbeitung eines Textes
☐ Erörterung einzelner Punkte anhand von Texten
☐ Beschreibung von Stil und Rhetorik eines Vortrags
☐ Argumentation des Zusammenhangs eines Gesprächs
☐ Differenzierung von Ursache und Wirkung eines Textes

c) Betrachten Sie bei Ihrer beruflichen, nebenberuflichen oder Freizeitbetätigung Texte aus der
- ☐ *Empfänger-Perspektive* (betr. Aufnahme, Reaktion, Reflexion)?
- ☐ *Sender-Perspektive* (betr. Methodik, Systematik, Technik)?

cc) Ihre Lernziele liegen dabei auf folgenden Ebenen:
- ☐ Texte zu rezipieren, zu analysieren und meinungsbildend, ausgleichend oder ideologisch zu erklären,
- ☐ Texte zu produzieren, bezogen auf Verständlichkeit und Wirksamkeit.

Ihre Lerninhalte liegen dabei in der Fähigkeit,
- ☐ die semantische, syntaktische und pragmatische Struktur eines Textes zu erkennen,
- ☐ die Ordnung und Gliederung, d. h. die Struktur eines Textes zu erfassen,
- ☐ die Absichten eines Textes bzw. des Textautors zu entdecken,
- ☐ über den Textinhalt zielgerichtet und partnerbezogen zu berichten,
- ☐ einen Text oder Textteile unter Verwendung der üblichen Fachwörter zu beschreiben,
- ☐ bestimmte Textdetails im Bedeutungszusammenhang zu erläutern,
- ☐ zum Text bzw. zu Textpassagen Stellung zu nehmen,
- ☐ im Text behandelte Probleme zu erörtern.

Während sich die Fragen, welche sich auf einen bestimmten Text beziehen, naturgemäß nach der jeweiligen Textsorte richten, läßt sich die siebenteilige Aufgabenstellung einer Texterschließung für fast alle Texte anwenden:

Auslösende Faktoren

- Zusammenfassung (zweckgerichtete, partnerbezogene Äußerung)
- Definition (formale Auslegung)
- Erläuterung (Begriffs-, Wortbedeutungs- und Sachverhaltsbestimmung)
- Erklärung (Bedeutung des Zusammenhangs)
- Stellungnahme (argumentative Äußerung zum Text)
- Erörterung (kritische Beschäftigung mit dem Tenor und der Thematik des Textes)

Hier eine Auflistung Ihrer persönlichen Anliegen und Bedürfnisse, die Sie wieder ankreuzen können:

d) Um welche Textsorte geht es hier – inwieweit entspricht sie dem journalistischen Grundmuster (Ton, Thematik, Aufbau)?
e) Welchem Medium entstammt der Text – inwieweit ist er medientypisch?
f) Um welche Sachen oder Tatsachen geht es hier? Ist die Aussage eindeutig festzulegen?
g) Wie ist der Text plaziert und aufgemacht? Werden Quellen und Verfasser genannt?
h) Wie ist der Text gegliedert und der z. B. für einen Medientext so wichtige Einstieg gestaltet?
i) Welche Absichten verfolgt der Autor? Will er informieren, appellieren oder manipulieren?
j) An welche Zielgruppe wendet sich der Verfasser? Wie grenzt er sie durch konkrete Details ab, und wie paßt er sich durch Stil und Diktion an sie an?
k) Wie spricht er den Kommunikationspartner an (du, Sie, wir)? Warum verwendet er diese Form?
l) Bedient sich der Verfasser der Sach- oder Meinungssprache?
m) Kann oder will er sich mit der Sache oder den Personen seines Textes identifizieren oder distanziert er sich davon («Podest»-Situation)?
n) Welche Syntax herrscht vor (Reihung, Fügung, Ellipsen, unregelmäßige Wortstellung)?
o) Welche Wortwahl dominiert – inwieweit erlaubt sie Rückschlüsse auf den Texttyp?
p) Welche Metaphern, rhetorische Mittel und umgangssprachliche Redewendungen werden eingesetzt?
q) Welche Kontextbezüge bestehen zwischen dem Text und beigegebenen Abbildungen bzw. Film und Ton?
r) Welche wirtschaftlichen, kulturellen oder politischen Bindungen und Intentionen werden sprachlich und inhaltlich bemerkbar?
s) Welcher Bereich innerhalb einer Textanalyse interessiert Sie am meisten?

☐ Zusammenfassung/Textaussage bezogen auf den Empfänger
☐ Beschreibung/Textaufbau bezogen auf den Sender
☐ Erläuterung/Textidee bezogen auf den Sender
☐ Stellungnahme/Textverständlichkeit bezogen auf den Empfänger
☐ Erörterung/Textwirkung bezogen auf den Empfänger

Grenzenlos

Sprachstil

Sprache wird erlernt. Teil des Lernprozesses ist das Kennenlernen der auf das Gefühl abgestimmten Bedeutungsgehalte der angebotenen Wörter oder Sätze. Am deutlichsten zeigt sich dies in der Werbung – wenn der Konsument dazu bewegt wird, mit einzelnen, vom Werber angebotenen Aussagen bestimmte positive Gefühle zu verbinden, die dann zwangsläufig auf das offerierte Produkt übertragen werden. Gerade hier jedoch setzen die Kritiker ihre Pauschalklage an: «Geheime Verführer» seien im Spiel – die den Konsumenten in seiner Standhaftigkeit beeinflussen und mit suggestiven Tips verunsichern.

Die gegenseitige Beeinflussung von Werbe- und Umgangssprache wird deutlich, wenn man sich vor Augen hält, wie viele Slogans mit Redensarten (Idioms) durchsetzt sind und wie viele andererseits erst durch die Werbung zur Redensart wurden, z.B.
– Osram – hell wie der lichte Tag (= Redensart wird Slogan)
– Nicht immer, aber immer öfter (= Slogan wird Redensart)

Zusammen mit der Werbung gehört der Journalismus deshalb zu den unerschöpflichen Quellen sprachlicher Innovationen. Stellvertretend für den verbalen Stil der Printmedien hier zwei Beispiele, die sich nicht nur durch die Leserschaft, sondern auch durch das sprachliche Klima polarisierend unterscheiden: die «Bild»-Zeitung und der Spiegel.

Die «Bild»-Zeitung ist eines jener Boulevardblätter, denen ein für sie charakteristischer Sprachstil nachgesagt wird. Es heißt, im Zuge einer «Sprachökonomie» komme es darauf an, stets nur das Wichtigste zu berichten, Platz zu sparen und zu abstrahieren. Der Einsatz von vielen Substantiven, wenig Verben und häufige Aneinanderreihungen von Aussagen verbinde sich mit dem Abhaken von sogenannten W-Fragen (vgl. S.27). Die Einleitung eines Artikels (= Lead) nähme häufig schon das Wesentliche vorweg, der Artikel werde «nach hinten» immer langweiliger (Erich Straßner)[15]
– Dem «Bild»-Leser wird, nicht zuletzt durch die hohe Auflage, das Gefühl der Zugehörigkeit zur «Bild»-Gemeinde

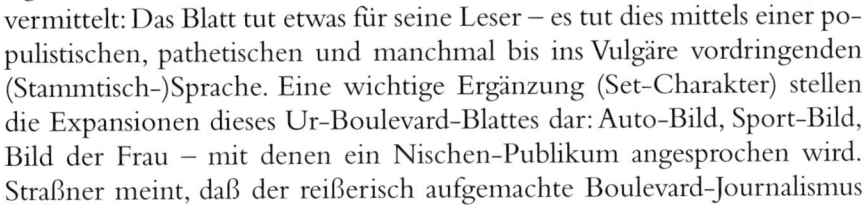

vermittelt: Das Blatt tut etwas für seine Leser – es tut dies mittels einer populistischen, pathetischen und manchmal bis ins Vulgäre vordringenden (Stammtisch-)Sprache. Eine wichtige Ergänzung (Set-Charakter) stellen die Expansionen dieses Ur-Boulevard-Blattes dar: Auto-Bild, Sport-Bild, Bild der Frau – mit denen ein Nischen-Publikum angesprochen wird. Straßner meint, daß der reißerisch aufgemachte Boulevard-Journalismus

Gefühle antendieren will, aber nahezu keine Aussage mehr hat. Dadurch könne der Leser stark manipuliert werden, und dies führe zu einer Stereotypierung von Bewußtsein und Wahrnehmung. Visuelle Stimulanzen glichen die Banalität der Texte aus; Stars würden zu Idolen hochstilisiert (Fußball, Tennis, Automobilsport) – deren Statements im Interviewstil suggerieren, «in» zu sein.

Die Sprache hat sich hier zweifelsfrei zur «Masche» verfestigt, eine starke Identifizierung mit dem Stil einer derartigen Zeitschrift vermittelt ein präsentes Gefühl für die (Traum-)Welt der Stars, so daß man schließlich weiß, wie diese denken, fühlen, leben – und darüber sprechen.

Dagegen ist der «SPIEGEL» ein Magazin, das einen eigenen Sprachstil geradezu geprägt hat («Willi Brandt, Bundeskanzler und Kettenraucher...») Mehrere Schreiber, die an einem Artikel beteiligt sein können, setzen mit einer elitären Sprache (die manchmal auch naßforsch sein kann) zwischen SPIEGEL-Lesern und der (restlichen) Welt eine Distanz, welche alle positiven und negativen, ja sogar aggressiven Identifizierungen möglich mache (M. Schneider und E. Siegmann)[16], so daß die sozialen Energien nicht beim Leser verblieben – der SPIEGEL ebne «den Widerspruch zwischen Reaktion und Revolution, Unterdrückung und Befreiung, wo immer er auftauche, ein» und stimuliere deshalb weder Feind- noch Freundbilder. Straßner ergänzt: «Diese Sprache schmeichelt einem intellektuell vorgeprägten Leserkreis»: Archaisch anmutende Formulierungen wechseln mit metaphorisch umgesetzter Fachsprache, und der Kulturteil scheint nur Eingeweihten zugänglich. So ist dieses Magazin, welches mit «Focus» zu Recht Konkurrenz bekam, zum Gegenpol der Massenpresse («Yellow»- oder Regenbogenpresse) geworden, welche – ganz bewußt – auch den politischen Einfluß gesucht hat und auch noch weiter suchen wird.

Es bleibt festzuhalten, daß auch und gerade in der Gestaltung von Texten wissenschaftliche Erkenntnisse über emotionale Sinngehalte und deren Anwendung verarbeitet werden. Deshalb existieren sehr unterschiedliche Sprachstile für die einzelnen Kommunikationsformen. Auf sechs von ihnen möchte ich hier kurz eingehen.

Narrative Kommunikation
(Erzählende Formen)

– Mündliche und schriftliche Darstellung von wirklichen oder erfundenen Geschehnissen (meist Prosa, z. B. Romane, aber auch in Versform; jegliche epische Form gilt als «Erzählung»).
– Innerhalb der Poesie selbständiger Teil, der sich jedoch mit den übrigen epischen Gattungen oft überschneidet – kürzer, weniger figurenreich und weniger verdichtet in Handlung und Idee als der Roman, nicht so verkürzt und andeutend wie eine kleine Geschichte oder eine Anekdote.

Ein Beispiel: Den Beginn des Grimmschen Märchens «Hans im Glück» hätte Hermann Hesse vielleicht so oder so ähnlich erzählt:

Im Schatten des Hauses beobachtete ich meinen Herrn, dem ich beizubringen hatte, daß ich ihn verlassen wolle. Ich hatte begonnen, Unzufriedenheit in mir zu nähren; zu fühlen, daß die Liebe meines Herrn und auch meiner Freunde nicht immer und für alle Zeit mich beglücken, mich stillen, mich sättigen, mir Genüge werde. Ich hatte begonnen, zu ahnen, daß mein ehrwürdiger Meister von seiner Weisheit und seinem Können das meiste und Beste mitgeteilt, daß er seine Fülle schon in mein wartendes Gefäß gegossen hatte, und das Gefäß war nicht voll, der Geist war nicht begnügt, die Seele war nicht ruhig, das Herz nicht gestillt. – Gab es einen Weg, den zu betreten es sich lohnte? Ach, und niemand zeigte diesen Weg, niemand wußte ihn, nicht der Meister, nicht die Freunde! – Ich trat in die Kammer, wo mein Herr auf einer Bank saß, und trat hinter meinen Herrn und blieb da stehen, bis er fühlte, daß einer hinter ihm stehe. So sprach mein Herr: «Bist du es, Hans? So sage, was zu sagen du gekommen bist.» – So sprach ich: «Mit deiner Erlaubnis, Herr. Ich bin gekommen, dir zu sagen, daß mich verlange, morgen dein Haus zu verlassen und zu meiner Mutter zu ziehen. Selbständig zu werden, ist mein Verlangen. Mögest du, mein Herr und Meister, dem nicht entgegen sein.» – Mein Herr schwieg und schwieg so lange, daß im kleinen Fenster die Sterne wanderten und ihre Figur änderten, ehe das Schweigen in der Kammer, ein Ende fand...

Verräter!!

Diskursive Kommunikation
(Methodisch aufgebaute Abhandlung über ein bestimmtes Thema, häufig bei Vorträgen)

Ein Beispiel: Die Grabrede, welche der französische Staatspräsident François Mitterrand auf seinen ehemaligen Premierminister Pierre Bérégovoy gehalten hat, der sich am 1. 5. 1993 das Leben nahm (Auszüge):

... Ich habe seinen Lebensweg mitverfolgt – vom Gesellenbrief des Drehers über Abendkurse und Zusatzausbildungen bei der französischen Staatsbahn bis zu den Gaswerken; von der Widerstandsbewegung über gewerkschaftliches Engagement zum Politiker. Schritt für Schritt hat er die Stufen erklommen, die in ihm die Beherrschung von Wissen und Stil ausprägten, welche ihn in den Stand setzte, die bedeutendsten Ämter zu bekleiden – worauf er mit Recht stolz war (...) Aber wenn wir einmal von unseren internen Auseinandersetzungen Abstand nehmen, so tut es gut, jene Wertschätzungen aus dem Ausland zu hören, die besagen, daß Pierre Bérégovoy Bewunderung verdient, denn er hat – ich zitiere hier die «New York Times» – Außerordentliches vollbracht: «Er hat die französische Wirtschaft so gestärkt und angekurbelt, daß die Konten der Nation gesünder aussehen als zum Beispiel die in Deutschland.» Ein Thema, das auch die «Frankfurter Allgemeine Zeitung» behandelt, die nicht mit Lob spart – ich zitiere – «für diesen Mann, dem es gelungen ist, sich in der ganzen Welt als führende Autorität einen Namen zu machen, obgleich er keine Elitehochschule besucht hat.» (...) Pierre Bérégovoy hatte den Eindruck, daß er all das erreicht hatte, wofür er direkte Verantwortung trug und was mit den Frankreich zur Verfügung stehenden Mitteln für das notwendige Gleichgewicht unserer Wirtschaft getan werden konnte. Aber er konnte auf dem Höhepunkt der Krise, die die Welt erschüttert, nicht verhindern, daß das, was sich seinem Einfluß entzog, die Franzosen mit aller Härte traf; er konnte sich mit der Arbeitslosigkeit, mit der Armut und mit den Sorgen und Nöten der einfachen Leute nicht abfinden. Durch die Erinnerung an seine eigene Jugendzeit litt er schwer darunter. – Doch immer und überall ist er seinen Auffassungen treu geblieben. Seine Herkunft und sein soziales Milieu hatten ihn in natürlicher Weise dazu geführt, sich in der sozialen Bewegung zu engagieren. Seine Erfahrungen in den Klassenkämpfen und das Heranreifen seines eigenen Denkens hatten in ihm die Überzeugung verankert, daß hier für ihn Weg und Pflicht begründet waren. – Davon ist er nicht abgewichen, wobei er zugleich bemüht war, die Anforderungen der Wirklichkeit

Die interessante Neuerung

mit dem Streben nach den Idealen, die ihn beseelten und die viele von uns teilen, in Einklang zu bringen. (...) Alle Erklärungen dieser Welt werden nicht ausreichen, um zu rechtfertigen, daß man die Ehre und letztlich das Leben eines Mannes den Hunden vorgeworfen hat, und dies um den Preis eines zweifachen Verstoßes seiner Ankläger gegen die Grundrechte unserer Republik, gegen diejenigen nämlich, welche die Würde, und gegen diejenigen, welche die Freiheit jedes einzelnen von uns schützen. (...) Aber sehen Sie diese Menschenmenge, die für Millionen für Franzosen steht, die im ganzen Land unseren Schmerz teilen! – Schauen Sie auf Nevers, auf die Nièvre (Fluß bei Nevers, d. A.). Welche Ansichten die Menschen auch haben mögen, sie strömen Ihnen zu (gemeint ist der Tote, d. A.), sie sind mit Ihnen und verehren Sie. – Ich selbst habe diese Wege unzählige Male durchmessen, und ich kenne das alte, treue Stückchen Erde, in dem er ruhen wird. Und ich muß an die letzten Worte des großen Gelehrten Jacques Monod denken, die jeder bis an sein Ende in seinem Inneren wiederholen möge: «Ich versuche, zu verstehen.»[17]

Die Mitterrand-Rede könnte durch folgende Fragen und entsprechende Antworten analysiert werden:
– Welches war die Redeeröffnung?
  Eine grob skizzierte Vita stellt den Zusammenhang zum redlichen Aufstieg des Toten aus kleinen Verhältnissen her. – Zitate namhafter ausländischer Zeitungen betonen durch Autoritätsbezeugungen die Kompetenz des Toten, welche von konservativen Kräften des Landes in Frage gestellt wird. – Die allen bekannte ökonomische Situation Frankreichs stellt Mitterrand als Folge schicksalhafter Gewalt dar, auf die der Tote trotz seiner Kompetenz keinen Einfluß nehmen konnte – unter der er jedoch derart litt, als sei er selbst ihr Opfer.
– Welche Beweisführung stellt der Redetext dar?
  Diese Eingangsthesen stützt er durch den Fingerzeig auf Bérégovoys Loyalität zu seiner politischen Heimat und zu seinem ursprünglichen sozialen Dunstkreis. Der Präsident richtet sich hier an (nichtanwesende) Kritiker aus Bérégovoys eigenem Lager: Nestbeschmutzer, welche ihm Verrat an der sozialistischen Sache und an seiner sozialen Herkunft vorhielten.
– Was ist die Schlußfolgerung daraus?
Mitterrand bekennt sich mit «ich» zu einem Weggenossen, indem er zwei Jahrzehnte gemeinsamer Arbeit aufzeichnet. So rahmt er diesen Teil der Rede gleichsam persönlich ein.

Informative Kommunikation
(Medientexte)

Das Beispiel von Seite 26 ff. zeigt, daß dem Journalisten eine ganze Reihe Möglichkeiten zur Verfügung stehen, eine offiziell bestätigte (und im Vokabular belassene) Meldung syntaktisch (Rang- und Reihenfolge) und pragmatisch zu verändern, d. h. blattpolitische Schwerpunkte zu setzen. Einige Möglichkeiten:
- Hinzunahme und Auswahl von Bildern (Verwendung vorteilhafter oder nachteiliger Fotos)
- Leseanreiz durch (Sensations-)Schlagzeile, z. B. wörtliches Zitat)
- Tendenz der Schlagzeile, etwa durch Kommentierung
- Unverhältnismäßige Akzentuierung von Text oder Schlagzeile bedeutet die gröbere Form der Kommentierung.
- Zusammenhang zwischen Schlagzeile und Text kann unklar sein oder sogar fehlen.
- Tendenziöse Steigerung durch Hervorhebung von Schlüsselwörtern.

Integrative Kommunikation
(Texte in Massenauflagen)

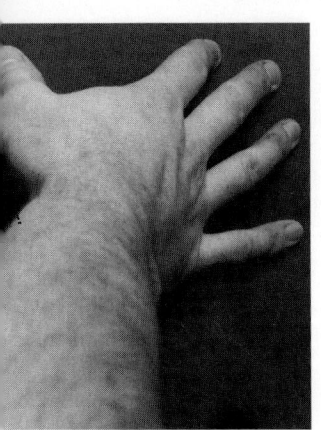

Ein Beispiel: «Auto-Bild» zählt zu den Illustrierten, welche im Gegensatz zu Journalen wie «Geo», «Madame» oder «Schöner wohnen» reißerisch aufgemacht sind. Tonalität und Schriftbild (Lautstärke 12) entsprechen einander (vgl. S. 39). Eine kleine Kostprobe, was wie und wieviel davon auf der Titelseite vom 16. 7. 1994 stand: (nach Schriftgröße geordnet)
- Ein Traum von BMW. Der 45 000-Mark-Roadster made in USA: Der knackigste BMW aller Zeiten
- 19 neue Autos. Jetzt bis zu 20 % billiger! Von Audi bis Ferrari: Ausgereifte Auslaufmodelle für Schnäppchenjäger
- Gangster-Geständnis. Ein Autovermieter behauptet: Die Branche steckt voller Betrüger
- Thermo-Taschen. Frisch unterwegs: 13 Kühlboxen fürs Auto im Vergleich
- Fiat-Faszination. Coupé Fiat: ein Auto, ein Fahrer und längst vergessene Gefühle S. 36
- Gebraucht-Geschäft. Handel im Wandel: Warum zur Zeit keine Regeln mehr gelten S. 44

Persuasive Kommunikation
(Meinungsbildung/Werbung)

Einige Beispiele: «I've never tried it, because I don't like it» (Ich habe es noch nie versucht, weil ich es nicht mag). So lautete einmal die Headline auf einem Plakat für GUINNESS-Bier. Das ist nach meinem Verständnis ein *guter* Stil, weil der Autor geläufige Vorurteile («Kenn' ich nicht, mag ich nicht...») unlogisch mit rhetorischem Unterton aufgreift und dadurch den Verbraucher zum Nachdenken anstößt.

«Kürzlich bestellte jemand 2000 qm Bodenbelag bei uns. Unser Wolfgang Hart hat ihn auf 1800 qm runtergehandelt. – Rausschmeißen sollte man den Mann? Ganz im Gegenteil. Es ist nämlich seine Aufgabe, unsere Kunden vor unnützen Ausgaben zu bewahren. Indem er jeden größeren Auftrag überprüft. Sich das Objekt ansieht. Die Baupläne zu Rate zieht. Und so beispielsweise feststellt, daß man eine Menge Bodenbelag sparen kann, wenn man nur eine andere Bahnenbreite wählt. Weil dann der Verschnitt aus dem ersten Stock genau in die Lücken im zweiten Stock paßt. Auf diese Weise hat er uns schon manchen Auftrag energisch beschnitten. Aber das ist ganz in unserem Sinne. Weil wir es vorziehen, Ihnen öfter 200 qm weniger zu verkaufen. Als einmal 200 qm zuviel.»

Das ist ebenfalls ein guter Werbetext-Stil, weil er auf amüsante Weise mit Kundenfreundlichkeit kokettiert («Tue Gutes und rede darüber»)

Die meisten Anbieter werben für ihr Produkt, indem sie es zeigen, d. h. sie bilden es mit in einem mehr oder minder attraktiven Umfeld ab. In einer ganzseitigen C&A-Anzeige dagegen wurden nicht die Mäntel dargestellt, sondern ein Mann im Regen – mit folgendem Text: «Dem Regen ist es egal, ob Sie einen Regenmantel zu 13 Mark oder zu 129 Mark tragen. Alle Regenmäntel von C&A tun das, wozu sie da sind. Sie schützen Sie vor dem Regen. Die meisten unserer Regenmäntel tun mehr als das. Sie lassen Sie chic und modisch aussehen. Oder flott und sportlich. Wir haben Hunderte von Regenmänteln. In verschiedenen Stoffen. In verschiedenen Verarbeitungen. In verschiedenen Farben. Aus vielen verschiedenen Ländern. Für viele verschiedene Portemonnaies. Warum haben wir eine so große Auswahl? Weil wir es schrecklich fänden, wenn auch nur einer unserer Kunden naß würde.» – Das ist eine Sprache, die erkennen läßt, wie originelle Texte funktionieren müssen: Sie enden alle mit einer Schluß-Pointe, welche den Kreis zum Textanfang schließt. (Nicht zuletzt deshalb spricht man auch von einem «runden» Text).

Jetzt oder nie!

Manipulative Kommunikation
(Meinungsveränderung/Panik-Journalismus)

Ein Beispiel: «Gemein: Halla zu Seife verarbeitet. Die tote Halla in Säure geworfen – bei 140 Grad gekocht.» So lautete einmal die Schlagzeile auf der ersten Seite der Bildzeitung, als die Leiche von H. G. Winklers Olympiastute dem Tierkadavergesetz zum Opfer gefallen war. Das ist meines Erachtens ein *schlechter* Stil. Es ist auch kein sachlicher Text: Die Ursache wird ignoriert, die Wirkung dramatisiert.

Statt einen positiven Beweggrund für die Lektüre – nämlich Wissensdurst – anzusprechen – wird ein negativer Beweggrund – nämlich Sensationshunger – unterstützt. Der Journalismus leidet an der geringen Seriosität der Boulevardpresse (vgl. nochmals S. 39). Trotz der weltoffenen Haltung einiger gut aufgemachter europäischer Tageszeitungen nach klassisch angelsächsischem Vorbild mit sorgfältig redigiertem Nachrichtenteil (vgl. S. 26) hat sich in den letzten Jahren bei vielen Pressevertretern ein deutlicher Trend zur subjektiven Berichterstattung und gefärbten Kommentierung herausgebildet. Die Massenblätter haben damit begonnen, und der (fernsehgeschädigt) bequeme Leser hat sich auf die Schlagzeilen «eingeschossen». Dies hat zu einem «Headline-Bewußtsein» geführt, dem – und das macht dieses Buch ambivalent – sich die Werbung zu beugen hat, will sie überleben. Die Beantwortung der nachfolgenden Fragen kann Ihnen wieder bei Ihrer individuellen Arbeit behilflich sein.

Tempel der Freude

Fragebogen 2

a) Was ist Ihre Absicht, wenn Sie einen Text verfassen?
- ☐ Sachorientierte Sprache als Information
- ☐ Der sachorientierte Empfänger soll angesprochen werden (z. B. Fachpublikum)
- ☐ Sachorientierte Sprache als Verordnung
- ☐ Empfängerorientierte Sprache als Werbung
- ☐ Empfängerorientierte Sprache als Journalismus, Publizistik, Kulturangebot
- ☐ Empfängerorientierte Sprache als politische (auch kabarettistische) Beeinflussung
- ☐ Senderbezogene Sprache als persönliche Mitteilung (Botschaft [z. B. Briefkontakt])

b) Welchen Inhalt wollen Sie transportieren?
- [ ] Nachricht, Kommentar, Rat, Antwort
- [ ] Verhaltensregel, Gebrauchsanweisung
- [ ] Aufklärung, Wissen, Denkanstoß
- [ ] Unterhaltung, Erbauung, Bildung, Esoterik
- [ ] Angebot, Kaufentscheidung, Testimonial, Prestigedenken
- [ ] Meinungsbildung/-veränderung, Agitation, Propaganda
- [ ] Austausch, persönliches Anliegen oder Bedürfnis

c) Wer sind Sie?
- [ ] Laie (Experte)
- [ ] Legislative/exekutive Schaltstelle, Politiker
- [ ] Journalist, Publizist, Werber, «Multiplikator»
- [ ] Kursleiter, Lehrer, Dozent, Professor
- [ ] Schüler, Student, Kursteilnehmer, «Liebhaber»

d) Um welche Text-Tonalität soll es sich handeln?
- [ ] wertfrei, objektiv, meistens nachprüf-/belegbar
- [ ] wertend, subjektiv, suggestiv, aggressiv
- [ ] einfühlsam, diplomatisch, taktierend, überredend

e) Wie stufen Sie Ihren Text-Empfänger (Partner) ein?
- [ ] interessiert, neugierig, gutgläubig
- [ ] intellektuell, kompetent, kritisch, skeptisch
- [ ] pflichtbewußt, geistesgegenwärtig *oder* windig
- [ ] optimistisch, pessimistisch, melancholisch, cholerisch

f) Wie stufen Sie die Empfängerbedürfnisse ein?
- [ ] Unwissenheit soll durch Wissen ersetzt werden
- [ ] Wissen soll «vor Strafe schützen»
- [ ] Übersicht bekommen über Waren und Dienstleistungen
- [ ] Anteilnahme, Bestätigung etc.

Zwischenfazit 1. Station

In dieser Station sind Sie nun mit dem Lesen von Texten, einigen sprachwissenschaftlichen Grundlagen, der Texterweiterung und -reduktion, der Texterschließung und den wichtigsten sprachstilistischen Kategorien vertraut gemacht worden. Sie sind jetzt in der Lage, jedweden Text so zu analysieren, daß Sie anschließend darüber zielgerichtet und partnerbezogen berichten können – eine wichtige Bedingung zum Formulieren eigener Texte. Fragebogen 1 + 2 geben Ihnen die Möglichkeit,
- *die Bedürfnisse des Adressaten zu erkennen*
- *Stil und Sachlichkeit des Textes einzuhalten*
- *Artikulation, Wortwahl + Abstraktionsfähigkeiten einzuhalten*
- *Klarheit + Transparenz der Gedankenführung einzuhalten*
- *die eigenen Absichten bzgl. der Wirkung zu berücksichtigen*
- *die Unmißverständlichkeit der Artikulation zu gewährleisten*
- *grammatikalische Sicherheit, Orthographie + Interpunktion zu bewerkstelligen.*

2. Station
Verbale Kommunikation als Studieninhalt

Wer lesen kann, hat auch Schreiben gelernt. Schreiben ist aber noch lange nicht Texten. Genausowenig wie *Ab*malen oder *Ab*zeichnen Malen und Zeichnen gleichkommt. *Ab*schreiben wäre dann genauso wenig mit Phantasie und Kreativität verbunden. Trotzdem möchte ich hier ein Zitat plazieren: Auszüge aus einer Rede, die mein verehrter Kollege, Prof. Kurt Weidemann, anläßlich der Semestereröffnung 1990 vor dem neuen Studienjahrgang an der Wissenschaftlichen Hochschule für Unternehmensführung in Koblenz gehalten hat:

«...Das Schreiben, das Nacheinanderordnen von Buchstaben und das Lesen, das Wiedereinsammeln der Buchstaben mit den Augen, setzt die Fähigkeit zum Folgedenken voraus: Das ist eine hohe Trainingsstufe des Intellekts in Richtung auf das logische Denken. – Im vergangenen Jahrhundert haben Schüler renommierter Gymnasien ab dem Konfirmandenalter mit ihren Eltern lateinisch korrespondiert und kunstvolle Sätze gedrechselt. Das Unvermögen zur rhetorischen Kommunikation grassiert in den Parlamenten, Hörsälen und in den modischen Podiumsdiskussionen cholerischer Streiter, flachbrüstiger Alleswisser und Ausfrager und Dauerredner, die mißtrauisch aufblicken, ob noch jemand da ist, der ihnen zuhört. – Die Informationsübermittlung über Bänder, Platten, Video, Disketten, so meint der Kommunikationsphilosoph Vilém Flusser – mein Anreger und Gewährsmann für einige dieser Gedanken – ist besser und leichter.

Jetzt wird ausgepackt

Wenn man per Video auf Besuch gehen kann, warum soll man dann noch Briefe schreiben? Warum mit der Hand schreiben lernen, wenn es gleich mit dem Computer geht, der auch noch die Rechtschreibung übernimmt. (...) Schreiben, Lesen und Denken haben einen Zeitbezug zueinander. Im Zeitalter der Automatisierung und Reproduktion von Geschriebenem in kaum nachvollziehbaren Geschwindigkeiten geht der Bezug, der zwischen Handschriftlichem und Denken noch besteht, verloren (Japanische Laserdrucker werden mit ‹mehreren tausend Zeichen in der Sekunde› angeboten: Überall entläßt uns das Tempo in die Seligkeit des Nichtmehrverstehens.) Die Automation läßt sich zur Reproduktion von Vorgedachtem einsetzen. Das Denken beschleunigt sie nicht. – Schrift ist

dialektfrei. Geschriebener Dialekt, ob Plattdeutsch bei Ernst Reuter oder Bayerisch bei Ludwig Thoma, muß nahezu buchstabiert werden (‹ellmoi› statt ‹allemal›). Sagt man von jemandem, ‹er spricht nach der Schrift› und versucht also, dialektische Einfärbung zu vermeiden, hat das oft etwas Anstrengend-Rührendes. Sprache ist lebendig, sie beschäftigt gelegentlich gleiche Wörter an verschiedene Bedeutungen: die ‹Quelle› als Beginn eines Flusses oder Ursprung einer Information. Den ‹Satz› als Wortansammlung, als Rückstand im Kaffee oder als Zeitteiler im Tennismatch. (...) In den Vereinigten Staaten – uns immer ein Jahrzehnt voraus – können 27 Millionen Bürger weder lesen noch schreiben, weitere 60 Millionen sind auf einem mühsam erreichten Volksschulniveau hängengeblieben, und die Trendberechnungen sehen im Jahr 2000 jeden dritten US-Bürger als ‹functionally illiterate› voraus, sozusagen in Betrieb befindliche Analphabeten. Großverlage wie ‹Readers Digest› und ‹Time› geben recht uneffektive Millionenbeträge für Leseanreizprodukte aus. Derweil tobt sich die Ausdrucksschwäche der Graffiti-Sprayer an den Wänden aus. Sie setzen meterlange schriftähnliche Zeichen, bringen aber kein Wort mehr zustande. (...) Unser Beruf wird immer noch in vielen Unternehmen und Institutionen als ein kostenverursachender Luxus angesehen. Eine gewinnorientierte Kaufmannsrepublik kann nur Krämerseelen züchten, die alles nach Tauschwert, Besitzwert, Konsumwert abwiegen und mit dem Versuch der Übervorteilung absetzen. Es ist aber schwer, mit Partnern umzugehen, die die Sixtinische Kapelle für das Kammerorchester des Papstes, Rembrandt für einen Cognac und Botticelli für einen Rotwein halten. (...) Lernen Sie das gerade Sehen:
Die guten Bilder sind nicht die, die man sucht, sondern die, die einem die Natur und die Menschen geben. Man kann nicht mehr sagen, als man sieht. Um ein Bild zu verstehen, meinte Anselm Feuerbach, braucht man einen Stuhl. Wer als Blinder durch die Kunstgalerien und als Sehender durch die Börsentempel läuft, ist zwar existent, aber er lebt nicht...»

Schämen Sie sich?

Eine Texter-Ausbildung als Studien*ziel* an einer Fachhochschule ist nicht möglich – wohl aber als Studien*inhalt*: Eingebunden in die Ausbildungsrichtung Gestaltung wird neben der visuellen Kommunikation (Foto-, Typo- und Schriftdesign) auch verbale Kommunikation gelehrt – ich selbst vertrete an der Fachhochschule Augsburg das Fach Text, welches zusammen mit Design- und Kommunikationstheorie (Methodik, Systematik, Kreativitätstechnik) die Hauptvoraussetzung für konzeptionelles Arbeiten liefert. Mein Lehrziel ist es, einen Kommunikationsdesigner auszubilden, der befähigt ist,

seine Kreativität im Umgang mit Sprache, Darstellungsmittel und Verbreitungsmedien optimal freizusetzen, dabei selbständig und verantwortlich die vielfältigen umweltbezogenen und gesellschaftspolitischen, vor allem aber volkswirtschaftlich relevanten Aufgaben zu lösen. Mein Lehrinhalt gliedert sich rang- und reihenfolgemäßig in folgende Abschnitte:
– Grundlagen der verbalen Kommunikation, Terminologie
– Textsorten, Textanalytik, Textfunktion, Textexperiment
– Gesprochene Sprachkompetenz: Interview, Moderation, Referat, Präsentation, Argumentation, Implementation
– Geschriebene Sprachkompetenz: Protokoll, Reportage, Pressetext, PR, Journalismus, Werbung (Briefing, Konzeption, Exposé)
– Verbale Strategien, verbales Design.

Die meisten der in diesem Kapitel dargestellten sprachlichen Produkte sind Studienergebnisse aus meinen Seminaren – auch die Bilder und Headlines (links bzw. rechts unten außen) auf den Buchseiten. Nach der Textanalyse (Texterschließung) also die Textfunktion (Textbewertung und -optimierung). Zur Bearbeitung für meine Studenten legte ich die beiden folgenden Texte vor:

(Text A)

Hart am Wind. Lange haben Cabrio-Freunde auf ein passendes Modell aus dem Honda-Programm warten müssen. Nun dürfen sie endlich aufatmen: Ein entfernbares Dachteil soll beim neuen Honda CRX für frischen Wind und mehr Fahrvergnügen sorgen. Manch eingefleischter Offenfahrer mag da nur verächtlich mit den Schultern zucken, aber der neue CRX macht geschlossen wie offen eine gute Figur. Die Front hebt sich durch zwei kleine, separate Fahrscheinwerfer vom heutige Einerlei modischer Rundungen ab – der Renault Alpine A 110 längst vergangener Tage läßt schön grüßen. Die in den B-Holm gezogene Oberkante der Tür verleiht dem CRX von der Seite betrachtet einen pfiffigen Touch. Zwei Versionen des Zweisitzers bietet Honda ab 13. Juni an. Mit jeweils 1,6 Litern Hubraum ausgestattet, leistet die Basisausführung (ESi für 35 980 Mark) 125 PS, das Topmodell (VTi für 43 480 Mark) mobilisiert dank zwei obenliegenden Nockenwellen und variabler Ventilsteuerung 160 PS. Beim CRX VTi hat der Kunde zudem die Möglichkeit, das offene Fahrerlebnis für 3500 Mark Aufpreis durch eine Dachautomatik zu krönen. Innerhalb von 45 Sekunden verschwindet das Dachteil publikumswirksam per Knopfdruck wie von Geisterhand im Kofferraum...

(Text B)

Dr. Dach. Der CRX dient dem Auge, denn er wäre schön, wenn der Spoiler nicht wär. Er dient dem Ohr, weil er das heisere C kann. Er dient der inneren Uhr, denn ein Auto ist nicht nur so schnell, wie es schnell ist, sondern wie gerne man es schnell bewegt. Er dient schließlich der Sehnsucht nach Extremen und Triumphen, weil er das Dach so unnachahmlich abnimmt wie unsereiner den Hut. – Nein, wir fangen nicht mit dem Dach an. Das wäre ungerecht. Alles, was bisher vom CRX VTi-T zu hören und zu lesen war, klang ja so, als handle es sich hier ausschließlich um ein goldenes Dach!, unter das man irgendein Schürzenkleid, irgendeinen Motor und Sitze und Räder hängte. – Fangen wir beim Kleid an. Sucht irgendwer immer noch in jedem Japaner die Kopie eines europäischen Originals? Beispielsweise: vordere Partie Porsche 968, Mittelpartie VW-Porsche, Heckscheibe Ferrari 348 oder Jaguar XJS, das Ganze mit dem Storchenschnabel verkleinert? Diese Sicht ist zu verwerfen. Das Design der Autos hat sich dreimal um die eigene Achse gedreht, fast alles war schon da. Es kommt nurmehr auf die elegante Symphonie für neue Zwecke und Dimensionen an, und da sind im Zweifelsfall die Japaner nicht mehr Hinterherjappler, sondern Vorreiter. Honda hat das großartig gelöst. Der neue CRX ist ein eyecatcher...»[18]

Ich fragte: Sind das beides gute Texte. Oder ist der zweite schlechter? Warum? Wie würden Sie generell Texte beurteilen? Machen Sie einen Unterschied zwischen Belletristik und Journalismus, zwischen juristischen und didaktischen Texten?

Ich erhielt zur Antwort (allgemeiner Tenor):

Der erste Text ist schlecht – der zweite gut, weil Text A geradezu übersät ist mit Phrasen, Allgemeinplätzen und abgegriffenen Worthülsen («aufatmen», «eingefleischt», «gute Figur», «heutiges Einerlei modischer Rundungen», «läßt schön grüßen», «krönen»). Text B ist *nicht* geschrieben wie ein automobiljournalistischer Text, sondern vielleicht wie ein Reisebericht: originell, unterhaltend, emotional.

Wie bewertet man Texte? Anhand verschiedener Beispiele aus der Gebrauchs- und Alltagssprache haben wir ein Bewertungssystem geschaffen, welches ich Ihnen hier vorstellen möchte:

Bewertungsbilder für Texte

Drei Dimensionen stehen zur Verfügung: Form – Inhalt – Wirkung. Die Bewertungsdimension *Form* bewegt sich zwischen zwei Polen: Optimale Form auf der einen, Formlosigkeit auf der anderen Seite. Die Qualität der Syntax eines Textes läßt sich nach verschiedenen formalen Kriterien bewerten, welche dann ein Gesamturteil ergeben können. Zur Einschätzung sind jeweils vier Stufen vorgesehen, denen eine Punktzahl von 0 bis 3 zugeordnet wird: Äußerst klare Formulierungen sollen demnach mit 3 Punkten, äußerst unklare Formulierungen mit 0 Punkten bewertet werden – Nivellierungen liegen entsprechend dazwischen. Allerdings muß der pauschale Eindruck (nicht ein einzelner Aspekt) bewertet werden. Nach relativ kurzer Erfahrungszeit hat man sich die verschiedenen Unterscheidungsmerkmale jeder Dimension eingeprägt – das ist sehr wesentlich für das Gesamturteil, in dem diese Einzelkriterien verschmelzen. (Die Problematik des dargebotenen Sachverhalts bleibt davon unberührt.)

positiv: 3   2   1   0   negativ:

klare Formulierung	unklare Formulierung
unkomplizierter Aufbau	komplizierter Aufbau
gegliederte Gruppierung	ungeordnete Teile
einheitlicher Stil	uneinheitlicher Stil

Die Bewertungsdimension Inhalt erstreckt sich ebenfalls zwischen zwei Extremen: Das eine ist die klare inhaltliche Bedeutung, das andere ist totale Inhaltslosigkeit. Der Bedeutungsgehalt eines Textes entsteht durch verschiedene semantische (= bedeutunggebende) Elemente, deren Einzelbewertungen zusammen wiederum ein Gesamturteil zulassen. Die optimale Bewertung ist wieder bei 3, die minimale bei 0 Punkten, für Differenzierungen gibt es 1 oder 2 Punkte.

Wort und Macht wechseln sich ab

erkennbare Aussage	unerkennbare Aussage
geläufiges Vokabular	ungeläufiges Vokabular
(Fremdwörter erklärt)	(viele Fremdwörter)
hohe Prägnanz	fehlende Prägnanz
Rang- und Reihenfolge beachtet	planlose Abfolge

Ebenso verläuft die dritte Bewertungsdimension *Wirkung* zwischen zwei Gegensätzlichkeiten: Effizienz und Eintönigkeit. Die Pragmatik einer verbalen

Mitteilung bezieht sich auf empfängerorientierte Wesensmerkmale, welche eine Pauschalisierung zulassen. Dem optimalen Wert «einprägsam» kommen 3 Punkte zu – weniger beeindruckende Texte erhalten 2 oder 1 Punkt, 0 Punkte würden dann das Fehlen jeglicher Identifikation mit dem Empfänger verdeutlichen.

Einprägsamkeit	Eindruckslosigkeit
originelle Anmutung	reizlose Anmutung
unterhaltend, spannend	langweilig, öd
gefühlsbetont, integrativ	sachlich, logisch

Über den Wert zusätzlicher Stimulanzen wie direkte Rede, Umgangssprache, Redensarten (Idioms, Jargon) oder Humor läßt sich vielleicht streiten, Verzicht darauf muß nicht immer nachteilig sein. Für die Abgrenzung von «Wirkung» gegenüber anderen Bewertungskriterien gilt:

– Form = Eine klare Ausdrucksweise bietet an sich schon einen höheren Leseanreiz. In der pragmatischen Beurteilung soll berücksichtigt werden, ob eine verbale Mitteilung *darüber hinaus* Einprägsamkeitswerte enthält.
– Inhalt: Originelle Zutaten können zu Lasten der notwendigen Information gehen, und zwar dann, wenn sie ebenfalls Informationsträger sind und dadurch den Wert der Hauptaussage abschwächen.

Morgenstund hat Geruch im Mund

Ein «Bewertungs*bild*» vermittelt einen raschen Überblick:
3 Pkt.: In hohem Maße positiv
2 Pkt.: Positiv überwiegt
1 Pkt.: Negativ überwiegt
0 Pkt.: Nichts Positives erkennbar.

Aber: Die Summe der erreichten Punktzahlen ist weniger ausschlaggebend als deren entsprechende Verteilung!
Um die Verhältnismäßigkeit von Form, Inhalt und Wirkung zu veranschaulichen, hier vier Textsorten mit Punkteverteilung. (Dies sind Mindestanforderungen, die jedoch überboten werden können:
– Juristische Texte (Gesetze, Dekrete, Verbote, Warnungen) – Form 3, Inhalt 1, Wirkung 0 Punkte (Damit ich nicht falsch verstanden werde: Mit «Wirkung» ist nicht «Befolgung» gemeint, sondern Originalität, Witz, Stimulanz, Appeal, Pointe, Gag)

- Werbliche Texte (Presse, PR, Anzeige, Plakat, Prospekt) – Form 3, Inhalt 2, Wirkung 3 Punkte
- Belletristische Texte (Romane, Erzählungen, Novellen, Essays) – Form 2, Inhalt 3, Wirkung 2 Punkte
- Didaktische Texte (Schulbuch, Lehrbuch, Vorlesungen Skripten) – Form 2, Inhalt 2, Wirkung 1 Punkt

Optimierung von Texten

§ 57 Straßenverkehrszulassungsordnung (StVZO)
Die Anzeige der Geschwindigkeitsmesser darf vom Sollwert abweichen in den beiden letzten Dritteln des Anzeigebereiches – jedoch mindestens von der 50 km/St.-Anzeige ab, wenn die letzten beiden Drittel des Anzeigebereiches oberhalb der 50-km/St.-Grenze liegen – 0 bis +7 vom Hundert des Skalenendwertes; bei Geschwindigkeiten von 20 km/St. und darüber die Anzeige den Sollwert nicht überschreiten.

Viel *besser* wäre:

Nach § 57 StVZO
Um wieviel Prozent darf eine Tachometeranzeige von der tatsächlich gefahrenen Geschwindigkeit abweichen?

1. Für den Bereich von 0–20 km/h bestehen keine besonderen Vorschriften.
2. Ab 20 km/h darf der Tachometer *nicht weniger* anzeigen.
3. Für Tachometer, deren Skala bis 150 km/h reicht, gilt: Sie dürfen in den beiden letzten Dritteln des Anzeigebereiches höchstens 7 % ihres Skalenendwertes mehr anzeigen.
Beispiel: Ein Tachometer reicht bis 120 km/h. Von 40 bis 120 km/h darf er höchstens 7 % von 120 km/h (= 8,4 km/h) zuviel anzeigen.
4. Wenn der Tachometer über 150 km/h reicht, gilt die 7-%-Regelung schon ab 50 km/h.

Auch dieser didaktische Text entspricht dem Muster der meisten Lesebücher:

Während die Pygmäen nur Sammler, Fischer und Jäger sind, treiben die eigentlichen Neger des Urwaldes Feldbau. Sie «gürteln» einige Bäume, indem sie die Rinde einkerben, so daß sie absterben, und roden mit Hackmesser und Feuer das Buschwerk. Die Frauen pflanzen dann zwischen den stehengebliebenen Baumstümpfen mit Hilfe des Grabstockes, dessen unteres Ende spatenartig verbreitert ist, Bananen und Maniok. Die Maniokstaude wird 2 m hoch. Aus ihren Wurzelknollen gewinnt man Stärkemehl. Schon nach ein paar Jahren ist der Boden erschöpft. Ein neues Stück muß dann gerodet werden, während die alte Stelle rasch wieder überwuchert wird. Die Bantuneger halten auch einige Haustiere, vorwiegend Hühner und Ziegen. Ihre rechteckigen Häuser errichten sie zum Schutz gegen Tiere und Feuchtigkeit oft auf Pfählen. Unter mächtigen Palmen stehen sie in langer Reihe nebeneinander. Mit Hilfe der Trommelsprache, die im Wald weit hörbar ist, verständigt man sich von Dorf zu Dorf.

Auch das geht *besser*:

Die Urwaldbewohner Schwarzafrikas.
Wie ernähren sie sich? Welche Schwierigkeiten haben sie mit dem Ackerboden? Wie leben sie? Wie verständigen sie sich von Dorf zu Dorf?
Ernährung: Während die Pygmäen nur Sammler, Fischer und Jäger sind, betreibt die schwarze Bevölkerung des Urwaldes Ackerbau und Haustierzucht.
Ackerbau: Die Männer roden den Boden. Sie «gürteln» Bäume, indem sie ihre Rinde ringsum einkerben. Während die Bäume absterben, roden sie das Buschwerk mit Hackmesser und Feuer. Die Frauen pflanzen zwischen den stehengebliebenen Baumstümpfen Bananen und Maniok. Dazu gebrauchen sie einen Grabstock, dessen Ende spatenartig verbreitert ist. Obgleich die Maniokstaude 2 m hoch wird, kann man nur ihre Wurzelknollen nutzen. Daraus gewinnt man Stärkemehl.

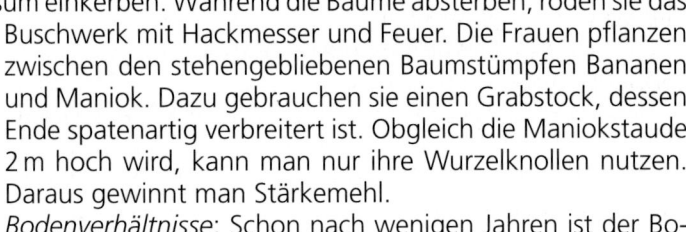

Bodenverhältnisse: Schon nach wenigen Jahren ist der Boden erschöpft. Es muß ein neues Stück gerodet werden. Nach kurzer Zeit überwuchert die alte Fläche wieder.
Haustierzucht: Ein besonderer Stamm, die Bantus, halten sich Hühner und Ziegen.
Häuserbau: Die Bantus bauen sich rechteckige Hütten und errichten sie meist auf Pfählen – zum Schutz vor Feuchtigkeit und zur Abwehr gegen wilde Tiere. Unter mächtigen Palmen stehen diese Hütten in langer Reihe nebeneinander.
Verständigung: Mit Hilfe der Trommelsprache, die im Wald weithin hörbar ist, verständigt man sich von Dorf zu Dorf.

Es fällt auf, daß optimierte Texte meist länger sind, also mehr Worte brauchen als die verbesserungswürdigen. Das liegt in der Natur der Sache, d. h. wer klarer, unmißverständlicher formulieren will, muß kürzere (und damit zwangsläufig mehr) Sätze machen, u. U. Wortwiederholungen einsetzen und häufig neue Zeilen anfangen – also Absätze einbauen. Dies hat jedoch mit Redundanz (= Überladung) oder umständlicher, gestelzter Formulierung (vgl. S. 55) nichts zu tun.
Es fällt noch etwas ganz anderes auf: Text ist nicht gleich Text. Neben schriftlicher Sprachkompetenz (vgl. S. 52), auch Medien- und Werbetexte genannt, gibt es die Welt der Bücher, der gehobenen Sprachkultur und des Sprechtheaters (Epik, Lyrik, Dramatik) sowie «Text tagtäglich» in Form von Bekanntmachungen, Anleitungen, Briefen, Programmen, Infos etc. – die mündliche Sprachkompetenz nicht zu vergessen! Hier eine Übersicht:

Kommunikation	Medien	Epik	Lyrik	Dramatik
Gebrauchs- und Alltagssprache	Presse Film/Funk/Fernsehen	Belletristik	Rhythmische Poesie	Theater Tragödie Komödie
Moderation	PR Werbung Verkaufsförderung Sach-/Fachbuch	Erzählungen Novellen Dichtung (fiktiv)	Reim Gedicht Gesang	Lustspiel Lichtspiel/Kino
Interview				
Verkaufsgespräch				

Jede Spalte befindet sich in einer spezifischen Diskurs-(= Bewußtseins- und Wahrnehmungs-)Welt, welche vertikal verläuft. Entstehen (ungewollt oder gewollt) horizontale Verbindungen, befinden wir uns bereits in angewandt-*kreativen* Gefilden. Aber auch zwischen redaktionellen und werblichen Texten gibt es ein Gefälle: Können Werber von den Journalisten lernen, wenn es um «erlebnisnahe» Inhalte geht, so schaut der Headline-Produzent dem «Mann von der Straße» permanent «auf den Mund». Dieser «Otto Normalverbraucher» (eigentlich jeder Text-Laie, z. B. auch der Chefkonstrukteur eines Weltunternehmens) will – außer der Tageszeitung und vielleicht dem Buch auf dem Nachttisch – von Sprache und Text nicht viel wissen... weil er damit nur an seine (schlechten) Schulaufsatz-Zensuren erinnert wird... Gleichwohl sollten Medientexte nicht an der Sprache der anderen Spal-

Gabi find' ich gut!

ten gemessen werden – ästhetisch im linguistischen Sinne sind sie ohnehin nicht. – Die Voraussetzung dafür, daß «Verständigung zwischen Interessenpartnern» zustande kommt, liegt in der sprachlichen Vereinbarung, in der Konventionalisierung. Wollen wir z. B. einem Damenfriseur den Unterschied zwischen dem Surrealismus eines Magritte und anderen kunstgeschichtlichen Strömungen erklären, sollten wir auf die Lexikalsprache verzichten und das Gespräch auf der semiotischen Ebene führen. Verständlichkeit ist nie absolut – sie funktioniert ausschließlich *partnerbezogen*. – Spielräume entstehen jedoch dadurch, weil halbwegs gebildete Menschen mehrere Sprachebenen beherrschen:
– Jargon unter Familienmitgliedern, Freunden, Kollegen
– Dialekt unter den Menschen einer bestimmten Region
– Termini unter den Mitgliedern eines bestimmten Berufes
– Flüche unter besonderem physisch/psychischem Streß
– Rhetorik unter den Voraussetzungen einer entsprechenden Schul-/ Aus- und Weiterbildung verbunden mit Neigung.

Fragebogen 3

a) Bei welchen von Ihren «tagtäglichen» Texten kommt es auf
- die pure Form (Syntax, Struktur) an?

___

- den vollen Inhalt (Aussagekraft) an?

___

- die totale Wirkung (Eindruck) an?

___

b) Bei welchem von Ihren Tageszeitungsartikeln kommt es auf
- das WIE (den Körper) der Darstellung an?

___

- das WAS (die Seele) der Botschaft an?

___

Kann denn Luxus wirklich schöner sein?

- das WEM (den Geist) der Einlassung an?

_____

c) Bei welcher von Ihrer Buchlektüre kommt es auf
- syntaktische Bezüge (Satzbau, Stil, Tonalität) an?

_____

- semantische Bezüge (Vokabular, Rhetorik, Dramaturgie) an?

_____

- pragmatische Bezüge (Leseanreiz, Identifikation) an?

_____

d) Bei welchen Texten aus Ihrem persönlichen Umfeld haben Sie die Möglichkeit, regelmäßige «Rasterfahndungen» zu unternehmen – mit dem Ergebnis, Worthülsen, Phrasen und Redundanz auf die Spur zu kommen?
- ☐ Gebrauchsanweisungen von Medikamenten
- ☐ Kommentar auf Seite 3 Ihrer Tageszeitung
- ☐ Sport- bzw. Polizeiberichte in Ihrer Tageszeitung
- ☐ Kochanleitung auf Dosen, Gläsern oder Beuteln
- ☐ Einladungen, Tagesordnungen, Protokolle im Dienst
- ☐ Werbeanzeigen in Magazinen und Illustrierten
- ☐ Wetterbericht nach der Tagesschau im Fernsehen
- ☐ Die tägliche Passage Ihres Krimis vor dem Schlaf

e) Wo gibt es eine Möglichkeit, in von Ihnen selbst verfaßten Texten zwei Diskurswelten miteinander zu verbinden?
- ☐ Werbetext in Form eines Märchens («Es war einmal...)
- ☐ Brief in Form eines Gedichts («Ein Mensch... /E Roth)
- ☐ PR-Text als Kurzroman (Krimi) oder Ballade (Parodie)
- ☐ Artikel in Fachzeitschrift als Parabel/Fabel (Aesop)

f) Worauf kommt es nach Ihrer Ansicht bei welchen Text am meisten an?
- juristische und verhaltensteuernde Texte

- werbliche und meinungspolitische Texte

- belletristische und unterhaltende Texte

- didaktische und instruktive Texte

Ergebnisse von Hochschulprojekten

Es folgt nun eine Reihe von Studienprojekten, welche ich zusammen mit meinen Studenten an der Fachhochschule Augsburg durchführte und die Ihnen wichtige Anregungen für die Praxis geben können.
Es wird jeweils zunächst die Aufgabe formuliert.

Schrift-Geschichten

Neben der «großen Persönlichkeit» (auch VIP genannt) und der «kleinen Persönlichkeit» (Werbeslogan einer Brauerei) gibt es auch die «Marken-Persönlichkeit» (z. B. BMW, Nivea, Dunhill) und die «Schrift-Persönlichkeit» (nicht zu verwechseln mit den Schrift-Charakteren – das sind die verschiedenen Schnitte einer Schriftfamilie). Was es mit dieser Persönlichkeit auf sich hat, wie das Persönlichkeitsprofil einer bestimmten Schrift entsteht

und wie es zu einer «visuellen Performance» kommen kann – darüber sollten sich meine Studenten einmal grundlegende Gedanken machen. Die besten Ergebnisse, welche sich eventuell für VK-Material eines Schriftenanbieters oder einer Layoutsetzerei eignen könnten, sind auf den folgenden Seiten abgebildet. – Wie kamen sie zustande?
Im Studienfach Text, welches eng mit der Auseinandersetzung zwischen verbaler Kommunikation und Typografie verbunden ist, wurden drei Arbeitsteams gebildet, die jeweils separat einen vorgegebenen Schrifttyp analysieren mußten. Auf der Basis von gesammelten Assoziationen wurde ein Koordinatensystem (Adjektive senkrecht bzw. Substantive waagrecht) erstellt, aus dem sich jeder Teilnehmer ein Feld auswählen und darin seinen Namen eintragen konnte. Mit dem dazupassenden Artikel (Der, Die, Das) mußte eine Überschrift gebildet sowie eine Kurzgeschichte dazu erfunden und geschrieben werden. – Was kam dabei heraus? Untersucht wurden

	Adjektive z. B.	Substantive z. B.
• Futura	statisch, modern, steril, kühl etc.	Eis, Glas, Mode etc.
• Garamond	seriös, edel, kulturell, zeitlos etc.	Märchen, Kultur, Dame etc.
• Times	elegant, konservativ, erotisch etc.	Kapital, Tee, Parfüm etc.

Die Bewertung erfolgte nach zwei Kriterien: *Bezug zum Thema* und *Phantasie*. Der Lerneffekt für die Studierenden ergab sich aus dem Wechselspiel zwischen Inhalt und formaler Darbietung. Die Stories mit scheinbaren Nonsenstiteln haben jedoch nicht die Schrift selbst, sondern *erfundene* Sinnigkeiten zum Inhalt. Sie wurden anschließend (das war von vornherein beabsichtigt) *in ihrem Schriftbild abgesetzt*. Damit wurde die Schrift aus ihrer breiten Verwendungsfähigkeit herausgelöst (um nicht zu sagen, aus ihrem Anonymitätsschlaf erweckt) und erstmals echt positioniert, weil die Story zur jeweiligen Schrifttype eine stimmige Identität aufweist. – Zu einer bereits formulierten Überschrift eine Geschichte zu schreiben, ist eine sehr gut geeignete Übung, wenn es darum geht, Phantasie und Erfindungsgabe einzusetzen bzw. Kreativität durch Training freizusetzen.

Die Welt, in der wir leben

Wenn es sich jedoch, wie im ersten Beispiel, um «rationale Kosmetik» handelt (eine Kombination, welche sich zwangläufig durch das Koordinatensystem ergab), mußte besonders kreativ gearbeitet werden, wenn das Ganze dann auch noch einen Sinn ergeben sollte.

	Futura Eis	Glas	Mode	Kos-metik	Fort-schritt	Schmuck	Ballon
statisch							
modern							
schnör-kellos			X				
steril		X					
konstru-iert						X	
rational				X			
kühl	X		X				

Die rationale Kosmetik?

Gepflegte Haut sieht glatt, weich und samtig aus. Das Licht wird von der Haut reflektiert, es läßt sie strahlen und vermittelt optisch das Gefühl der Frische und Klarheit.
Ungepflegte oder falsch gepflegte Haut wirkt stumpf, das Licht bricht sich auf der Haut und läßt sie dadurch fahl und unsauber erscheinen.
Die Haut tankt Jugendfrische, Spannkraft, Elastizität; Frische und Transparenz werden wieder hergestellt, die Haut erhält Energie und Dynamik zurück und kann den Zeichen der Zeit trotzen; sie wird fest, elastisch und zart. Durch die rationale Kosmetik?
Durch eine 24-Stunden-Hautcreme, einen schnellen Schönmacher, der ermüdete Hautfunktionen auf das sanfteste wieder aktiviert, eine süß duftende Crememaske, die nach 30 Sekunden vollständig von der Haut aufgenommen wird und sie von innen her pflegt; eine 7-Tage-Intensivkur sorgt für ein feines und samtweiches Hautbild, bei dem der härteste Macho weich wird. Durch eine Feuchtigkeitsemulsion mit UV-Filter, eine sahnige sanfte Tagescreme, eine Nachtcreme mit besonders leichter und zarter Konsistenz, eine reichhaltige Nachtcreme für die trockene und nervöse Haut; durch eine intensive Nachtpflege mit einem besonders hohen Anteil an wertvollen Vitaminen als Kur über die Nacht mit einer Multi-

Ein Mann gegen alle Tabus

Night-Creme, einer entspannenden Maske, die beim Auftragen ein zartes Wärmegefühl hervorruft; die Haut erhält dadurch ein strahlendes und ausgeruhtes Aussehen. Durch ein sanftes Intensiv-Wirkstoffkonzentrat zur Anwendung unter der Tagescreme, um die glättende Wirkung der Tagespflege zu verstärken, eine sahnige Reinigungsmilch, ein mildes, erfrischendes Gesichtswasser, eine Refreshing-Soap, ein mildes Dusch- und Badegel mit seidig pflegender Wirkung, ein feuchtigkeitsbewahrendes Körperpeeling mit feinen Granulaten, ein reichhaltiges Bodylotion, ein desodorierendes Körperspray mit überaus sanften Schweißstoppern, oder mit einem desodorierenden zarten Cremedeodorant. Durch ein weich schäumendes Schaumbad in Puderform, eine Tagescreme mit Schutzfilm für die Hände, eine zarte Nachtcreme für die Füße, eine Maske, um ermüdete Haut wieder dynamisch zu straffen, ein wirkstoffkonzentriertes Pflegebad für die Lippen- und Mundpartie, eine sanftweiche Maske, um die Linien und Fältchen rund um den Mund zu glätten, eine spezielle Maske, damit die Linien und Fältchen rund um den Fußballen flacher werden, eine hydroregulative Emulsion mit NME, eine aktive Schüttelmixtur zur lokalen Behandlung starker Hautunreinheiten am Abend, einen desinfizierenden Deo-Rollstift für kleine Hautunreinheiten am Morgen. Durch Wirkstoffampullen zur sofortigen Belebung der Haut, Ampullen zur zarten Regeneration in Verbindung mit einer sahnigen Kräutermaske zur Beruhigung der angegriffenen und geröteten Haut nach dem Sonnenbade, eine dünnflüssige Emulsion mit Zellextrakten zur erhöhten Zellwiederaufbereitung...?

Ich finde, dieser Kandidat hat sich ganz ordentlich aus der Affäre gezogen. Schon das Vokabular mutet ambivalent an, d.h. emotional (durch die Wirkung) und rational (durch den umsatzsteigernden Werbeeffekt) zugleich. Darüberhinaus ist die Überschrift ebenfalls ambivalent – durch das Fragezeichen, welches den Kosmetik-Nutzen herausstellt.

Die nächste Geschichte ist nicht humorig.
Zu bedenken ist auch dabei, daß neben Titelvorgabe und Blickwinkel des einzelnen auch völlig unterschiedliche Temperamente an dieser Aufgabe arbeiteten. Oft dachte ich beim Lesen: Der Text ist ein Spiegel des Autors...

Kühles Eis

Die Sonne scheint auch an diesem Fleck der Erde. Kaum vorstellbar. Ihre noch immer wärmenden Strahlen spüre ich wie eine leichte Berührung auf den wenigen freien Stellen meiner Haut. Ich schließe für einen Moment die Augen, atme ganz genüßlich, langsam und tief die kühle, klare Luft ein. Ich lasse für kurze Zeit meinen Gedanken freien Lauf. Sorglos beginne ich neuen Mut zu fassen und bin sogar richtig glücklich. Ich spüre ein tief zufriedenes Gefühl aus meinem Inneren aufsteigen und sich in meinem Gesicht zu einem ausgeglichenen Lächeln formen. Ich bin ganz entspannt und ruhig. Die Luft ist starr vor Kälte. Wie kann da das Wasser noch an der Schiffswand plätschern?
Ein tosender Aufprall. Eine unendliche Wucht schleudert mich zu Boden. Weit weg höre ich Schreie, den Schiffsmotor aufheulen. Jetzt erst sehe ich den Eisberg vor uns, sehe, wie das Schiff schräg liegt, und fühle es schnell sinken. Ich kann nichts tun außer mich möglichst lange festhalten. Vor mir  nichts als Eis. Es geht sehr schnell. Mit den Füßen bin ich schon im Eiswasser. Sie beginnen entsetzlich zu schmerzen. Wie mag dieser eisige Schmerz erst am ganzen Körper sein? Ich tauche bis zum Hals ein und werde fast ohnmächtig vor Kälte. Für kurze Zeit bekomme ich keine Luft, meine Augen öffnen sich unnatürlich weit. Ich arme ruckartig. Meine Bewegungen werden immer langsamer. Das Eis zu erreichen hat keinen Sinn. Ich tauche immer wieder unter. Die bittere Kälte am Kopf ist am intensivsten. Meinen Körper fühle ich nicht mehr. Nur mein Kopf scheint sich durch die eisige Temperatur zusammenzuziehen. Ich werde unter die Eisfläche gezogen. Es ist aus, und vorhin noch dieses Glücksgefühl. Das Eis über mir glänzt frostig blau. Neben mir geht ein Eisberg unendlich in die schwarze Tiefe. In die Eismasse sind Höhlen gearbeitet. Es schillert in zarten Pastelltönen. Ich gleite entlang und spüre die Oberfläche, die unendlich glatt sein muß, nicht mehr. Klar, unwahrscheinlich klar ist diese erbarmungslose Kälte und dabei so schön. Ich habe keine Luft mehr in der Lunge, will einatmen, schlucke statt dessen. Das Geräusch hallt wie in einem großen gekachelten Raum. Ich schlucke wieder – keine Luft – Panik – will nach oben tauchen, stoße mit meinem Kopf an die Eis-

decke. In letzter Panik sauge ich meine Lungen voll. Ein stechender Schmerz jagt in meine Brust, als das eisige Wasser eindringt. Alles verschwimmt und stockt.

Die kühle Mode

Es ist lange her, daß der Urmensch aus reiner Zweckmäßigkeit seinen Körper mit Fellen vor Kälte und Verletzungen schützte. Denn schon bald sorgte die dem Menschen innewohnende Eitelkeit dafür, daß sich zu dem Aspekt des Notwendigen der des Schönen gesellte. Neue Materialien wie Wolle und Seide ermöglichten das Herstellen von edlen Stoffen. Damit verbunden ergaben sich vielfältige neue Gestaltungsmöglichkeiten der Kleidungsstücke, welche während des 18. Jahrhunderts ihren Höhepunkt an Verspieltheit und Übermaß erreichten. Erst zu Beginn unseres Jahrhunderts begannen sich die Menschen wieder auf den eigentlichen Sinn der Kleidung zu besinnen und befreiten sich von unbequemen Zubehör. In den «Goldenen Zwanzigern» setzte sich lässige, bequeme Kleidung endgültig durch. In den Nachkriegsjahren wurde das Modebewußtsein der Deutschen von amerikanischem Einfluß geprägt. Pettycoat und Schmalzlocke bestimmten, wie später Minirock und Pilzkopf, das Erscheinungsbild einer ganzen Generation. Neue Industriezweige beschäftigten sich mit dem Vermarkten dieser Zeiterscheinungen. Man wartete nicht mehr auf die natürliche Änderung des Geschmacksempfindens der Menschen, welche sich früher über mehrere Jahrzehnte erstreckte, sondern zielte auf eine künstliche Entwicklung im Verbraucherverhalten. Was «in Mode» ist, wird diktiert von einigen wenigen. Die Dame trägt wieder Schulterpolster, die Taille wird nicht mehr betont und der coole Glattrasierte mit dem pomadigen Haar rekelt sich in feminin anmutender Kleidung auf einer schnörkellosen Liege in einem fast leeren Raum. Die kühle Mode, vom Zeitgeschmack der Menschen geprägt, jedoch kühl geplant und geschaffen von einigen Machern, spiegelt sich in allen Bereichen des heutigen Lebens wieder. Wohnstil, Freizeitverhalten und Musikrichtung werden genauso in «In» und «Out»-Listen berücksichtigt wie Sportarten, Urlaubsziele und Kleidung.

Heute schon geduscht?

Bei der nächsten Futura-Geschichte handelt es sich nicht um einen empfängerbezogenen (vgl. S. 16), sondern um einen sachorientierten Text im Sinne einer Begriffsbestimmung: Konstruierter Schmuck ist eigentlich ein Widerspruch in sich selbst, aber die Autorin stellt insofern eine Brücke zum Sinngehalt her, indem sie «konstruiert» durch «konstruierbar» ersetzt.

Konstruierter Schmuck

Um den Begriff konstruierter Schmuck zu erklären, muß als erstes der Begriff Konstruktion im Zusammenhang mit Schmuck definiert, erläutert werden.
Ist nicht die Konstruktion von Schmuckstücken unumgänglich? Hätte denn jemals eine Halskette erfunden werden können, ohne daß ihre einzelnen Glieder, seien sie rund oder oval, konstruiert werden mußten? Entscheidend dafür waren wohl Reißfestigkeit und Vollendung in der Form.
Kann sich demnach eine Kette aus nicht konstruierten Gliedern den Bewegungen des menschlichen Körpers, der Haut anpassen, ohne daß sie zerbricht?
Die Schlußfolgerungen dieser Gedanken sind folgende: Kein Schmuckstück, welches aus Metallen angefertigt worden ist, kommt ohne Konstruktion aus, da jede Wandlung eines Kettengliedes konstruiert worden ist. Selbst Schmuckstücke wie Steine oder pflanzliche Motive aus Metallen sind vielleicht nicht konstruiert worden, jedoch konstruierbar, was mit mathematischen Formeln zu beweisen ist.

Der folgende Text liest sich wie der gesprächige Auftritt eines «Billigen Jakob» in der Fußgängerzone. Was hätten Sie zu «schnörkelloser Mode» geschrieben?

Politiker um Fingerbreite tödlichem Anschlag entkommen

Schnörkellose Mode

Meine Damen und Herren!
Die ist eine Mode von so aufregender Geradlinigkeit, von so superraffinierter Schlichtheit und so extravagant strenger Optik! – da müssen Sie einfach mitmachen!
Da gibt es keine Falte und keinen Knopf zuviel, vergessen Sie all die Spitzchen und Rüschchen, all die Borten und vielfältig einfältigen Fälteleien. Adieu, ihr üppig gebauschten Scheußlichkeiten mitsamt eurer antiquierten Unbequemlichkeit!
Meine Damen, dies ist eine Mode, so ganz im Stil der neuen Zeit! Eine Mode, so ganz nach dem Geschmack der emanzipierten self-made-lady. Hier können sich auch Damen ans Schneidern wagen, die ansonsten mit Nadel und Faden auf Kriegsfuß leben, denn, mit diesen Schnitten kann fast nichts schiefgehen. Alles was Sie können sollten, ist, eine Schere zu halten, und aufs Pedal Ihrer Nähmaschine zu treten. Falls Sie immer noch Skrupel haben, möchte ich Sie auf das neue Allzweckklebeband hinweisen, damit können Sie Knöpfe, Säume, und Nähte aller Art rasch und zuverlässig kleben.

Nur Mut meine Damen! Hier ist er der neue Allzweckschnitt: Egal ob Bluse oder Hemd, ob Kleid oder Schlafanzug, dieser Schnitt ist für Sie wie auf den Leib geschneidert.
Sie setzen also die Schere an der richtigen Stelle an und schneiden immer gerade drauf los – es kann nichts schiefgehen, d. h. wenn sie schief schneiden, so ist das kein Unglück, denn das ist das gewisse Extra. Bei der Armbeuge angelangt beschreiben Sie großzügig eine Halbkreis nach links und biegen anschließend in die kurze Schultergerade. Danach holen Sie gleich aus zum noch großzügigeren Halsausschnitt. – Nur keine Angst meine Damen, Großzügigkeit ist die Devise. Haben Sie den Halsausschnitt hinter sich, biegen Sie wiederum ein in die kurze Schultergerade und um die Ecke in den linken Armausschnittshalbkreis. Wenn möglich, sollten die beiden Geraden sowie die Armhalbkreise, gleiche Größe haben. Wenn nicht, umso besser, das macht die raffiniert individuelle Note.
Danach geht es also immer geradeaus weiter bis Sie sich wieder auf gleicher Höhe mit der Einschnittstelle befinden, wenn möglich etwas weiter links davon.
Nun biegen Sie links um die Ecke, es geht zum Endspurt, nun kann also wirklich nichts mehr schiefgehen, Sie schneiden immer geradeaus so geradlinig wie Sie sich eben fühlen, und, ehe Sie sich versehen, sind Sie am Ziel. Mit dem Rückteil verfahren Sie ebenso. Wenn Sie wollen können Sie diese Bewegungen auch üben, ohne Schere, damit also wirklich nichts passieren kann.
Die Armteile, falls nötig, stellen sich dar als zwei Rechtecke, bei denen sich eine Seite halbkreisförmig ausbuchtet. Nun müssen Sie lediglich noch die passenden Teile zueinanderfügen, auch das kein Problem, den Rest der Arbeit erledigt Ihre Nähmaschine, bzw. Ihr Allzweckklebeband.
Haben Sie auch das bewältigt, wovon ich zutiefst überzeugt bin, so steht Ihnen einer der schönsten und erhebendsten Augenblicke Ihres Lebens bevor: die Anprobe!
Sie werden sich fühlen wie Armani persönlich.
Viel Erfolg meine Damen!

Der letzte Futura-Text liest sich lexikalisch:

Steriles Glas

.... ein durch Sterilisatoren keimfrei gemachtes Glas ....
.... Verwendung in der Chemie und Medizin z. B............
.... Reagenzgläser und Objektträger oder für ....
.... Lebensmittel z. B. Flaschen.......................

Glas ist ein Gemisch aus Kieselsäure und Metalloxiden, das nach dem Schmelzen ohne Kristallbildung in den festen Zustand übergeht. Es wird nach dem Schmelzen entweder gegossen oder geblasen.
Glas war in Ägypten schon im 4. Jahrtausend v. Chr. bekannt. Als Fensterfüllung, der auch heute noch gebräuchlichsten Verwendung, neben der Herstellung von Trinkgefäßen, wurde es erstmals von den Römern benutzt. War aber um 1300 noch Luxus. Die Anwendung in der Chemie und Optik verfeinerte die Glasherstellung. Mit dem 20. Jh. tritt neben der chemischen Glasforschung auch die physikalische ein. In der Gegenwart betreibt man molekulare und atomare Strukturforschung.
So findet Glas Einsatz in der
- Elektronik: Röhren, Glühlampen
- Rüstung: Raketenköpfe aus Glaskeramik
- Bauwesen: Glasbausteine, Wärme-
                        isolierung (Glaswolle)
- Lebensmittelindustrie: Flaschen
- Optik: Mikroskop, Fernrohr
- Kunst u. Musik: Glasfenster / Glasklavier

und nicht zuletzt in der Medizin z. B. Bestrahlungsgeräte

Beim folgenden Text handelt es sich um eine «Randbemerkung» im Stil des «Streiflichts» auf der ersten Seite der «Süddeutschen Zeitung» – kritisch, soziokulturell, leicht pointiert:

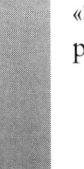

Die kultivierte Dame

Das Tischgespräch! Dieses gehört nun mal zu einer gepflegten Tafel, zumal, wenn man als Tischnachbarn, zu seiner Rechten sitzend, eine sympathische, kultivierte Dame hat.
Mag es auch mancher bedauern, wenn er seine Aufmerksamkeit zwischen Ihr und den kulinarischen Genüssen teilen muß. Aber ein Essen, das schweigsam eingenommen wird, ist letztlich auch keine reine Freude.

Garamond

	Märchen	Literatur	In-schrift	Kultur	Huma-nismus	Gastro-nomie	Dame
seriös	✗						✗
edel							
klassisch		✗					
kulturell							
kultiviert							✗
historisch			✗				
zeitlos	✗						

Nun bedarf es auch einer gewissen Geschicklichkeit, denn – man will essen, man muß etwas sagen, und mit vollem Mund darf man nicht reden. Da gibt es nun Flegel, die es ausgezeichnet verstehen, während der Vorbereitung eines besonders schmackhaften Bissens eine fröhliche, natürlich auf geistigem Niveau der Dame, rhetorische Plänkelei zu beginnen, um in dem gleichen Augenblick, da sie den Bissen zum Munde führen, mit einer Frage abzuschließen, die es der kultivierten Dame unmöglich macht, mit einem kurzen Satz zu antworten. Und während Sie nun krampfhaft bemüht ist, sich so kurz wie möglich zu fassen, um auch ihrerseits das köstliche Menü fortführen zu können, hat er selbst ca. eine Minute Ruhe, die er natürlich entsprechend ausnutzt. Inzwischen setzt Sie, kultiviert und spitzfindig wie sie ist, an den Schluß ihrer Ausführungen ebenfalls etwas, was dringend Antwort oder Stellungnahme erheischt. Nun hat sie Pause. Dieses Spiel kann ungewöhnlich spannend sein, weil jeder, während der Rede des anderen bereits eifrig überlegt, wie er, bzw. sie ihn im Anschluß wieder festnageln kann.

Wir machen Ihren Herbst zum Frühling

Hier ist es immer angebracht, wenn der Herr ein kleines, persönliches Geschenk, sagen wir eine Aufmerksamkeit für die Dame bereit hält. Zum Beispiel ein nett verpacktes Buch, das er ihr nach dem Essen, möglichst unauffällig, als Anerkennung ihres kultivierten Benehmens zukommen läßt. Das ist nur Höflichkeit mit einem Schuß Verehrung, die ihr zeigen soll, daß er sie für außergewöhnlich gewitzt hält. Die Dame sollte ihrerseits das Geschenk, mit einem Augenzwinkern zu ihm, ruhig annehmen, gewissermaßen als Entschädigung, hat er sie doch quasi um das hervorragende Mahl gebracht.

Im allgemeinen sollten sich Tischgespräche auf einer Ebene bewegen, der die kultivierte Dame ohne langes Überlegen zu folgen vermag.

Und Themen, die möglicherweise unklug sind, oder Verwirrung stiften können, meidet man natürlich.

Auch hier gilt, wie für jedes Gespräch:

Abfällige Bemerkungen über Dritte, verbissene politische und religiöse Diskussionen, Kritik an den Gastgebern, spöttische Betrachtungen über Anwesende, – überhaupt alles, was unerfreulich, gefährlich, taktlos sein könnte, ist im Beisein einer kultivierten Dame tabu! Ebensowenig darf man, wenn irgendwie möglich, die eigene Person in den Mittelpunkt der Unterhaltung stellen.

Die kultivierte Dame könnte sich zurückgesetzt fühlen! Ist so etwas einmal passiert, sollte man versuchen, sich so schnell wie möglich über sich selbst lustig zu machen! Allerdings glaube ich, daß ohne langes Nachdenken genügend neutrale Gesprächsstoffe übrigbleiben, nehmen wir zum Beispiel das Wetter, auf das man jederzeit ausweichen kann. Dabei sollte immer gelten: liebenswürdig, heiter, leicht, und – niemals mit vollem Mund!

Jetzt mag natürlich der eine oder andere «Streiflicht» - Leser heftig mit dem Kopf schütteln – indes, die Pointierung liegt in der Persiflage zur Benimm-Fibel, welche ja spätestens seit der Liberalisierung der gesellschaftlichen Normen (Hippie-/Punker-Zeitalter) Mitte der siebziger Jahre ausgedient hat... – Anders der nächste Text, welcher im Grunde genommen so etwas wie eine «Skizze» darstellt: Mit wenigen Strichen gelingt es dem Kurzgeschichten-Autor, eine Vision aufzubauen – unfertig, ein wenig krakelig, aber nicht ungekonnt; das unerwartete Ende zeigt dies.

Was weiss ein Fremder?

Eine seriöse Dame

Er begehrte sie sehr und überquerte die Straße.

Sie fiel auf. Blau. Blau, schlank und souverän.

Sie fiel außerordentlich auf. Gesicht ruhig, heiter gelöst, zurückhaltend geschminkt, Disziplin und Intelligenz.

Nichts auffallendes machte sie auffallend. Ein klassisches Kostüm in gekonnt abgestimmten blauen und grauen Tönen betonte eine klassische weibliche Kontur.

So was sieht man selten. Sie fiel also auf.

Wem sie noch auffiel, ob den Frauen am Obststand, den kleinen Schulkindern an diesem späten Vormittag im frühen Frühling interessierte nicht.

Männern mit Geschmack fiel sie auf. Zielbewußt geht sie in eine Bankfiliale, er – schönes Wetter macht abenteuerlustig und: ein jegliches Ding hat seine Zeit – wartet also bis sie nach etwa 10 Minuten wieder herauskommt, sie kauft an einem Stand eine Tüte Pfirsiche – Assoziationen zu deren Haut flackern hinter seinen Augen.
Ihr Schritt verlangsamt sich, einige Auslagen finden Beachtung. Ein Tagescafe wird selbstbewußt und zielsicher betreten; beiseit gesprochen diesmal ein Ort, wohin man ohne aufzufallen und mit einiger Aussicht folgen kann.
Umsichtige Sitzplatzwahl, Bestellung und vorsichtiges – einseitiges – Entspannen schließen sich an.
Er stellt sich vor, wie sie sich unter der Last seiner Blicke zu ihm umwenden würde; wie zu einer ersehnten Ablenkung; aber sie begnügt sich mit einem knappen Lächeln. Möglichkeiten verpflichten.
Die Form wahren, höflich, direkt, offen ansprechen macht eine Ablehnung unwahrscheinlich, zumindest viel schwieriger für sie. Die anschließende Viertelstunde Konversation gelingt. (Übrigens schwerster und am wenigsten berechenbarer Teil solcher Unternehmen), worauf man zusammen das Cafe verläßt und da beiderseits Zeit......Zeit (ein jegliches Ding hat sie) vorhanden ist – eine nahegelegene Galerie visitiert.
Die Form war nicht nur Fassade. Überlegt, informiert zeigt sie sich im Gespräch, selbstbewußt und offen. Doch sie weiß auch, wovon sie sprechen will und wovon nicht.
Er ist ihr guter Gegenpart, doch weiß er nicht – bis auf: siehe oben – was er will.
Faszination und Bewunderung machen die Sache auch nicht gerade einfacher.
Sie – willig – hilft; Gott weiß, wieso, denkt er.
Bietet Umarmung und Kuß – auch der Einfältige begreift – geradezu an. Ihre Haut und deren Duft lassen die Schleifsteine in der Obsttüte vergessen.

Irgendwann drängen Termine dann doch.
Abschied am Taxi.
Sie greift kurz tief; löst Herzrasen und lustvolle Blutstauung, aber auch gaffende Überraschung aus. Das läßt ja einiges erwarten. Recontre zur bestimmten Zeit am bestimmten Ort.
Als unser junger Held – inzwischen in innerer Schau und Gefühl Apollon gleich an Gestalt und göttlicher Bildung noch am selben Nachmittag etwas aus seiner Brieftasche braucht, ist diese nicht mehr vorhanden.
Als verspätet erweist sich der eilige Versuch, die nebst Bargeld und Papieren enthaltenen Schecks zu sperren.

Was jetzt folgt, ist eine literaturgeschichtliche Darlegung, wie sie in manchen Lexika zu finden ist, welche sich nicht mit einer Begriffserklärung begnügen.

Die klassische Literatur

Der Ursprung der Klassik liegt im griechischen Altertum. Die Griechen strebten nach dem klassischen Idealmenschen der Geist, Seele und Körper in vollkommener Harmonie in sich vereint und dadurch den Göttern gleichkommt. Auch in der Kunst spiegelt sich der Grundsatz vom Einklang durch vollendete Schönheit und Ästhetik wider.

Im späten 18. Jhdt. wurde dieser Gedanke verstärkt in der deutschen Literatur wieder aufgegriffen. Die Antike wird zum Maßstab einer neuen Kulturepoche, deren Hauptvertreter im literarischen Bereich Johann Wolfgang v. Goethe und Friedrich Schiller sind. Sie versuchen den Menschen mit Hilfe der Kunst zu sensibilisieren und zu einem besseren Menschengeschlecht zu erziehen.

Untrennbar damit verbunden ist die Wiederentdeckung des dramatischen Schauspiels. In den Stücken Goethes und Schillers werden Charaktere der Geschichte vorgeführt, die in ihrem Handeln das Menschtum schlechthin widerspiegeln. Der Künstler zeigt die sich immer wiederholenden Formen des menschlichen Daseins, wie Liebe, Eifersucht, Rache, Machtstreben, Herrschsucht u. ä.. Die Hauptfiguren (Faust, Iphigenie auf Tauris, Torquato Tasso, Don Carlos, Wallenstein, Maria Stuart) sind jedoch für den Einfluß der Zeiten erhaben und vereinen in sich das klassische Menschenbild. Sie besitzen ein höheres Interesse am Dasein und ihre höchsten Ziele sind Wahrheit, Weisheit und Humanität. Entsagung, Maß und Ebenmaß ist ein entscheidender Gedanke in der klassischen Dichtung.

Die Aufgabe des Künstlers besteht darin die Maximen der Klassik durch die Dichtung zu vermitteln. Er ergründet die Dinge im Einzelnen um das Wesentliche, die innere Gesetzmäßigkeiten zu erkennen. Durch das Studium des Mikrokosmos gelangt er zur Erkenntnis des Makrokosmos. Diese Erkenntnis wird zur allgemein gültigen Norm.

Jedes Kunstwerk hat den Gesetzen von Schönheit, Harmonie und Einheit zu entsprechen, denn ein vollendetes Kunstwerk trägt die Ewigkeit in sich selbst und behält für immer Gültigkeit. Dabei darf man vom mühsamen Ringen um die vollendete Form des fertigen Kunstwerkes nichts anmerken.

Inhalt und Stil sind schriftgebunden – Schrift ist wiederum inhalts- und stilgebunden. Pointierte (Werbe-)Sprache muß darum auch entsprechend visualisiert werden. Wer davon nicht ganz überzeugt ist, kann eine Probe auf dieses Exempel machen – indem er z. B. das «seriöse Märchen» (übernächster Text) oder die folgende «historische Inschrift» in Futura (S. 62 ff.) absetzen läßt und mit dem Garamond-Schriftbild vergleicht...

Ich bin eine *historische Inschrift*, genauer gesagt eine römische und heiße: Senatus Populusque Romanus Divo Tito Divi Vespa Si Ante Vespa Si Ano Augusto. Ich bin – in aller Bescheidenheit – ganz schön berühmt, denn ich stehe auf dem Titusbogen am Forum in Rom. Ich kann Ihnen sagen: Was ich schon alles erlebt habe, in den 1900 Jahren, seit es mich schon gibt. Meistens hat mein Titusbogen die Hauptrolle gespielt, aber den besseren Überblick, den habe ich. Beim Markt zum Beispiel: Wenn Flavius Septimus, der Sklavenhändler, einen faulen Karthager als fleißigen Germanen angepriesen hat, oder wenn ein paar Senatoren sich nach der Sitzung in der Kurie unter dem Bogen verprügelt haben.

Am meisten Trubel gab es immer bei den Triumphzügen, wenn irgendein Gegner der Römer besiegt worden war und gefesselt durch den Bogen geschleppt worden ist. Bei solchen Gelegenheiten mußte ich auch immer an den Anlaß meiner Einmeißelung denken: Den Sieg Kaiser Titus' über Judäa. Dieses Gefühl des Triumphes, der Überlegenheit, des Sieges: einfach überwältigend: das sollte in der heutigen Zeit wieder eingeführt werden.

Dann gab es immer weniger Triumphzüge, und eines Tages standen plötzlich Barbaren vor den Toren Roms: Alarich, Attila oder Odoakar, wie sie alle hießen. Ganz schön gewütet haben die: Tempel eingerissen, in den Thermen randaliert, Säulen umgeworfen!

Es brauchte eine lange Zeit, bis die Leute hier wieder anständige Bauten zustande brachten: erst in letzter Zeit wurde der Petersdom eingeweiht.

Seit kurzem, es muß so etwa 1870 gewesen sein, ist Rom wieder Hauptstadt der Republik Italien – so heißt die Gegend hier jetzt. Zu schaffen machen mir, wie auch meinem Bogen und auch anderen Inschriften, Abgase und wie nennt man das, was früher als Wasser vom Himmel fiel: Saurer Regen. Erst neulich wurde ich von einem Steinmetzen aus Germanien, einem Barbarenland (welche Demütigung) neu nachgemeißelt, damit mich wieder jeder lesen kann.

Doch ich glaube, daß die, die heutzutage da unten durchgehen, zwar viele verschiedene Sprachen sprechen, meine gerade aber nicht. Und da muß ich mich doch fragen: Versteht mich noch jemand? Zweifel habe ich da schon, kürzlich erst deutet da eine Ausländerin aus einem Barbarenland zu mir rauf und brüllt: «Guck mal, Detlef, die alten Römer haben auch schon in Stein gekritzelt!» Da packt er sein Taschenmesser aus und ritzt «Detlef + Erna» in einen Steinquader meines Titusbogens. Ich werde andere Inschriften zur Gründung eines Interessenverbandes für besseres Verständnis anregen.

Wir sind nicht nachtragend

73

Ein seriöses Märchen

«Meine sehr verehrten Damen und Herren. Sie erwarten von mir, daß ich zu Ihnen heute über Deutschland rede. Wenn ich also von Deutschland rede, dann denke ich zunächst an die uns durch unsere Geschichte und durch unsere Lage im Herzen Europas auf- und vorgegebene Normalität. Ich darf zum Verständnis vielleicht auch hier einen Satz einfügen, indem ich wiederhole, wie in früherer Rede ausgedrückt: Das Bündnis gibt uns Sicherheit nicht nur gegenüber Moskau, sondern auch vor Washington. Europa ist für die anderen Kontinente im Guten wie im Schlechten vorbildlich, daran ändern auch die vielen Ausbrüche kriegerischer Gegenkultur bei uns wenig. Ich verweise auf die großartigen Renaissancebauten in Deutschland und ich muß wohl nicht besonders hervorheben, daß der Geist des Humanismus in Deutschland nie schwächer geweht hat als anderswo – eher im Gegenteil. Erst vor kurzem hat Mozart in China, aufgeführt von der Bayerischen Staatsoper, Triumphe gefeiert.

In allen europäischen Ländern gewannen mit dem naturwissenschaftlich-technischen Fortschritt irrationale Gegenströmungen an Boden. Diese Einflüsse bedeuteten Nachschub für den Irrationalismus. Ich nenne nur stichwortartig jene Diffamierung sogenannter «Sekundärwerte» wie Leistung, Disziplin, Ordnung. Selbstverwirklichung wurde statt Selbstdisziplin, Selbst- und Mitverantwortung als höchste soziale Tugend gepriesen. Eine sonderbare Mischung aus Alt- und Neumarxismus, aus liberalistischer Emanzipationsideologie und ungehemmtem Hedonismus hat sich damals zusammengebraut. Ein sektiererisches Schwärmertum und ein ebenso rigider wie einäugiger Moralismus, die sich der Friedens- und Umweltproblematik bemächtigen, waren weitere Zutaten zu dieser Mischung, aus der sich bis heute ein in seinem Umfang, in seiner Stärke und in seiner Auswirkung schwer abschätzbares Protestpotential nährt. Ein Heer selbsternannter Fachleute diskutiert über Schwefeldioxyd, Stickstoffoxyde, Formaldehyd und Dioxin mit dem Ergebnis, daß die Bevölkerung in einer Art und Weise in Angst und Schrecken versetzt wird, wie dies früher nur Pest und Cholera als lebensbedrohende Schicksalsschläge vermocht hätten. Mit Sorge muß ich die zunehmende «Neurotisierung» der öffentlichen Diskussion beobachten, die so gut wie jede Sachfrage zur Weltanschauungs- und Glaubensfrage hochstilisiert. Die Entwicklung der Waffentechnik, das Anhäufen eines gigantischen Zerstörungspotentials läßt den Ausbruch eines Krieges in Europa als undenkbar erscheinen. Anderswo mag das noch anders sein. Wir müssen nur wieder langfristig in geschichtlichen Dimensionen denken lernen. Dazu gehört übrigens auch nach meiner Überzeugung die Freude an der Fülle des Lebens, am rechten Genuß der guten Gaben Gottes. Ihn dürfen wir uns auch nicht von jenen in unserem Land leider recht häufig gewordenen Predigern des Lebensekels verderben lassen, die nicht Ruhe geben, bis sie auch den letzten Rest Lebens-

Gewöhnen Sie sich die Liebe an

freude, Lebensmut, Lebenszuversicht aus ihren Mitmenschen «hinterfragt» und in seine trübseligen Einzelteile zerlegt zu haben.
Wir haben nach vorne zu blicken mit geschichtlichen Perspektiven und einem langen geschichtlichen Atem.
Ich danke Ihnen für Ihre Aufmerksamkeit.»

Dieses ist ein Zusammenschnitt einer Rede von Franz Josef Strauß, gehalten auf dem «Münchner Podium in den Kammerspielen '84» – 30 Seiten wurden auf eine halbe Seite reduziert; deshalb ist der Sinnzusammenhang nicht mehr oder nur kaum erkennbar. «Seriös» kann der Text nur für Leute sein, welche Ironie walten lassen – weil er immerhin von einem der wichtigsten deutschen Politiker der Nachkriegszeit vorgetragen wurde. Ein «Märchen» ist er deshalb, weil durch die Verkürzung jetzt im Zusammenhang ein stark einseitiges, übersteigertes Weltbild vermittelt wird, dem kaum jemand Glauben schenken würde.

Die letzte «Garamond-Geschichte» versucht das Märchen als Literaturform zu entmythologisieren. Neue Prinzipien (Comics, Krimi-Helden und -Antihelden, Science fiction und manche Trivialliteratur) haben die Ur-Funktion des Märchens übernommen.

Das zeitlose Märchen

«Warum sollen Märchen zeitlos sein? Sie sind doch vollkommen veraltet. Und dazu noch total unrealistisch. Früher, ja, da glaubte man noch an Hexen und Feen, aber heute – wer ist heute denn noch so naiv?» könnte der moderne Mensch behaupten.
Doch weit gefehlt. Der Großteil der Menschheit glaubt auch heute noch daran, daß diese «unrealistischen» Gestalten existieren und zwar aus Angst vor der Zukunft.
Die menschliche Angst und die Hoffnung, die in den Märchen ausgedrückt werden, bestehen schon immer. Sie passen sich nur der Zeit an. So haben die Menschen auch heute Angst vor Fremden und Bösem (im Märchen die Hexe) und hoffen auf die Macht und Überlegenheit des Guten (im Märchen die Fee). Diese Furcht steckt in manchen Menschen noch so tief, daß diese teilweise an das tatsächliche Vorhandensein dieser Figuren glauben. Beispiel: In meinem Dorf ist eine alte Frau von den Bewohnern als Hexe verschrieen. Und unsere Nachbarin hatte an den Kinderwagen ihres Enkels ein Kreuz gehängt, damit böse Hexen, nämlich manche alte Frauen, dem Kind nichts Böses antun können. Da die Märchen immer gültig sind, werden sie auch heute noch in ihrer ursprünglichen Form den Kindern erzählt. Diese lernen dabei in noch spielerischer Weise das Leben zu erkennen,

nämlich, daß im Leben nicht alles nur gut ist oder alles glatt läuft, sondern, daß es auch negative Einflüsse gibt. Sie lernen, daß man diese durch persönlichen Einsatz und selbstbewußtes Handeln positiv beeinflussen kann. Die Grundgedanken der Märchen sind fürs Leben also immer anwendbar und gültig und somit zeitlos.
Die Probleme Reichtum und Armut, Gewalt usw. werden immer vorhanden sein. Sie stecken in jedem einzelnen und in ganzen Völkern (rassische und soziale Probleme, nämlich Unterdrückung und Armut, usw.). Meine Überlegungen zum «zeitlosen» Märchen sollen aufzeigen, daß diese mehr Inhalt besitzen als mancher glaubt. Man sollte sie daher nicht nur als «netten Zeitvertreib» betrachten, sondern man sollte sie ernster nehmen. Man sollte versuchen den tieferen Sinn und die Bedeutung ihrer Aussage herauszufinden, um sie dann für sich selbst anwenden zu können.
Der Grundgedanke des Märchens, Böses nicht mit Gewalt sondern mit List und Klugheit zu «bekämpfen», sollte aufs Leben übertragen werden. Jeder sollte erkennen, daß Märchen zeitlos gültig und für die Menschen wertvoll sind – sie werden ja auch schon seit «Es war einmal» gelesen und den Kindern überliefert.

Abschließend zu dieser Aufgabe noch acht «Times»-Geschichten. Auch da sind «Nonsens»-Titel mit Phantasie und Erfindungsgabe zu Texten generiert, indem Vokabular, Satzbau und Stil eine Text*sorte* gebildet haben.
Der Stil des ersten kann eigentlich frivoler kaum sein. Trotzdem stecken in ihm Elemente, wie sie auch z. B. im Magazin-Journalismus (Wiener, Penthouse) vertreten sind.

Der erotische Tee
(Kamatee-tra – das Kamasutra des Teetrinkens)

Tee am Morgen: Vor dem Büro noch 'ne schnelle Nummer, durch Teekanne und -beutel, kein Problem. Kein Problem – wir tauchen ein im Stehen. Das eintönige Reinraus kann durch einen eleganten Zwischenrhythmus aufgelockert werden. Lange brennt in mir die Wärme dieser ersten Tassen, aber im Büro freue ich mich schon auf die nächsten. Denn mittags steppt Stenograf Stefan stürmisch herein, auf dem Tablett schon eine Kanne Darjeeling – mit viel feeling! Leider kommt er meistens zu früh und ich liege von mittags bis zum five o'clock auf dem Trockendock. Aber dann daheim findet sich Sir Henry ein und sein Lapsang sujong bringt mich wieder zur Raison. Sir Henry hat lange in Indien gedient (unter General Mattheuw Nelson – und erwarb sich das Tower Bridge Ehrenkreuz in der Schlacht um Eschnapur). Bei Salabim und der Wunderschlampe fand er das geheimnisvolle Rezept des Lapsang sujong. Dieses Rezept entfaltet, wohl zubereitet – serviert mit Spitzendeckchen und Silberlöffel – seine ganze erotische Sinnlichkeit! Sir Henry wählte die passende Tasse, durch deren Boden wir beide eine Geisha bei der Arbeit sehen dürfen.

Times

	Wirt-schaft	Kapital	Buch	Café/Kaffee	Tee	Sir	Parfüm
seriös						✗	
englisch						✗	
konservativ							
elegant		✗ ✗					
kühl				✗	✗		
klar							
erotisch					✗		✗

Herrliche Teedüfte steigen herauf, Henry und ich sind gut drauf. – Wir singen und summen Ooooooohhhhheeeeeejjjjiiiiii und Nnnnnn. Als wir endlich verstummen, ist es schon acht, Zeit für den Assam, der lacht. Nach des Aufgusses siebente Tassen, sagt Sir Henry, «ich muß passen». Er sieht im Tee sich tummelnde Gestalten, die möcht' er nicht für möglich halten. So geht Sir Henry endlich heim, ich muß mit Assam alleine sein.

Wir bleiben zunächst bei der Erotik. Und da ist eine Geschichte, welche sich am Ende als Anzeigentext entpuppt – und hier liegt das Besondere: Wenn es dem Kreativen gelingt, zwei an sich getrennte Diskurswelten (hier Soft-Krimi einerseits, Kosmetik-PR andererseits) miteinander zu kombinieren, hat er die Schwelle der Norm übersprungen (vgl. auch Seite 57).

Es muß nicht immer teuer sein

Das erotische Parfum

Wir befinden uns in der Carron-du-Valle Straße 113. In der Einfahrt des Hauses parkt ein malvenfarbiger Rolls Royce Phantom und im Garten spielt eine Siam-Katze mit einem japanischen Windspiel. Ein Mann im Livree, es könnte ein Butler sein, ruft anscheinend nach ihnen: «idefux, idefix» oder so ähnlich. Treten wir näher und betrachten das Namensschild. Malville!

Hinter diesem Namen verbergen sich Bobby Malville und seine junge Gattin Pamela, geb. Fleck. Die beiden gehören etwa zu der Gruppe, die man um die Jahrhundertwende «Bourgeoisie» nannte: sie Millionenerbin, er verarmter Adel, sein Großvater verkaufte bereits 1890 seinen Titel an einen Weber namens Glöggler.

Doch werfen wir einen Blick in das Wohnzimmer des Hauses, die Standuhr schlägt gerade fünfmal, also nach guter alter, englischer Sitte «Tea Time». So treffen wir das Ehepaar Malville an, als die Dame des Hauses, nennen wir sie ruhig Pamela, ihren soeben aufgegossenen «fresh orange pekoe tea» zu sich nimmt, während ihr Gatte einen «english breakfast tea» bevorzugt. Alles erscheint sehr idyllisch, gleicht exakt dem Bild, welches sich jeden Tag um diese Zeit dem Betrachter bietet. Nur das sonst so liebliche Gesicht von Pamela wirkt etwas angespannt, ja sogar nervös. Da läßt sie urplötzlich ihre Tasse fallen und kaut erschrocken auf dem Bügel ihrer mondänen, schwarzen Brille herum. Diese Brille trägt sie nicht aus optischen Gründen, sondern sie ist blind. Es geschah vor sieben Monaten, bei einem Tauchunfall während der Flitterwochen. Ein tragisches Schicksal, man konnte ihr nicht einmal in der Schwarzwaldklinik zur Heilung verhelfen.

Doch zurück ins Wohnzimmer. Inzwischen hat der fürsorgliche Ehemann das Malheur behoben, der Butler räumt dezent das Geschirr ab und es sieht aus, als wolle man sich zu einer Partie Bridge vor dem Abendessen zurückziehen.

Die Uhr zeigt inzwischen halb neun und es scheint als habe sich die Situation wieder normalisiert. Herr Malville tätigte noch einige Anrufe mit seinen Notaren Zwingli und Birchli, während Pamela, wie jeden Abend, mit sicherer Hand ein bezauberndes Abendkleid aus ihrer Chanel-Kollektion auswählt und sich umkleidet. Nun sind beide wieder friedlich am Eßzimmertisch vereint und warten auf den ersten Gang ihres Nachtmahls. Sie vertreiben sich die Zeit mit leichter Konversation, die aber bereits bei der Vorspeise, ein Krabbencocktail á la Bocuse, ins Stocken gerät, nach der marinierten Hühnerbrust auf Orangenscheiben nur noch aus Wortfetzen besteht und beim gespickten Rehrücken mit Preiselbeeren ganz zum Erliegen kommt. Das feurige Weinschaumdessert begleitet eine eisige Stille und als sie ihren geliebten Cappucino zu sich nehmen, ist die Luft bereits so geladen, daß Pamela die Haare zu Berge stehen. Da verläßt Herr Malville den Raum, angeblich um seine Pfeife zu holen, aber warum tut dies nicht sein Butler, der den Tisch abräumt? Dies hätte nicht geschehen dürfen.

Als die Türe hinter ihm ins Schloß fällt, springt Pamela vulkanartig auf, stolpert wie unter Todesangst auf den Tisch zu, Schweiß steht auf ihrer Stirn, sie tritt auf die Katze, gerät ins Wanken und krallt sich an der Kehle des herbeigeeilten Butlers fest, was tut sie jetzt? Sie würgt und beutelt ihn hin und her und wie von Sin-

So werden Sie's wohl nie schaffen!

nen schreit sie dabei: «James, Sie umgibt der Duft der großen weiten Welt. Sie müssen mir Ihre Duftnote verraten.» Dies waren ihre letzten Worte, die sie hauchte, bevor sie in Ohnmacht sank.

Wir wissen nicht, ob Pamela Malville jemals das Geheimnis ihres Butlers erfuhr, wir haben es für sie gelüftet: Magine Noire, der Duft, der Frauenherzen höher schlagen läßt.

Der kühle TEE

Für eine Sommernacht war es heute außergewöhnlich kühl. Vielleicht war die Klimaanlage defekt, vielleicht waren aber auch die Außentemperaturen ungewöhnlich gesunken. Herr M. wurde gegen 2 Uhr morgens durch eine unangenehme Kälte in seinem Rücken geweckt. Er zog sich seinen Mantel über und wünschte sich im Augenblick nichts mehr als einen heißen Tee. Doch es war dunkel, alle Leute schliefen und das gleichmäßige Rattern ließ auch ihn wieder einschlummern.

Als sie am Morgen in Paris ankamen, war es schwül, und es lag ein Gewitter in der Luft. Herr M., ganz steif durch die immer noch nicht nachlassende Kälte in seinem Rücken, verließ den Zug als letzter. Nur die Passagiere des angrenzenden Waggons hatten ihre Nachtruhe noch nicht beendet. Es waren Eisbären, die in Kühlwaggons nach Paris gebracht worden waren und die hier die neue Attraktion des Zoos werden sollten. Kein Wunder, daß Herrn M. der TEE heute besonders kühl erschienen war.

Jetzt fühlen Sie sich vielleicht düpiert – die aufmerksamen Leser haben es jedoch schon vorher entdeckt: Wenn Tee als TEE fungiert, muß es sich um die (zugegebenermaßen nicht mehr aktuelle) Kurzbezeichnung eines Zuges handeln (Trans-Europ-Expreß) ... eine von mehreren Möglichkeiten, sich mit kreativer Denkweise dieses Textproblems zu entziehen. Wer hier jedoch reklamiert, Eisbären würden nicht in einem Expreß transportiert und ein TEE-Zug wäre zu keiner Zeit nachts gefahren, ist ein Spielverderber ... Wer den Boden der Realität zu verlassen nicht imstande ist, hat schlechte Karten, wenn es um produktive Kreativität geht ...

Das kühle Cafe

Danke, daß Sie sogleich gekommen sind, ich, ja, aber setzen wir uns doch zunächst einmal, ich, ja, ich muß gestehen, ich bin etwas verwirrt, auch irritiert, d. h. ich habe ernsthafte Schwierigkeiten, die gestrigen Ereignisse in einem sinnvollen, logischen Zusammenhang zu sehen, und doch auch wieder nicht..., entschuldigen Sie, aber, fragen Sie mich bitte nicht, wie und warum dies alles passieren konnte, und das dazu noch an einem der friedliebendsten Orte der Welt, einem Cafe, ich kann mir darauf einfach keinen Reim machen, und doch verhärtet sich in mir mehr und mehr der Verdacht, daß es so oder so geschehen wäre, wenn nicht in diesem Lokal, so in einem anderen, zu einem anderen Zeitpunkt, es wäre dann eben nur ein Aufschub gewesen, wenn Sie wissen, was ich meine, ja, dessen bin ich mir mittlerweile ziemlich sicher, dieses Schicksal hätte mich auf jeden Fall, über kurz oder lang, ereilt, denn, wissen Sie, ich habe heute nacht viel Zeit gehabt, darüber nachzudenken und dabei bin ich zu dem Ergebnis gekommen, daß ich mich in letzter Zeit häufiger aus eigenem Verschulden in verhängnisvolle und peinliche Situationen manövrierte, die jenseits meines psychischen Fassungsvermögens angesiedelt schienen, die sozusagen außerhalb meiner Kontrolle lagen, ja, ich wäre beinahe geneigt, diese mir unergründlichen Vorgänge einer Art göttlichen Vorsehung zuzuschreiben, wenn mir nicht ein derartiges religiöses Denken fremd, um nicht zu sagen verhaßt wäre, seit meiner Kindheit übrigens, ich war gerade fünf geworden, als..., aber entschuldigen Sie vielmals, ich sehe, Sie beginnen sich zu langweilen, nein, Sie haben durchaus recht, doch, doch, es ist allerhand von mir, Ihre so kostbare Zeit mit meinen Spekulationen unnötig in Anspruch zu nehmen, zumal das Ziel Ihres Besuches ja wohl ist, jene unglückseligen Vorgänge von gestern aus dem Munde des Opfers – und als solches fühle ich mich tatsächlich – zu hören und, ja, vielen Dank nochmals, daß Sie – ohne groß zu zögern – meine Verteidigung übernommen haben.

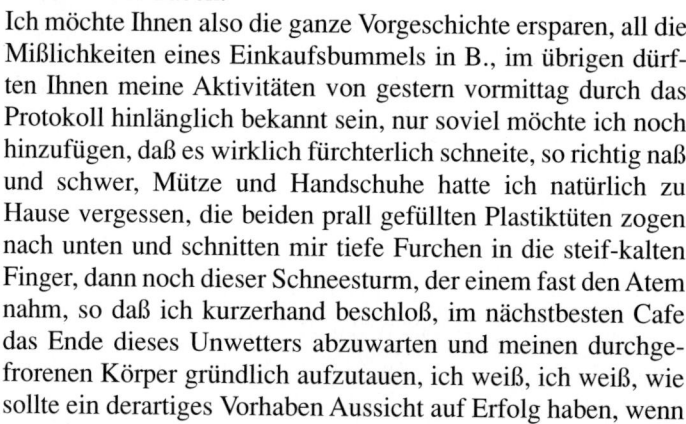

Ich möchte Ihnen also die ganze Vorgeschichte ersparen, all die Mißlichkeiten eines Einkaufsbummels in B., im übrigen dürften Ihnen meine Aktivitäten von gestern vormittag durch das Protokoll hinlänglich bekannt sein, nur soviel möchte ich noch hinzufügen, daß es wirklich fürchterlich schneite, so richtig naß und schwer, Mütze und Handschuhe hatte ich natürlich zu Hause vergessen, die beiden prall gefüllten Plastiktüten zogen nach unten und schnitten mir tiefe Furchen in die steif-kalten Finger, dann noch dieser Schneesturm, der einem fast den Atem nahm, so daß ich kurzerhand beschloß, im nächstbesten Cafe das Ende dieses Unwetters abzuwarten und meinen durchgefrorenen Körper gründlich aufzutauen, ich weiß, ich weiß, wie sollte ein derartiges Vorhaben Aussicht auf Erfolg haben, wenn besagtes Lokal den Namen «Das kühle Cafe» trägt?, aber so elend wie ich mich fühlte, war mir das wirklich egal, im übrigen glauben Sie ja sicherlich auch nicht immer all das, was Ihnen die Werbung verspricht, oder?, sehen Sie!, ich ließ mich jedenfalls nicht abschrecken, ging hinein, legte Mantel und Tüten ab und bestellte eine Tasse Kaffee, sowie ein Stück Käsesahnetorte.
Das Lokal ist, wie Sie wissen, nicht sonderlich groß, dafür aber um einiges un-

gemütlicher. Auf den Fensterbänken wimmelt es nur so von Grünpflanzen aller Art, die aber leider alle den gleichen Fehler aufweisen, nämlich den, daß sie – bio-chemisch gesehen – absolut funktionsunfähig sind, dafür aber wiederum für den Hausgebrauch entscheidend praktischer, denn Plastikpflanzen sind ja bekanntlich extrem anspruchslos, was im übrigen auch auf dieses Cafe zutrifft: Wände, Decke, Tische und Stühle sind in geschmackvoll-dezentem Weiß gehalten; eine wahre Augenweide ist das! Die Zimmerdecke wird dabei von zwei parallel laufenden stilechten Neonröhrenschienen durchzogen. Die Sache mit dem Aufwärmen war natürlich ein Schlag ins Wasser, wie Sie bereits richtig vermuteten. Die Heizungskosten scheinen den Betreibern des Cafes ein ganzes Dornenbüschel im Auge zu sein, na ja, an der Längsseite ist übrigens in großen, geschwungenen rosa Leuchtstoffröhrenlettern der Name des Cafes zu lesen, ja, und dann ist da noch diese verrückte Uhr, rechts davon, deren beide Zeiger sich aus zwei reifgelben Plastikbananen zusammensetzen, während die Stundensymbole jeweils durch Filterzigaretten gekennzeichnet sind. Bilder suchte ich in dieser arktischen Wüstenatmosphäre zu meinem Bedauern vergebens. Ach ja, ich vergaß zu erwähnen, daß ich an dem Tisch in der Mitte des Raumes Platz genommen hatte, mit Blick auf die Straße, so daß ich bequem das Wetter draußen beobachten konnte. Außer mir waren noch zwei weitere Gäste anwesend: rechts von mir saß ein älterer, graumelierter Herr mit einem wie mir schien, etwas zu burschikosen, grau-weißen, aber sehr gepflegten Schnauzbart und einem Hörapparat im linken Ohr und las sichtlich vertieft im Sportteil der Süddeutschen Zeitung. Vor mir, also direkt am Fenster, saß eine alte Dame, zwischen sechzig und siebzig, deren Hauptbeschäftigung es war, eine Zigarette nach der anderen, aber jeweils nur halb, zu rauchen und daneben ebenso hastig in einer Illustrierten zu blättern. Sie hatte offensichtlich langes, rötlich schimmerndes, aufgrund ihres Alters aber dünn und brüchig wirkendes Haar, das sie kunstvoll geflochten nach oben gesteckt trug. Im nachhinein fiel mir auf, daß beide Personen tief vermummt in helle Mäntel an ihren Tischen saßen. Soweit ich mich entsinne, tranken wir alle drei das gleiche, nämlich Kaffee, der dem Namen des Lokals wirklich alle Ehre machte. Lauwarm wurde er serviert, lau und dünn, um nicht zu sagen nach gar nichts, schmeckte er auch. Ganz anders allerdings die Käsesahnetorte, die war wirklich ein Gedicht. Von Aufwärmen konnte natürlich hier nicht die Rede sein und nachdem sich das Schneetreiben beruhigt zu haben schien und ich mit Kaffee und Kuchen fertig war, winkte ich den Ober herbei. Ich sagte ihm höflich, daß ich die Rechnung wünschte. Er sah mich zunächst fragend an, doch – als ich mein Anliegen wiederholte und gleichzeitig meinen Geldbeutel zückte – lief er erst kreidebleich an, schrie dann plötzlich, daß da jemand zahlen wolle und man solle ihm doch um Gottes willen zu Hilfe kommen. Alles, was ich dann noch weiß, ist, daß ich auf einmal von mehreren Personen

Tochter mit Axt erschlagen

umringt war, darunter auch von jenen beiden seltsamen Gästen. Ich versuchte aufzuspringen, wurde jedoch unsanft auf meinen Stuhl zurückgedrückt und so bis zum Eintreffen der Polizei festgehalten. Alles weitere kennen Sie ja durch das Protokoll.

So habe ich also die ganze Sache gesehen, und ich weiß wirklich nicht, welches Vergehen ich mir habe zuschulden kommen lassen, aber ich sehe, Sie müssen schon wieder gehen, dann nur noch eines, sagen Sie, Sie werden mich doch hier herausbekommen, ja?, nicht daß es mir hier an etwas besonderem ermangelt, nein, und doch..., wissen Sie, unter uns, der Kaffee hier, oder wie sie diese schwarze Brühe hier nennen, ist zwar heiß, aber schmecken tut er abscheulich, nicht auszuhalten, also wirklich, und die Zimmer sind auch ein bißchen feucht und zugig, ja, eigentlich genauso unheimlich und ungemütlich wie in diesem verdammten «kühlen Cafe»..., aber, vielleicht könnten Sie mir doch ein Stück Käsesahne von dort mitbringen, wenn Sie mich das nächste Mal besuchen kommen, wenn das ginge, ja, ich würde es Ihnen auch bezahlen, oder, vielleicht auch besser nicht...

Das elegante Kapital

Wer da glaubt, daß in Zeiten der Gleichberechtigung und vor allem nach den Wirren der feministischen Revolution die grauen aber intelligenten Mäuse die Gefragten der Stunde sind, der irrt gewaltig.

Es ist ja durchaus positiv zu bemerken, daß auch in kargen deutschen Landen langsam aber sicher sich ein Sinn für Ästhetik breitmacht – nicht zuletzt begrüßt von ganzen Legionen gesunder müsligeplagter Männer, – aber wie vieles in Deutschland, am Ende wird doch alles gehörig mißverstanden oder übertrieben.

Damen sitzen aufrecht

Denn diese durchaus begrüßenswerte Entwicklung zu mehr Kunst am Körper kann doch nicht verhindern, daß gerade in den Kreisen, die sich lautstark wieder einmal als Trend- und Stilsetter der Nation verstehen, alles ganz anders ist. Gemeint sind die jungen, dynamischen Herren, teuer gekleidet, so ausgefallen, daß selbst Marken wie BOSS boykottiert werden, stolze Besitzer eines Wagens der gehobenen Kompaktklassen, möglichst mit Stern: Die Rede ist von den sog. YUPPIES. Selbstredend, daß hier alles gestylt wird, angefangen beim Body im Fitneßcenter, über die Wohnung bis hin zu Accessoires. So ist es fast unvermeidlich, daß dieses Styleoebaren auch bei den Damen der Herren nicht haltmacht: Auch hier sucht der YUPPIE nicht nach geistigen Werten sondern übt sich in der Fortführung seines Stilgebarens: Er sucht nach elegantem Kapital, einer Art menschlichem Accessoire – denn nichts anderes sind seine aufgedonnerten Damen, gekleidet in die teuerste Mode (KENZO), wohlüberlegt ihre gesamten weiblichen Reize einsetzend, um Ehemann oder Freund in wichtigen geschäftlichen Transaktionen (Cocktailparty, Arbeitsessen) als leuchtender Lockvogel und nicht zuletzt als visuelle Bestechung zur Seite zu stehen. Denn reden, können und sollen die Damen allenfalls Oberflächliches. Kommt Ihnen das bekannt vor? Man könnte fast meinen, da ist etwas wiedererfunden worden. So jagen sich wieder einmal die Extreme. Auf der einen Seite die grauen Mäuse, auf der anderen die seelenlosen Superkarosserien, das elegante Kapital – und dazwischen, die selbstbewußte Frau? Graues Kapital?

Elegantes Kapital!
Eleganz war auch das Thema des vorletzten Beitrags zu dieser Aufgabe. Wieder sind wir beim englischen Sir angelangt; und wieder bei der wohl reputiertesten angelsächsischen Tageszeitung, der (Londoner) TIMES – deren Schriftbild der Schrifttype «Times» ihren Namen gegeben hat. Die letzte Schriftgeschichte handelt von einem «seriösen Sir» – eigentlich ein «weißer Schimmel», aber, wie sich zeigt, doch nicht...

Der englische Sir

Er ist der Inbegriff der distinguierten Eleganz. Ein Relikt aus der Zeit Queen Victorias. Unvermeidlich denkt man an Edelhölzer und Leder, verstaubte Räume und Kaminfeuer, Pfeifenduft und Butlern in Nadelstreifen, nicht zu vergessen die Zeremonie des «five o' clock tea».
Was er tut hat Stil und Würde, was er hat ist erlesen, aber nicht gesucht. Das Haus und dessen Einrichtung sind ererbt. Er lebt auf großem Fuß mit noch viel größerer Selbstverständlichkeit. Repräsentation und Tradition, Sportlichkeit und Fairness sind seine Hauptattribute.
Dieses Bild «des Engländers» ist zum feststehenden Stilmittel für Film, Literatur und Satire geworden, die einzigen Lebensräume die ihm bleiben.

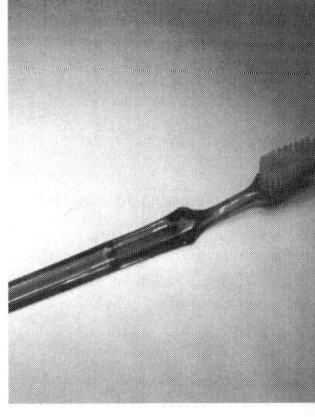

Der seriöse Sir

Vor ungefähr drei Monaten, an einem Herbstnachmittag, saß ich an einem Fenster des vielbesuchten Café X in London. Die Straße, die von diesem Fenster aus zu beobachten war, ist eine der Hauptverkehrsadern der Stadt, und daher den ganzen Tag über stark belebt. Es hatte sogar den Anschein, als ob das Gedränge in der kurzen Zeit, die ich hier verbracht hatte, ständig zunahm. Schließlich widmete ich meine ganze Aufmerksamkeit der vorbeiströmenden Menge. Es waren Leute der verschiedensten Gesellschaftsschichten vertreten, und ich versuchte zum Zeitvertreib ihre Charaktere zu bestimmen.

Während ich so die Menschen studierte, tauchte unter ihnen plötzlich ein Herr auf, der mein Interesse sehr stark erregte. Auf den ersten Blick sah er genauso aus, wie man sich einen Herrn mittleren Alters, der aus gutem Hause stammt, vorstellt, wie ein «seriöser Sir» sozusagen. Sein Gesichtsausdruck aber war so seltsam, wie ich es noch nie bei einem Menschen gesehen hatte, und ich hatte plötzlich das Gefühl, den Herrn im Auge behalten zu müssen. Ich stand auf, verließ eilig das Café und versuchte dem Herrn zu folgen. Es gelang mir tatsächlich zu ihm durchzudringen, und ich konnte ihn jetzt etwas genauer betrachten. Er war ziemlich groß und schlank, seine Kleidung war gediegen, in der Hand hielt er einen Aktenkoffer. Fast auffallend seriös, dachte ich mir, aber diese Augen...
Nach etwa einer halben Stunde gab ich die Verfolgung jedoch enttäuscht auf, da der Typ in einem Seiteneingang der Bank von England verschwand.
Doch wie groß war mein Erstaunen, als ich am nächsten Tag die TIMES kaufte. Neben der Schlagzeile: «Dieser Herr hat die Bank von England ausgeraubt», blickte mich der «seriöse Sir» an!

Bild-Interpretationen

«Alles, was wir sehen», sagt Ludwig Wittgenstein in seiner logisch-philosophischen Abhandlung, «könnte auch anders sein. Es gibt keine Ordnung der Dinge a priori.» Der österreichische Psychologe Paul Watzlawick[19]

nennt das die «subjektive Wirklichkeit». Was für jeden von uns *real* ist, ordnet und bewertet er aufgrund seiner individuellen Bezüge:
– die soziokulturellen (Kultur, Klasse, Situation),
– die geistigen (Intellekt, Bildungsgrad, Vorinformation) und
– die psychologischen (Motivation, Interesse, Sensibilität).
– Jeder sieht deshalb auch ein Bild «mit eigenen Augen».
Als Beleg dafür mögen die Ergebnisse dienen, welche entstanden sind, als ich fünf Studenten aus meiner Text-Klasse aus 365 Bildern «Ihr(e) ganz persönliche(s)» habe auswählen lassen. Diese(s) sollten sie anschließend durch eigene oder fremde Texte *ersetzen*, nicht beschreiben...

In einem Raum, am Boden und den Wänden gekachelt, stehen links und rechts und an der hinteren Wand Regale. In dem Raum sind fünf Personen, die alle sehr beschäftigt wirken: Stefan, ein Fotograf; Thomas, sein Lehrling; und Birgit, seine Assistentin. Dazu Claudia, ein Model; und Judith, die Visagistin. Sie füllen den Raum gut aus. Zu alledem kommen noch einige Kisten mit Ausrüstung und Geräten.

Stefan: «So! Können wir dann anfangen?»
Claudia: «Von mir aus. Ich bin soweit.»
Judith: «Halt! Noch nicht! Da fehlt noch was!»
Stefan: «Laß das doch! Das hat doch Zeit bis nachher. Daß wir wenigstens mal den Aufbau machen können.»
Judith: «Also gut...»
Stefan: «Thomas!... Wo ist denn der Thomas?... Ah ja, also Thomas, paß auf! Und Birgit, komm auch gleich mal her, dann wißt Ihr schon mal, was wir hier wollen. Wir nehmen das Ganze von vorn, mit viel Raum drauf. Sie steht dann da in der Mitte. Hol doch mal die Lampe... nicht die, die andere, für das Kopflicht. Gut. Stell die mal hier auf.»
Thomas: «Ist es gut so?»
Stefan: «Ja, ist o. k. Claudia, stell dich doch mal hin, damit ich mal gucken kann. Nein, mehr in die Mitte.»
Claudia: «Hier?»
Stefan: Ja, o. k. Hm. Thomas, wenn du fertig bist, dann schau doch mal, ob wir in den Hintergrund ein bißchen Licht reinkriegen.»
Judith: «Kann ich jetzt...?»
Stefan: «Ja, von mir aus. Aber laß sie noch 'nen Moment da stehen. Birgit, bau doch schon mal die Kamera auf. Ich denke, wir nehmen sie von hier. Da, so zwischen den Regalen durch. Das gibt dann 'ne schöne Flucht zu ihr hin.»
Birgit: «Und wenn wir etwas tiefer gehen? Dann hätten wir vielleicht etwas mehr Raum drauf. Vor allem mit der Lampe da oben.»
Stefan: «Die Lampe ist gut! Wird aber schwierig. Gut, versuch es! So... und wie weit seid ihr?»
Claudia: «Ich bin...»
Judith: «Ich bin soweit. Kommt jetzt drauf an was du überhaupt willst.»
Stefan: «Ich hab es euch doch erklärt... Sie steht da in der Mitte. Auf allen Seiten umgeben von den Regalen und schaut in die Kamera. Lächeln wäre auch nicht schlecht. Wir stehen da hinten, so daß auf dem Bild sie in der Mitte ist, umgeben von Regalen. Sie könnte vielleicht was in der Hand halten.»
Claudia: «Was denn? 'ne Wurst vielleicht?»
Birgit: «Also ich weiß nicht... hier ist doch schon alles voll Würste... da braucht sie doch nicht auch noch...»
Judith: «Also ich würde es ja nicht übertreiben!»
Stefan: «Doch, doch, das ist 'ne gute Idee. 'ne Wurst! Dann kommt das

Bleib so, wie du bist!

Vom guten Ton in allen Lebenslagen

	im Bild so richtig rüber. Schaut doch mal in den Regalen, vielleicht ist da ja irgendwo 'ne schöne dabei!»
Judith:	«Soll ich die Wurst dann auch noch schminken?!»
Birgit:	«Das hier wär doch was! Schön groß, und um den Hals hängen kann sie sich die auch.»
Thomas:	«'ne Kette Würste. Und was für Riesenteile!»
Stefan:	«Ja! Gib sie ihr doch mal. Dann schauen wir uns das mal im Polaroid an. Steht die Kamera?»
Birgit:	«Ja.»
Thomas:	«Paßt das Licht so?»
Stefan:	«Brauchst doch bloß mal zu messen! Also Birgit, nee! Wir sind hier in einem Innenraum. Was haben wir da für eine Erscheinung? Na?»
Birgit:	«Äh... stürz...»
Stefan:	«Richtig! Und was tut man da? Na?»
Birgit:	«Scheimpflug.»
Stefan:	«Richtig! Dann mach doch mal.»
Thomas:	«Das Licht müßte passen so.»
Stefan:	«Das werden wir gleich sehen. Ja... das geht... vielleicht die Seiten noch etwas mehr, daß die Wände gleichmäßiger kommen. Da ist noch ein ganz schöner Abfall drin, vor allem hier drüben. So... laß mal sehen! Na also! Es geht doch. Claudia, stell dich mal auf. Ja... etwas mehr zur Leiter hin... ja... gut! Judith, gib ihr doch noch mal die Würste...»
Judith:	«Aber...»
Stefan:	«Keine Widerrede, ich finde das gut!»
Claudia:	«Ich beklag mich ja nicht.»
Stefan:	«...hm... Thomas, das Kopflicht noch 'nen Tick nach hinten. Ja, gut so. Na also, das paßt ja auf Anhieb. Was für 'ne Belichtung haben wir?»
Thomas:	«Elfzwodrittel.»
Stefan:	«Das paßt. Birgit, schau du mal durch. Was meinst du?»
Birgit:	«Also ich weiß nicht... mit den Würsten... und dann das Lächeln dazu... also ich weiß nicht. Aber der Blickwinkel ist gut. Schöne Zentralperspektive, schöne Räumlichkeit... aber diese Würste... ich weiß nicht.»
Stefan:	«Das machen wir jetzt! Das ist doch Spitze. Claudia, bau dich mal auf. Räumt mal die Kisten weg. Judith, du bist im Bild... immer noch... geh doch hier rüber, da störst du nicht... o.k. Ist Film drin? Gut. Judith, sorg doch bitte mal dafür, daß die Haare nicht so unschön fallen. Und vielleicht die Lippen etwas zurückhalten-

der, aber ein wenig benetzen. Was soll das heißen, das geht kaum!? Na also. Aber bleib nicht wieder im Bild stehen. Gut, jetzt dreh dich mal richtig zur Kamera... Gesicht frontal zur Linse... ja... und jetzt die Würste... super... gleich noch mal, Moment... und noch mal... ja... etwas mehr lächeln! Lächeln... und Schuß! Jawoll, super!»

Birgit: «Na, also ich weiß nicht...»[20]

Können Sie sich bereits jetzt ein konkretes Bild vorstellen? Es ist eines der in diesem Buch jeweils unten rechts bzw. links dargestellten. Ich verrate Ihnen noch nicht, welches. Wenn Sie den nächsten Text lesen, «zeichnet» Ihre Phantasie weiter...

Es war eigentlich keine berufliche Reise mehr. F. und F. fuhren nach Berlin zurück, und ich blieb allein. Wie gewöhnlich suchte ich mir eine möglichst umständliche, und wie zu hoffen stand, ereignisreiche Route für die Rückfahrt nach Süden aus. Der Weg führte mich auch nach Wolfsburg, wo eigentlich niemand freiwillig hinfährt, aber mich reizen eintönige architektonische Monokulturen. Ich durchwanderte diese automobile Region, bis es mir zu viel wurde und ich mich nach einem Zug weg von hier umsah. Bevor es soweit war, rief ich einen Freund an.

Guido, sagte ich zu ihm, ich besuche dich in Braunschweig, so etwa in einer Stunde bin ich da...

Er lachte, denn er wußte, daß ich nur zum Fotografieren reise. Und er liebte das Herumstreunen fast noch mehr als ich.

...Und dann soll nichts mehr vor uns sicher sein.

Er verbarg seine Freude nicht, denn er liebte verhaute Gegenden fast noch mehr als ich. Bei unserer ersten Begegnung hatte ich ihm damit verblüfft, daß ich ihm Haus für Haus die Straße beschrieb, die von Bremerhaven nach Schwanewede führt, wo er seine Kindheit verbracht hatte. Als ich dann, es war schon nachmittags, Wolfsburg mit dem Interregio verließ und in Richtung Braunschweig fuhr, registrierte ich unwillkürlich all die Unterschiede zum östlichen Teil Deutschlands, den ich am vorigen Abend bei Regen verlassen hatte. Dort gab es nur wenige Autos, und fast alle waren noch altersschwache, klapprige Plastebomber in der gelbgrauen Farbe, die so eigentümlich zur Gegend paßt. Hier war Volkswagenland. Ein Lastwagen überholte den Zug. Ich hatte Zeit, Fahrer und Beifahrer zu betrachten. Gestalten, die trotz allem schmuddelig und verstört wirkten. Irgendwie verbreiteten sie eine gefährliche Kulturlosigkeit. Man hat es als hochnäsiger Reisender, ohne es zu wollen, schon so erwartet. Da hilft auch kein neues Kunstmuseum der Volkswagenstiftung. Die Tafel an der Straße drückt es anders aus. Alles Gute, steht da, zusammen mit einem scheußlichen Bild.

Für genau das wollte ich eine Bestätigung finden, als ich bei meinem Freund, dem Fotografen Guido K., in Braunschweig war. In seiner Gesellschaft wollte ich einmal durch einen Landstrich streunen, in dem zwar die berühmte Rolleiflex produziert wird, von dem aber niemand wirklich etwas weiß. Die Landschaft drückt das schon aus. Dünn besiedelte platte Marschlandschaft, von Kanälen durchzogen, höchste Erhebung ist der Hohe Berg, 130 Meter hoch. Volkswagen ist der einzige große Arbeitgeber hier. Ich war schon einmal dagewesen und hatte nach einer Nostalgie gesucht, deren Herkunft mir unbekannt war. Warum mußte ich mir in diesem großen Europa als Ort zum Träumen ausgerechnet diese abgeschiedene Gegend aussuchen mit ihren versumpften Wiesen, der schwarzen Erde und den vielen verlassenen Gehöften, die wahrscheinlich vor der Errichtung des Eisernen Vorhangs eine Kulturlandschaft bewirtschaftet hatten? Es gibt auch in Deutschland wahrlich vielversprechendere Gegenden. Guido war hier geboren. Seine Familie war irgendwann nach Bayern gekommen. Er hatte in München studiert, und nun hatte es ihn wieder hierher verschlagen. Er fotografiert Menschen. Hier gibt es ihn, den unverbildeten, stolzen und unverbrüchlich biederen Menschen, der einfach nur Einwohner ist. Ich warte ja nur darauf, daß auch er wieder von hier flieht.

Wir würden frühmorgens losfahren müssen, wenn das Licht noch warm ist. Die Straße von Hillerse nach Beedenbostel liegt dann grün inmitten von Schilf, das einen geisterhaften Horizont bildet. Ich habe unsere Route schon ausgedacht. In Gedanken hatte ich Bilder, die ich das letzte Mal in irgendwelchen abgelegenen Dörfern gemacht habe, in Schwarzweiß auf Kleinbild. Diesmal würde ich in Farbe und mit einer Großbildkamera fotografieren.

Guido holt mich vom Bahnhof ab. In seinem Auto sieht es aus, als würde er diesen Landstrich nicht nur fotografieren, sondern auch noch abmontieren und sammeln. Ich freue mich auf die vor uns liegende Zeit. Auf der Fahrt zu seiner Wohnung haben wir viel zu reden. Er muß noch jemanden abholen, sagt er dann. Er kenne seit einiger Zeit ein Mädchen, sie arbeitet in einer Fleischerei, ich würde sie gleich kennenlernen, ich verstünde mich mit ihr bestimmt.

Ich war einigermaßen überrascht. Guido, der Einzelgänger, der Egozentriker. Ich war selbst froh, den eigenen Bindungen einige Zeit entflohen zu sein, hatte mit gänzlich unbeschwerten Tagen fest gerechnet, daß ich nicht wußte, was ich davon halten sollte.

Sie heißt Sybille, präzisierte er und unterstrich damit meine Befürchtung. Wir trafen sie noch bei der Arbeit an. Sie war auch ganz nett. Am nächsten Tag, sie war wieder im Geschäft, fuhren wir auch die Strecke, von der wir gesprochen hatten, und fotografierten auch eifrig. Aber am Abend fuhr ich dann doch wieder weiter nach Süden.
Nach Hause kommen ist ein Erlebnis, das fotografisch eigentlich nicht zu bewältigen ist.[21]

Bis jetzt handelte es sich um Prosa. Es soll Menschen geben, die sich beim Lesen von dramat(urg)ischen Texten besser eine «Vision (Bühnenbild) vor Augen» halten können. Beim nächsten Text-Produkt handelt es sich um eine Persiflage, wie sie z. B. der unvergessene bayerische Volksschauspieler Karl Valentin (als männliche Hauptperson) gespielt haben könnte... Der Prospekt- und Klappentext führen uns wieder in konventionellere Gefilde zurück.

Illusionen

MARIA STUTTGART
1. AUFZUG
Zweiter Auftritt

Ein kühler Lagerraum in einer Metzgerei.
Maria in Schürze, eine Kette Lyoner in der Hand, tritt auf. Die Vorigen.

ANNA *(ihr entgegeneilend).*
  O Herrin! Man tritt uns ganz mit Füßen,
  Der Tyrannei, der Härte wird kein Ziel,
  Und jeder neue Tag häuft neue Leiden
  Und Schmach auf dein erhabnes Haupt.
MARIA.   Faß dich!
  Sag an, was neu geschehen ist!
ANNA.   Sieh her!
  Dein Pult ist aufgebrochen, deine Schriften,
  Dein einz'ger Schatz, den wir mit Müh gerettet,
  der letzte Rest von deinen Amtspapieren
  Aus Schwaben ist in seiner Hand. Du hast nun
  Nichts Bürgerliches mehr, bist ganz beraubt.
MARIA.   Beruhige dich, Anna. Diese Blätter machen
  Die Bürgerin nicht aus. Man kann uns niedrig
      Behandeln, nicht erniedrigen. Ich habe
      In Bayern mich an viel gewöhnen lernen,
      Ich kann auch das verschmerzen. Bursch, Du hast dich
      Gewaltsam zugeeignet, was ich dir
      Noch heut' zu übergeben willens war.
      Bei diesen Schriften findet sich ein Brief,
      Bestimmt für meine bürgerliche Schwester
      Von München – Gib mir dein Wort, daß du
      Ihn redlich an sie selbst willst übergeben
      Und nicht in Waigels ungetreue Hand.
PAULE.   Ich werde mich bedenken, was zu tun ist.
MARIA.   Du sollst den Inhalt wissen, Kerl. Ich bitte
      In diesem Brief um eine große Gunst –
      Um eine Unterredung mit ihr selbst,
      Die ich mit Augen nie gesehn – Man hat mich
  Vor ein Gericht von Männern vorgefordert,
  Die ich als meinesgleichen nicht erkennen,
  Zu denen ich kein Herz mir fassen kann.
  Sabine L. ist meines Stammes, meines
  Geschlechts und Ranges – Ihr allein, der Schwester,
  Der Minist'rin, der Frau kann ich mich öffnen.

Erwachsen sein ist super

PAULE. Sehr oft, Verehrte, habt ihr Euer Schicksal
    Und Eure Ehre Männern anvertraut,
    Die Eurer Achtung minder würdig waren.
MARIA. Ich bitte noch um eine zweite Gunst,
    Unmenschlichkeit allein kann mir sie weigern.
    Schon lange Zeit entbehr' ich in der Fremde
    Der Kirche Trost, der Sakramente Wohltat.
    Und die mir Lohn und Freiheit hat geraubt,
    Die meinem Leben selber droht, wird mir
    Die Himmelstüre nicht verschließen wollen.
PAULE. Auf Euren Wunsch wird der Pfarrer des Orts –
MARIA *(unterbricht ihn lebhaft).*
    Ich will nichts vom Katholen. Einen Pastor
    Von meiner eignen Kirche fordre ich.
    – Auch Schreiber und Notarien verlang' ich,
    Um meinen letzten Willen aufzusetzen.
    Der Gram, das lange Arbeitselend nagt
    An meinem Leben. Meine Tage sind
    Gezählt, befürcht' ich, und ich achte mich
    Gleich einer Sterbenden.
PAULE. Da tut Ihr wohl,
    Das sind Betrachtungen, die Euch geziemen.
MARIA. Und weiß ich, ob nicht eine schnelle Hand
    Des Kummers langsames Geschäft beschleunigt?
    Ich will mein Testament aufsetzen, will
    Verfügung treffen über das, was mein ist.
PAULE. Die Freiheit habt Ihr. Bayerns Minist'rin
    Will sich mit Eurem Raube nicht bereichern.
MARIA. Man hat von meinen treuen Haushaltshilfen,
    Von meinen Leuten mich getrennt. – Wo sind sie?
    Was ist ihr Schicksal? Ihrer Dienste kann ich
    Entraten, doch beruhigt will ich sein,
    Daß die Getreuen nicht leiden und entbehren.
PAULE. Für Eure Leute ist gesorgt.
    (Er will gehen.)
MARIA. Du gehst, Bursch? Du verläßt mich abermals,
    Und ohne mein geängstigt fürchtend Herz
    Der Qual der Ungewißheit zu entladen.
    Ich bin, dank eurer Späher Wachsamkeit,
    Von aller Welt geschieden, keine Kunde
    Gelangt zu mir durch diese Kachelmauern,
    Mein Schicksal liegt in meiner Gegner Hand.
    Ein peinlich langer Monat ist vorüber,

Seitdem die zwanzig Kommissarien
In diesem Haus mich überfallen, Schranken
Errichtet, schnell, mit unanständiger Eile,
Mich unbereitet, ohne Anwalts Hilfe,
Vor ein noch nie erhört Gericht gestellt,
Auf schlau gefaßte schwere Klagepunkte
Mich, die Betäubte, Überraschte, flugs
Aus dem Gedächtnis Rede stehen lassen –
Wie Geister kamen sie und schwanden wieder.
Seit diesem Tage schweigt mir jeder Mund,
Ich such' umsonst in deinem Blick zu lesen,
Ob meine Unschuld, meiner Freunde Eifer,
Ob meiner Gegner böser Rat gesiegt.
Brich endlich dein Verschweigen – laß mich wissen,
Was ich zu fürchten, was zu hoffen habe.

PAULE *(nach einer Pause).*
    Schließt Eure Rechnung mit dem Himmel ab.
MARIA.   Ich hoff' auf seine Gnade, Kerl – und hoffe
    Auf strenges Recht von meinen ird'schen Richtern.
PAULE.   Recht soll Euch werden. Zweifelt nicht daran.
MARIA.   Ist mein Prozeß entschieden, Kerl?
PAULE.   Ich weiß nicht.

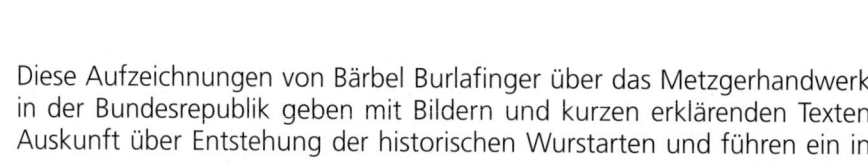

    MARIA.   Bin ich verurteilt?
    PAULE.   Ich weiß nichts, gute Frau.
    MARIA.   Man liebt hier rasch zu Werk zu gehn. Soll mich
        Der Mörder überfallen, wie die Richter?
    PAULE.   Denkt immerhin, es sei so, und er wird Euch
        In beß'rer Fassung dann, als diese, finden.
    MARIA.   Nichts soll mich in Erstaunen setzen, Kerl,
        Was ein Gerichtshof in bayerischem Land,
        Den Stoibers Macht und Waigels Eifer lenkt,
        Zu urteiln sich erdreiste. – Weiß ich doch,
        Was Bayerns Minist'rin wagen darf zu tun.
    PAULE.   Bayerns Regierer brauchen nichts zu scheuen
        Als ihr Gewissen und ihr Parlament.
        Was die Gerechtigkeit gesprochen, furchtlos,
        Vor aller Welt wird es die Macht vollziehn.[22]

Diese Aufzeichnungen von Bärbel Burlafinger über das Metzgerhandwerk in der Bundesrepublik geben mit Bildern und kurzen erklärenden Texten Auskunft über Entstehung der historischen Wurstarten und führen ein in

die Metzgerkunst, Fleischkunde und das Lebensmittelrecht. Dieses Buch gibt gleichzeitig den sinnvollen Gebrauch der Wurstwaren für den Verbraucher und Liebhaber unserer Zeit zu erkennen.[23]

Lagerraum
Hier werden Würste und Fleischwaren unterschiedlichster Art nach der Herstellung bis zum Verkauf aufbewahrt. Eine Lageristin trägt dafür Sorge, daß die in reaktionsneutralen Regalen nach Sorte und Größe sortierte Ware sachgerecht und übersichtlich nach Maßgabe des Lebensmittelgesetzes gelagert ist. In angenehm kühler Atmosphäre bei 14°C und 70% relativer Luftfeuchte wird die Ware im Durchschnitt drei Tage aufbewahrt, bevor sie in den Filialen zum Verkauf gelangt.[24]

Für unsere Filiale an der Neuburger Straße in der Hammerschmiede suchen wir eine nette, engagierte **junge Mitarbeiterin** in Verkauf und Lagerhaltung.
Wir sind ein alteingesessenes Unternehmen im Bereich Wurst- und Fleischwaren und wollen unseren Wirkungsbereich weiter ausbauen. Wenn Sie eine abgeschlossene Berufsausbildung in den Sparten Einzelhandel oder Fleischerhandwerk haben, Freude an selbständigem Handeln und am Umgang mit Menschen haben, schicken Sie Ihre Bewerbung an die angegebene Adresse oder rufen Sie uns an unter . . .[25]

Niemals gegen das Gewissen

Auch dieser Text entstammt der Gebrauchs- und (Werbe-) Alltagssprache. – Jetzt haben Sie sicherlich schon viel detailliertere Vorstellungen von diesem Bild. Halten Sie sie kurz in Stichworten fest oder skizzieren Sie – auf Papier oder in Ihrem Kopf. Ihre Vision wird vielleicht noch klarer, wenn Sie den nächsten Text überfliegen (oder penibel lesen); ein «Märchen» aus der Gegenwart ist ebenfalls zu diesem Bild geschrieben worden. Ob es allerdings das Bild «ersetzen» kann, mögen Sie, lieber Leser, nach dem Betrachten entscheiden.

Es war einmal ein junger Mann aus einem reichen Hause. Sein Vater war am Ende eines arbeitsreichen Lebens ein einflußreicher Mann in einem großen Unternehmen, der seine angetraute Frau, welche auch die Mutter des Jünglings war, sehr liebte. Er hatte sie nach langer Zeit der Trauer und

Einsamkeit kennen- und liebengelernt, denn seine erste Frau war ihm in jungen Jahren im Kindbette gestorben. Da er nun seine Frau, die seine Liebe auf das zärtlichste erwiderte, so verehrte und sie ihm sein Sonnenschein, sein Ein und Alles war, kam er eines Tages auf den Gedanken, sein Sohn, der auch sein Lieblingssohn war, möge doch auf Brautschau ausgehen und für sich eine ebenso fürsorgliche Frau finden, da doch alles Glück, das ein Mensch erhoffen darf, auf dieser Welt in einer liebevollen Ehe liege.

Da es ihm schien, es ginge mit ihm nicht mehr lange Zeit, rief er also den Jüngling zu sich und unterbreitete ihm seine Ansicht über diese Sache. Und er endete mit den Worten: «Mein Sohn, mache dich also auf und finde ein Mädchen, so liebevoll wie deine Mutter, so hell und klar wie der Sonnenschein, so treusorgend wie eine Glucke um ihre Küklein, auf daß es dir wohlergehe in deinem Leben. Doch wisse, Sohn, es wird nicht einfach sein. Viele schöne Jungfrauen und solche, die es gern noch wären, wirst du finden. Und prüfen mußt du sie alle, denn sie werden erfahren, aus welchem Hause du bist, und viele werden begehren, dein zu sein, aber nicht um der Liebe willen. Prüfe allein nach dem Maßstab des Glücks, nicht nach weltlichen Kriterien. Laß, so es sein soll, Schönheit fahren vor Treue, verwirf Zärtlichkeit vor wahrer Liebe, achte nicht mehr als ziemlich auf die hausfraulichen Fertigkeiten. Bestalle allein Gott zu deinem Richter, denn Er allein weiß, wessen du bedarfst, und will und kann dein Glück auch bewirken. Hab nun keine Angst wegen deines jugendlichen Alters oder anderer vermeintlicher Hindernisse, denk an meine Worte. Geh nun, nimm meinen Segen und kehre wieder, so Gott will.»

Augenblickliche Entscheidungen ersparen Ihnen 10 Jahre

So bestürzt der junge Mann war ob der Worte seines Vaters, so dankte er ihm doch und versprach, es so zu halten, wie er es ihm geheißen. Insgeheim hatte er freilich schon des öfteren ein Auge auf die heranwachsenden Schönheiten seiner Umgebung geworfen. Er war also nicht gänzlich unvorbereitet, wenn er auch noch keine nähere Erfahrung mit einer von ihnen gemacht hatte. Aber der Gedanke an Heirat war ihm doch sehr weit entfernt gewesen. Doch wie sein Vater gesprochen hatte, das hatte sich nach einem recht langwierigen und schwierigen Unterfangen angehört. Davor schreckte er noch ein wenig zurück. Aber insgeheim wünschte auch er sich ein solch glückliches Zuhause, wie es sein Vater mit seiner Mutter geschaffen hatten, für seine eigene Familie, irgendwann einmal. Nachdem er sich einige Tage lang mit dem Gedanken vertraut gemacht hatte, machte er sich also auf, sagte seinen lieben Eltern Lebewohl und hoffentlich auf Wiedersehen und reiste ab. Er wußte natürlich nicht so recht, wie er zu Werke gehen sollte; sein Vater hatte ihm diesbezüglich auch keinerlei Rat gegeben, also fuhr er erst einmal dorthin, wo er schon immer einmal hin wollte, wo er schon so viele

94

Leute davon hatte schwärmen hören über die große Schönheit, die dort sei, daß es in ganz Europa keinen vergleichbaren Ort gäbe. Denn wie selbstverständlich erschien ihm die Schönheit als das erste Kriterium, und ebenso erwartete er in einer schönen Stadt auch schöne Mädchen. Er fuhr mit dem Zug. Erst als er im Wilson-Bahnhof ausstieg, fiel ihm auf, und dabei fiel ihm auch gleich ein nicht zu unterschätzendes Kriterium für seine Suche ein, daß Prag ja gar nicht mehr in seinem Lande ist. Wenn er auch grundsätzlich mit ausländischen Frauen, und nicht nur Frauen, wohl sehr gut zurechtkommen würde, so wäre es bei seiner Sache doch wünschenswert, wenn er sich mit dem Mädchen, das ja immerhin seine Frau werden sollte, wenn schon nicht in seiner Muttersprache, so doch in einer ihm geläufigen Mundart unterhalten könnte. Er schob diese Unbedachtsamkeit bei der Wahl seines ersten Reiseziels auf seinen jugendlichen Tatendrang, der keine planenden Überlegungen zulasse. Nichtsdestotrotz nahm er sich fest vor, in Zukunft die Auswirkungen seines Tuns von vornherein zu bedenken und die Folgen zu überschlagen.

So fuhr der Jüngling also ohne seine Sache vorangebracht zu haben wieder ab. Der erste Versuch war gescheitert. Er wußte gar nicht so recht, wie er vorgehen sollte. Er würde die Hilfe eines erfahrenen Freundes brauchen. Aber keiner seiner Freunde war in dieser Hinsicht erfahren. Er blieb also allein auf sich gestellt. Wie hatte sein Vater gesagt? Er solle allein Gott vertrauen! Das war leicht gesagt. Das war er überhaupt nicht gewohnt. Wie sollte das denn aussehen? Das hieße ja, nicht was ich will, ist wichtig, sondern ich muß offen sein für das, was so alles auf mich zukommt. Da ihm nun nichts besseres einfiel, so sehr er auch nachdachte, der Gedanke kehrte immer wieder: einfach aufs Geratewohl losfahren, kreuz und quer, natürlich nur in Gegenden, wo er die Leute auch versteht, erschien ihm dieser Gedanke schließlich gar nicht mehr so abwegig, einfach nur «ziellos» hin und her zu fahren, zu fliegen oder wie auch immer. Er durchquerte so auf seiner Reise seine ganze Heimat, alle benachbarten Länder, auch einige weiter entfernte Staaten. In einigen dieser Gegenden brachte er mehrere Monate zu, ja, in dem großen Land jenseits der großen Berge verbrachte er gar ein ganzes Jahr. Nur – mit der Zeit vergaß er langsam, weswegen er eigentlich unterwegs war. Er fand sogar Gefallen daran, in abgelegenen Orten länger zu verweilen, umherzustreunen und die Unabhängigkeit zu genießen. Er erlebte abenteuerliche Begebenheiten, hatte in fremden Ländern fremdartige Sitten zu erlernen und geriet auch manchmal in groteske oder einfach nur peinliche Situationen. Ja, einmal, es war an der Grenze zu einem Land, in das man erst seit kurzem reisen konnte, da wollten die Grenzbeamten den Grund seiner Reise wissen. Er gab an, zum Vergnügen zu reisen. Als sie sich damit nicht zufrieden gaben, da sie der Meinung waren, kein normaler Mensch komme freiwillig in ihr Land, erinnerte er sich erst wieder des wahren Grundes seiner großen Fahrt, was sein Vater zu ihm gesprochen hatte und wie lange er nun schon unterwegs war. Als er den Beamten den richtigen Grund sagte, glaubten sie ihm immer noch nicht, doch ließen sie ihn einreisen, weil seine Antwort sie so amüsiert hatte.

Nachdem der Jüngling sich nun wieder des Zwecks seiner Reise gewahr geworden war, verspürte er ein wenig Heimweh und auch etwas wie Reue gegenüber seinem Vater und seiner Mutter, von denen er nicht einmal wußte, wie es ihnen derweil ging. Er reiste also wieder wacheren Sinnes weiter durch die Lande. Und tatsächlich, bald begegnete er verschiedenen Mädchen, die er einer gemeinsamen Zukunft mit ihm durchaus für wert hielt. Sie waren natürlich alle aus mindestens ebenso gutem Hause, oder was er dafür erachtete, wie er selbst, außer einer, doch davon später mehr. Er versicherte sich zunächst der Zuneigung einer jeden von ihnen und beschloß, sie nach den Kriterien zu prüfen, wie es ihm sein Vater ehedem gesagt hatte.

Die letzte der sieben, die er für sich in Betracht zog, war eine aus dem Süden seines Heimatlandes. Er hatte in diesem kleinen Ort Station gemacht, wo es ihm dann doch nicht so gut gefiel, so daß er eigentlich nur ein paar Tage zu bleiben gewillt war. Er war nämlich zu dieser Zeit im Begriff, zu seinen Eltern zurückzukehren, um nach dem Rechten zu sehen, wie er es ausdrückte, denn er war inzwischen schon volljährig geworden, und ihnen Rechenschaft zu geben über den bisherigen Verlauf seiner Sache. Da war sie es, die ihm eines Nachmittags, als er sich etwas zu Essen kaufte, das Paket über die Theke reichte. Er dachte an diesem Tag an nichts weniger, als nach Mädchen Ausschau zu halten. Vielmehr überlegte er sich, wie er wohl seinen Eltern nach so langer Abwesenheit gegenübertreten solle. Er spazierte so durch den Ort, als er an einer Fleischerei vorbeikam, aus der es verführerisch nach frischen Leberkäsesemmeln roch. Es war eigentlich nicht seine Art, sich solch niederen Genüssen hinzugeben, aber nachdem er so lange nicht mehr in heimatlichen Landen gewesen war, verspürte er eine Lust auf eben diese Leberkäsesemmeln, daß er in diesem Moment sogar ein sonst ihm wohlschmeckendes Menü stehengelassen haben würde. So betrat denn unser Jüngling, denn das war er trotz der langen Jahre immer noch, das Geschäft und wollte eine dieser Semmeln kaufen. Aber niemand war in dem Laden, um sie ihm zu geben. Er sah weit und breit niemanden. Da hörte er ein Geräusch, es mußte aus einem der hinteren Räume kommen. Er ging ihm nach, und siehe da, ein Mädchen, das in

ebendiesem Raum gerade an den Wurstregalen beschäftigt war, bemerkte den zur ungewöhnlichen Zeit eingetretenen Kunden in demselben Moment, da er ihrer ansichtig wurde. Er merkte zunächst gar nicht, daß er sich just in diesem Augenblick verliebte. Sie fragte ihn: «Sie wünschen?», und ging ihm gleich voraus in den Ladenraum.
So fügte es sich, daß ein Jüngling aus reichem Hause in einer einfachen Angestellten einer Fleischerei die liebreizende, den Rest seines Lebens versüßende Frau fand, nach der zu suchen ihn sein Vater vor Jahren ausgeschickt hatte, der selbst aber das Glück seines Sohnes nicht mehr mit Augen schauen durfte.[26]

Gerüchte verbreiten sich wie eine Kugel

Was die heute wieder für Musik bringen! Klingt fast so wie die, die Günter immer hört. Jazz soll das sein! Da singt ja nicht mal einer. Na ja, aber wenigstens hat sich der Chef endlich überreden lassen, überall Lautsprecher einzubauen. Warum sollen auch bloß die Kunden berieselt werden? So ist es wenigstens nicht ganz so trostlos. Na also, jetzt kommt ja was Gescheites. – Oh mei, die hier gehören doch gar nicht hier rein. Da hat die Suchanek mal wieder gemeint, sie macht's besonders geschickt, daß sie gar nicht erst die Leiter hochsteigen braucht. Die mit ihrem schlauen Job, bloß halbtags und dann den ganzen Laden durcheinanderbringen. Ich hab' ja genug Zeit, alles wieder in seine Ordnung zu bringen. Die merkt sich's aber auch nie. Jetzt schreib ich's aber auf einen Zettel: die aus den Kisten mit dem blauen Aufkleber kommen hier oben hin. So, den kann sie wirklich nicht mehr übersehen. Nachher, wenn dann der Fahrer kommt, nimmt der sonst wieder die Falschen mit.
«Grüß Gott... guten Morgen, Frau Reiter... ja, is alles schon fertig... ja, bring' ich dann vor... was?! Isses schon so spät?... Wann geht denn die Karin heut' in Mittag?... Ach so, ja gut, dann mach 'mer des so... ja, war auch schon da... nein, der noch nicht... gut.»
Jetzt müßten wir bald alle da sein. Warum müssen wir eigentlich schon so früh da sein. Aber das hab' ich schon oft gedacht. Gestern war's halt doch wieder spät. Nie wieder laß' ich mich am Sonntagabend einladen. Dem Günter macht das ja nix aus, der kann ja ausschlafen. Der liegt jetzt bestimmt noch im Bett. Aber ich kann ja sagen, was ich will, das versteht der nicht. Aber schön war's ja schon. Doch müde bin ich. Ich schaff' es nicht, einmal auszuschlafen. Das wäre jetzt schön, zu Hause bei Günter im Bett und ausschlafen und –

Oje, wieder ein paar runtergefallen, so früh am Tag schon Abfall...
«Halloo... Ja. Sieht man's mir an... Ja ja. Du schaust gut erholt aus... Du hast gut reden. Wenn, dann wird's bei uns der volle Streß. Weil dann der Günter immer was sehen will. Letztes Wochenende waren wir weg, in Heidelberg. Ich war total fertig. Jetzt aber Schluß, geh lieber gleich nach vorn, die Chefin ist schon da... Ist gut, bis nachher. Tschüß.»
So, was mach' ich jetzt mit denen hier? Wo tu' ich die denn hin? Ich hab' doch gar keinen Platz mehr. Aber die gehen ja eh gleich wieder raus. Da, hier, von dem ganzen Zeug ist fast nichts mehr da. Hoffentlich werden die diese Woche nicht so viel verlangt. Vor den Feiertagen kaufen die Leute aber auch ein wie die Blöden. So viel können die doch gar nicht essen. Das hält sich doch auch gar nicht so lang'! – Ach ja – Urlaub, das wär's jetzt. Aber ich hab' ja erst gehabt. Ich fühl' mich aber schon wieder ganz krank. Heute nacht hab' ich wieder nicht geschlafen. Alles tut weh. Oh mei! Letzte Woche in der Zeitung war so eine Anzeige: «Gewinnen Sie eine Reise nach Jugoslawien!» So ein Schmarrn! Das kann doch nicht ernst gemeint sein. Da würde ich nie hinfahren. Also was manche Leute für Ideen haben, das muß sich ja irgend jemand ausdenken, und die kriegen auch noch Geld dafür. Sollen gescheiter was arbeiten.
«Halloo. – Halloo. Na ihr zwei!?... Ja danke, und euch?... Ja, gell? Muß man ja auch, bei dem Wetter hier! Obwohl, in Italien war's auch nicht viel besser... Ja, vor zwei Wochen, mit Günter. Ach so, du warst auch nicht da... Waas? Warum?... Aber jetzt geht's ja wieder... ja... Tschüß, bis später.»
«Ah, guten Morgen! Da, ist schon alles fertig... gut... Wiederschau'n.»

Come on babe, light my fire

– So, jetzt ist wieder eine Weile Ruhe. Eigentlich könnte ich für mich auch etwas einpacken. Was brauch' ich denn? Hackfleisch hab' ich fast keines mehr, aber das nehm' ich mir erst am Abend mit. Aber ein bißchen Salami und Schinken, vor allem Schinken... ja, und Mortadella, die war in Italien so gut. Mal schauen, ob die hier von uns auch so schmeckt. Das hätte ich eigentlich schon früher ausprobieren können. Wieviel nehm' ich denn da? So zweihundert Gramm. Aber die wird ja so dünn geschnitten, das gibt ja ewig viele Scheiben. Obwohl, dem Günter schmeckt die ja, der ißt das alles auch allein auf.
Also zweihundert Gramm. Was brauch' ich denn noch? Vielleicht noch ein bißchen Aufschnitt. Ach so, von dem ist nicht mehr so viel da. Ich hätte vielleicht doch noch schnell vor den Feiertagen etwas mitnehmen sollen. Weil nachher hat man dann wieder nichts mehr im Haus. Und von dem Kochschinken ist auch nur noch wenig da. Hmm. Was nehm' ich denn jetzt? Ach, das mach' ich später, jetzt ist ja schon bald Mittag. Und überhaupt, was

mach' ich denn heute Abend? Wurstsalat vielleicht. Genau, da schneid' ich mir gleich ein paar von den Lyonern hier ab. So. Dann wollen wir mal...
«Halloo... ja, ich geh' jetzt dann, Mahlzeit!»[27]

Wir begegnen uns nicht oft. Ich weiß, früher, da hab' ich ihn oft gesehen, wenn ich zur Schule ging. Er hatte einen auffallend schnellen Gang – ich laufe selbst ja auch nicht gerade langsam – er war in einer anderen Klasse, und so kannten wir uns eigentlich nicht, nur so vom Sehen. Seitdem begegnen wir uns jedenfalls immer mal wieder, eher selten. Wir grüßen uns, wechseln ein paar Belanglosigkeiten, und tschüß.
Irgendwie, das letzte Mal, kamen wir auf die Metzgerei vorne an der Hauptstraße. Wir gehen wohl beide nicht sehr oft dort einkaufen, sie sind dort recht teuer, haben dafür aber auch recht gute Ware. Die Tochter der Inhaber arbeitet auch dort, sie war auf unserer Schule, und wir kannten sie beide, ohne daß wir uns an ihren Namen erinnern konnten. Zum Abschied sagte er noch: «Grüß sie von mir. Sie ist meistens hinten in dem kleinen Lagerraum mit den Regalen. Letztes Mal hielt sie eine Kette kurzer dicker Würste in der Hand.»
Ich weiß nicht, wie er darauf kam, ich käme vor ihm wieder dorthin. Seitdem war ich jedenfalls noch nicht wieder dort.[28]

Und jetzt das Bild dazu: Sie finden es auf dieser Doppelseite unten rechts. Sind Sie überrascht – oder bestätigt? Enttäuscht oder glücklich über Ihr Erfolgserlebnis, im Kopf *richtig* verarbeitet zu haben, visuell dem Verbalen gefolgt zu sein? – Der Autor, welcher unterschiedlich interpretiert hat, schreibt dazu:

Die einfachste Methode, ein Bild durch einen Text zu ersetzen: Ausgehend von einer mehr oder weniger bildbeschreibenden Situation eine beliebige Handlung entwickeln («Stellenanzeige», «Regieanweisung»). Dabei entsteht aber auch die langweiligste Lösung.
Spannender ist es, den umgekehrten Weg zu gehen und eine beliebige Geschichte so zu entwickeln, daß erst gegen Schluß sich alles in Richtung auf das Bild entwickelt oder die auf dem Bild dargestellte Situation nur ganz nebenbei eine kleine Rolle spielt («Märchen», «Essay: Warum viele Fotos...», «Erzählung»).
Interessant war der Versuch, sozusagen mitten in der Bildsituation anzufangen und erst so nach und nach durchblicken zu lassen, worum es sich

bei dem Text überhaupt handelt («Ein Tag im Leben der Bärbel B.», «Hörspiel»).

Schwierig wird es bei der Umformung von literarischen oder gar epischen Vorlagen, z. B. Maria Stuart von Friedrich Schiller. Die Sprache des ursprünglichen Autors muß erhalten bleiben, ebenso das Reimschema und vor allem die Silbenzahl, das Versmaß. Man kann es sich einfacher machen, indem man eine Passage auswählt, die in etwa schon auf die Bildsituation paßt und man nur noch einige einzelne Wörter und Begriffe ersetzen muß. Die ursprüngliche Handlung bleibt fast erhalten, es entsteht so etwas wie eine Persiflage. Am originellsten ist es, einen originär eigenen Text zu entwickeln, allerdings bräuchte man dazu etwas mehr Erfahrung im Umgang mit Sprache, um auch jedesmal die Wirkung zu erzielen, die man erreichen möchte.

Ich bin ungefähr in der folgenden Reihenfolge vorgegangen:
- Verschiedene kurze und einfache Texte, wie z. B. Anzeigentext, Regieanweisung, Bildunterschrift, u. ä., die sehr nah am Ausgangsbild bleiben.
- Umformung, Adaption eines existierenden Textes aus der Literatur: Maria Stuart von Friedrich Schiller, vom Ersetzen einzelner Wörter bis zum Austauschen ganzer Textpassagen. Ergebnis: Persiflage, Verfremdung, Verzerrung.
- Text im Stil eines Vorbilds aus der Literatur: H. C. Andersen, Th. Fontane als Vorbild für Märchen und Essay.
  - Eigener Text.

Interessant war die Erfahrung, daß man zu einem Bild nahezu beliebig viele verschiedene Texte erfinden kann, zu denen das Bild als Illustration passen würde, und daß man mit Hilfe von Text die im Bild dargestellte Situation in ganz unterschiedlichen Zusammenhängen positionieren kann. Dagegen erscheint es mir sehr schwierig, ein Bild durch einen Text zu ersetzen, so daß der Leser das Bild, so wie es wirklich aussieht, auch in seiner Vorstellung sieht (vgl. S. 17ff. d. A.).

Dieses Beispiel hat aber auch gezeigt, wie «pointiert» es ist, ein solch *triviales* Bildmotiv mit *Hochsprache* (Schiller) zu kombinieren; beides stellt einen vom anderen jeweils unabhängigen Diskurs dar – der aber in seiner *inszenierten* Abhängigkeit zum Experiment wird. Dieses Experiment taugt noch nicht für die Praxis; indes *das Denken* wird weiträumiger, großzügiger, unkonventioneller. Werbetexter müssen sich dieses Denken anerziehen, wenn sie wirksam produzieren wollen.

Die folgenden Texte betreffen wieder ein anderes Bild. Welches? Im Anschluß daran kann überprüft werden, ob es den Autoren gelungen ist, Bilder durch Texte zu ersetzen.

Kurzgeschichte

Wer ist Gurnemann von Graharz?

Letztes Wochenende besuchte mich Loni Fischer, eine Frau mittleren Alters. Loni ist ein bescheidener Mensch mit besten Manieren, vielleicht ein bißchen schüchtern, aber nicht unattraktiv. Mit ihrem Beruf als Buchhalterin ist sie zufrieden und ihre Drei-Zimmer-Wohnung ist sehr hübsch eingerichtet. Kurzum: eine Frau, die nicht nur zufrieden wirkt, sondern es auch ist.
«So ist es», bestätigte Loni Fischer, nachdem wir uns gemütlich auf der Terrasse niedergelassen hatten. «Ich darf eigentlich zufrieden sein. Ich bin bei bester Gesundheit, habe eine schöne Wohnung und ein kleines Konto auf der Bank. Und dennoch fehlt mir etwas. Ich bin unverheiratet. Wir sehr habe ich mir schon immer einen lieben Ehemann gewünscht. Aber es war mir nicht vergönnt.» Ich schwieg, Loni seufzte.
«Es ist immer so still bei mir zu Hause!» Erneut seufzte sie tief.
«Ehrlich gesagt wäre ich glücklich, wenn in diese Stille ein wenig Abwechslung käme. Tiefes Männerlachen zum Beispiel. Oder das Surren eines Rasierapparates aus dem Badezimmer.»
Loni schwieg, ich seufzte.
«Nach reiflicher Überlegung», fuhr Loni fort, «habe ich mich schließlich entschlossen, eine Heiratsannonce aufzugeben.»
«Aber das ist ja großartig, Loni», platzte es aus mir heraus.
«Ich habe dabei an die Süddeutsche Zeitung gedacht. Die ist wenigstens etwas Seriöses.»
«Das liegt auf der Hand», sagte ich.
«Die Sache ist aber nicht ganz einfach», sagte Loni Fischer. «Ich bin ja nun auch nicht mehr die Allerjüngste, und ich zweifle, ob ich einer neuen Liebe mit all' ihren zugegebenermaßen angenehmen Aufregungen noch gewachsen bin.
Deshalb dachte ich eher an einen Mann im Alter von fünfzig bis sechzig. Eine gesetzte, abgeklärte Persönlichkeit.»
«Sehr richtig», stimmte ich zu. «Das Alter ist ein wichtiger Faktor. Mit fünfzig oder sechzig ist ein Mann in den besten Jahren, aber dennoch schon imstande, die nötige Ruhe und Gelassenheit auszustrahlen, die du dir wünscht.»

Wenn Gedanken fließen? Bauen Sie einen Staudamm!

«Eben davor fürchte ich mich ein wenig» erwiderte Loni. «Ein Mann zwischen fünfzig und sechzig könnte unter Umständen nicht nur Ruhe ausstrahlen, sondern auch nichts als seine Ruhe wollen. Meine Füße sind aber noch recht flink und ich bin ein unternehmungslustiger Mensch. Ein Mann um die vierzig» – Loni klatscht in die Hände, um ihren Worten mehr Gewicht zu verleihen – «wäre genau das Richtige. Er ist noch um vieles flexibler und offener.»

«Du brauchst unbedingt einen Mann um die vierzig», bestätigte ich.

«Mit vierzig steht ein Mann allerdings auf dem Höhepunkt seiner beruflichen Karriere und verbringt die meiste Zeit mit seiner Arbeit. Vielleicht wäre es besser, sich einen Partner zu suchen, der diesen Lebensabschnitt noch nicht erreicht hat, den gewissermaßen das Karrieredenken noch nicht verdorben hat. Ein Mann um die dreißig.»

«Was Du da sagst, klingt sehr vernünftig», gestand ich. Loni hocherfreut über meinen Zuspruch fuhr fort: «Andererseits darf man nicht vergessen, daß ein Mann in diesem Alter in einer Phase des sexuellen Experimentierens mit wechselnden Partnerinnen steht. In diesem Alter sind Männer als Liebhaber am begehrtesten. Wer weiß, ob ich – eine einfache Buchhalterin mittleren Alters – ihm da noch genüge?»

«Bestimmt nicht», platzte es aus mir heraus, und im selben Augenblick hätte ich mich für meine Unbedachtheit ohrfeigen können.

Loni, in ihrem Eifer, schien jedoch meine allzu ehrliche Aussage überhört zu haben und fuhr fort: «Das bedeutet nicht mehr und nicht weniger, als daß ich einen jungen Mann um die zwanzig brauche, der diesbezüglich noch unerfahren ist und den ich als reife Frau faszinieren kann.»

Immer einen Sprung voraus

«Nein.» Loni Fischer schüttelte bekümmert den Kopf. «In diesem Alter wird er ja sofort zum Militär eingezogen.»

«Richtig», nickte ich zustimmend und fuhr fort: «Ich fürchte, Du brauchst einen Mann, der seinen Militärdienst noch nicht begonnen hat.»

«Dann», gab Loni zurück, «wird er noch schulpflichtig sein. Vergiß nicht, er ist in dieser Zeit ohne jedes Einkommen und ohne finanzielle Mittel.»

«Dann müßtest du für seinen Lebensunterhalt aufkommen», folgerte ich logisch.

Loni wurde etwas blaß und entgegnete: «Das ginge leider über meine Kräfte.»

Ich schaltete mich wieder in Lonis Gedanken ein: «Da hst du recht, Loni. Ein fünfzig- bis sechzig-jähriger wäre in dieser Hinsicht vorteilhafter.»

«Dessen bin ich nicht so sicher», widersprach Loni. «In diesem Alter pflegt man in Rente zu gehen, und ich müßte auch noch für ihn mitverdienen.»

«Also was willst du eigentlich?» Ich konnte nicht verhindern, daß in meiner

Stimme ein leiser Ton von Ungeduld mitschwang. Loni sah mich verwundert an; dann räusperte sie sich und sprach: «Meiner wohlüberlegten Meinung nach wäre es am besten, einen Mann zu heiraten, der seinen Platz im Leben bereits gefunden und seine Fähigkeiten bereits bewiesen hat. Schließlich weiß ja niemand so genau, was aus einem jungen Kerl werden mag, wenn er heranreift, und das Risiko ist groß. Aber wenn er bereits auf beiden Beinen im Leben steht, hat man nichts mehr zu befürchten. Auf so einen Ehemann kann man stolz sein. Auch ist er gegebenenfalls in der Lage, seine Ehefrau zu unterstützen.»
«Goldene Worte», sagte ich. «Und hast du jemand bestimmten im Auge?»
«Ja», sagte Loni. «Gurnemann von Graharz.»[29]

Das Bild, welches die Autorin interpretierte, sehen Sie auf der nächsten Doppelseite unten. Wenn Sie beim Lesen des Textes ein anderes im Kopf hatten, ist dies ganz normal (vgl. dazu S. 84). Aber jetzt geschieht das Erstaunliche: Im Angesicht des Bildangebots, besser gesagt, wenn dieses mit dem obigen Text kombiniert wird, «paßt» es dazu (vgl. dazu auch S. 3/4).

Manuskript für eine Glosse

Sind Sie Pessimist?

80 % aller deutschen Bürger sehen die Zukunft ihres Vaterlandes in eher düsteren Farben. Ein Zustand der allgemeinen Unzufriedenheit und Unsicherheit hat sich in unserer aller Köpfe eingenistet und den Pessimisten der 90er geschaffen. Dieser neue Typ von Bürger folgte auf den Genußsüchtigen der 80er, dem kein Auto zu schnell, kein Urlaub zu weit und keine Mode zu teuer sein konnte. Eine natürliche Gegenreaktion?

Wer ist der neue Pessimist?

Ist es der ständig an allem nörgelnde, unsympathische Miesepeter oder der kritische Realist, der gerade noch rechtzeitig erkannt hat, daß ihn sein neues High-Tech-Solarium zwar brauner, aber wohl kaum gesünder gemacht hat? Oder handelt es sich beim Pessimisten der 90er um einen Typ, der lieber die Augen verschließt vor dem, was Sache ist?
Ist der neue Pessimist vielleicht am Ende gar der Egomane, der sich in sich selbst zurückzieht und eigentlich nichts als seine Ruhe will?

Das Geschäft mit dem Ich
Nicht ohne Grund boomt in den letzten Jahren das Geschäft mit den Selbstfindungsstrategien. Für die Reise ins eigene Ich steht dem Reiselustigen ein breiter Markt zur Verfügung: vom klassischen Yoga über Tarot-Karten bis hin zu Individual-Therapien und einem umfassenden Angebot an esoterischer Literatur bleibt kein Wunsch offen. Und wer sich erst einmal auf den Weg der Erkenntnis begeben hat, der greift dafür auch gerne etwas tiefer in die Tasche.
Ganze 126 920 DM gaben die Deutschen 1991 allein auf dem esoterischen Buchmarkt aus. Eine Investition, die sich lohnt?

Die neue Unsicherheit
Woher kommt der Wunsch nach Beschäftigung mit dem eigenen Ego gerade in unserer Zeit? Was erwartet der Pessimist der 90er auf seinem Exkurs ins Innere zu finden? Die Antwort liegt nahe: Er zieht die Wanderung über die unberührten Auen seiner eigenen Seele, einem Spaziergang durch den sterbenden Wald vor. Eigentlich gar nicht so unverständlich, oder? Vielleicht ist dieser Menschentyp gar nicht der unsympathische Meckerer oder egoistische Esoterik-Freak, den wir in ihm vermuten, sondern lediglich eine Art «Zweck-Pessimist»? Also sei erlaubt, was glücklich macht. Für den einen ist es eben der Selbstfindungstrip, für den anderen der Umbau der einst coolen und jetzt kalten Designer-Wohnung in ein gemütliches Nest, den «Cocoon» der 90er. Unter diesem Licht betrachtet, bekommt der «Zweck-Pessimist» sogar langsam ein positives Gesicht. Vielleicht müssen wir alle den Weg zum Wir über das Ich gehen.

Und wie sieht die Zukunft aus?
Bleibt nur zu hoffen, daß sich der «Zweck-Pessimist», in seinem weichen Sessel sitzend, wartend auf bessere Zeiten, jederzeit aufschwingen kann und den Schritt vom Ich zum Wir genauso gut beherrscht wie den vom Wir zum Ich. Sollte er dafür zu bequem oder gar zu egoistisch sein, dann handelt es sich eben doch um den unsympathischen Egoisten, der nur an sich denkt. Doch tun wir das nicht alle? Mir zumindest sind die Worte von Robert Gerald nicht ganz fremd, wenn er schreibt:
Sei gut zu dir,
die Welt ist schlecht.
Das Unrecht blüht,
nimm dir das Recht
und tu den Schritt vom Ich zum Wir:
Die Welt ist schlecht.
Sei gut zu dir.[30]

Das Bild, was Sie dazu im Kopf haben könnten, müßte jenes auf der nächsten Doppelseite sein. Damit ich richtig verstanden werde – nicht das Bild *zum* Text, sondern das Bild *statt* Text!
Auch für die Produktion der folgenden Kurzgeschichte gab ein Bild den Ausschlag: Es steht auf der Seite 116.

Kurzgeschichte für Kinder

Also Tommi, der kommt abends von einem Freund nach Hause und guckt in den Mond, da ist der viereckig, der Mond.
Hey Leute, guckt mal: «Viereckig ist der Mond!» ruft Tommi.
Also Tommi geht zur Sternwarte.
«Hören Sie mal, der Mond ist viereckig! Können Sie mal in Ihrem Fernrohr nachsehen?»
«Tatsächlich viereckig.»
«Und warum?» fragt Tommi.
«Ja, ich glaube, ich meine, also ich weiß nicht. Vielleicht liegt es am Weltraummonster.»
«Weltraummonster? Nie gesehen!» meint Tommi.
«Sind ja auch unsichtbar.»
«Gibt es Weltraummonster denn überhaupt?» will Tommi wissen.
«Weiß nicht, sind ja unsichtbar,» meint der Mann von der Sternwarte und fährt fort:
«Angenommen es war ein Weltraummonster und der Mond ein Käsestück. Das Weltraummonster schnitt von dem Käse ein Stück ab und dann noch ein Stück und noch eines und ganz zum Schluß noch ein Stück, damit es nicht so auffällt.»
«Aber ein viereckiger Mond fällt doch erst recht auf!» findet Tommi.
Tommi sieht selber einmal nach. Er nimmt eine Rakete und fliegt rauf zum Mond.
«Hallo» ruft er in einen Mondkrater.
«Ja bitte?»
«Wo kann ich den Mond sprechen?» fragt Tommi.
«Bin ich selber.»
«Warum sind Sie viereckig?» fragt Tommi den Mond.
«Kommt von der Musik. Tausend Jahre war es still hier oben. Jetzt kann ich die Musik von der Erde hören, so laut ist sie.»
«Warum sind Sie dann viereckig?» will Tommi endlich wissen.
«Dann hör doch mal hin: 1, 2, 3, 4... 1, 2, 3, 4.»

Platon hätte seine Freude mit uns

«Ist ja tatsächlich viereckig, diese Musik. 1, 2, 3, 4. Viereckig. 1, 2, 3, 4. Total viereckig. Muß ich denen auf der Erde sagen.»
Tommi steigt in seine Rakete und fliegt zurück zur Erde.
«Unsere Musik ist viereckig!» ruft er den Leuten zu.
«Quatsch!» sagen die Leute.
«Musik kann gar nicht viereckig sein. Viereckig ist nur der Mond.»
«Keine Ahnung», sagt Tommi. «1, 2, 3, 4.»[31]

Wenn Sie das Bild dazu (auf Seite 116) sehen, denken Sie sich wahrscheinlich: Das habe ich mir aber anders vorgestellt. – Ich auch!

Klappentext für einen Mädchenroman

Das werden Sommerferien für Bettina! Vati ist aus Südamerika gekommen und wohnt bei Tante Hede in Lindesfjord. Bettina darf auch Mark und Anne dorthin mitbringen, und Lars und Fitje sind ebenfalls da, weil sie von hier aus ihre Englandreise antreten werden. Doch zuvor macht die ganze Clique eine aufregende Entdeckung: Für die Pferdekutsche, die Tante Hede kaufen will, interessiert sich ein geheimnisvoller Fremder. Aber Bettina paßt auf. «Du bist vielleicht clever!», lobt Kriminalassistent Holm. Wie sich Tante Hede für Bettinas Glanzleistung bedankt, erfahrt ihr aber erst ganz zum Schluß.[32]

Haben Sie Lust auf etwas Altes?

Bei diesem Text wurde das Bild auf der Doppelseite 108/109 übertragen.

Manuskript für eine Uhren-Anzeige

Es interessiert Sie die zweite Hälfte?
Aber mal ehrlich, die kennt doch jeder. Ganz anders verhält es sich da mit unserer Uhrenserie «Half and Half». Eine ganz neue Uhr von Swatch, bei der das Zifferblatt aus zwei verschiedenen Hälften besteht und die garantiert noch keiner kennt. Weil sie nämlich brandneu ist. Aber keine Angst, ab April bekommen Sie beide Hälften in Ihrem Swatch-Shop.
Uhren von Swatch, für Leute, die keine halben Sachen wollen.[33]

Dieser und die drei nächsten Texte sind auf die Bildmotive auf den Seiten 120, 123, 124 sowie 127 abgestimmt – und zwar in dieser Reihenfolge...

Einleitung für einen Artikel zum Thema «Umweltzerstörung»

«Das Gelbe, was Sie da sehen,
sind die vertrockneten Kastanien.
Das Rosige, was Sie da sehen,
sind die befallenen Eichen.
Das Rote, was Sie da sehen,
sind die gestorbenen Tannen.
Das Braune, was Sie da sehen,
sind die verbrannten Kiefern.
Das Schwarze, was Sie da sehen,
sind die erfrorenen Oliven.»
«Schön, so ein Häuschen im Grünen!»[34]

Einleitungsmanuskript für einen Artikel über Hippie-Mode

Vor einem Vierteljahrhundert, als die Hippies die Erde bevölkerten, schien sich die Welt in einen blühenden Garten zu verwandeln. Die Menschen ließen sich das Haar wachsen, zogen bunte Sachen an und faßten sich an den Händen. Sie zupften Gitarren und bestaunten den Mond. Sie entdeckten ihre Körper und planten das Paradies. Der Rest steht im Geschichtsbuch. Es brach die Zeit der Kälte an. Nun schneidern die Mode-Zaren das Comeback der Hippies. Wachsen wieder die Blumen der Hoffnung?[35]

Manuskript für die Vorstellung einer Musik-Newcomerin

Gritli aus Bullerbü.
Federleichter Frühlingspop.
Ah, jetzt ist Gritli da,
und die Tage werden heller.
Ein kleines Hippiemädchen darf man sie eigentlich nicht nennen – immerhin ist sie schon 28. Aber wenn die Sängerin wieder so verlegen lächelt, weil sie nicht weiter weiß und sich die Ponyfransen aus der Stirn streicht, wird

dem kleinen, zierlichen Nirgendwo eigentlich nur eine andere Bezeichnung gerecht: Engel. Doch das wäre nun wirklich albern: Gritli, die früher auf den bürgerlichen Namen Gerlinde Wimmer hörte, kommt schließlich nicht vom Himmel, sondern aus Thüringen. Vom DDR-Sozialismus bekam die wohlbehütete Beamtentochter allerdings nicht viel mit. Draußen auf dem Lande gab es mehr rote Hahnenkämme als rote Fahnen, die Sommer waren warm wie in Bullerbü, und die Ferien verbrachte die Musikbegeisterte in Ungarn – trampend, im Gepäck eine Wandergitarre. Dem Hippie-Traum vom freien Troubadour-Leben folgte jedoch bald der sozialistische Realismus in Form einer Gesangsausbildung an der Musikhochschule in Weimar. Ihren erstaunlichen Erfolg verdankt die überzeugte Christin in erster Linie ihrem sonnigen Gemüt und ihrer glasklaren Stimme, die selbst dünnste Musik-Rinnsale in funkelnde Harmonie-Sturzbäche verwandelt, die durch grüne Wiesen sprudeln – ganz wie damals zu Hause. Ob es so bleibt? War die Debüt-LP noch eine Sammlung live eingespielter Songs, produziert mit einem Mini-Budget, ist das neue Album «Out of nowhere» ein professionelleres Werk, das für jedermann etwas bietet: verträumte Balladen, leichte Grooves und dynamische Abräumer.

Zur Platte gibt es natürlich auch eine Tour, die, man kann es ahnen, etliche neue Fans hinterlassen wird. «Die ist so süß», werden sie murmeln, wie alle, die Gritli jemals trafen. Und dann werden sie sie vielleicht zu Tode lieben. Denn Erfolg ist bekanntlich der Feind der Unschuld. Und sollte Gritli wirklich eine Ausnahme von dieser Regel sein?[36]

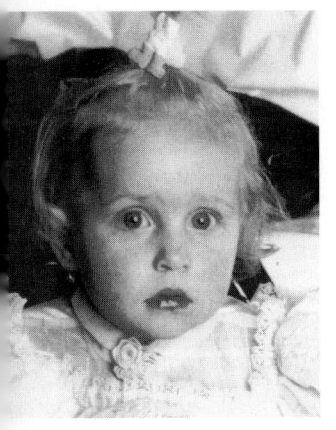

Die Autorin resümiert:

«Da wir uns letztes Semester im Fach Text mit kurzen Formulierungen in Form von Headlines beschäftigt haben, hat es mich interessiert, mich diesmal mit längeren Aussagen zu beschäftigen. Ich habe mich um eine möglichst große Zahl von unterschiedlichen Texten bemüht; so wird man darunter Stories für Erwachsene ebenso finden wie Kurzgeschichten für Kinder neben Klappentexten für Bücher, eine Glosse, einen Anzeigentext u. a. – Das *Bild* ist immer ein anderes und folgt als «Auflösung» am Ende der «Stories». Den Zusammenhang
- Bilder vor Augen, erzeugen Texte im Kopf,
- Texte, die man liest, erzeugen Bilder im Kopf. Das habe ich bei meiner Arbeit an mir selbst nachvollziehen können.»

Etwas differenzierter drückt dies der nächste Seminarteilnehmer aus:

Texterstellung beinhaltet in meinen Augen mehr, als lediglich phantasievoll Wörter und Sätze in einen logischen Zusammenhang zu bringen.
Aus diesem Grunde scheint es notwendig, sich vor der eigentlichen, späteren Textarbeit ausreichend mit literarischer Sprache (Epik, Lyrik, Dramatik), journalistischen Texten oder Formen der Werbesprache auseinanderzusetzen.
Die zentrale Aufgabe sehe ich hierbei in der Analyse und Beurteilung gegebener Werke, vor allem hinsichtlich der Textart, der Textgestaltung, der Textintention und besonders des damit verknüpften Sprachbildes.

Die als Aufgabe gestellte Semesterarbeit, vorhandene Bildelemente durch gezielte Textgestaltung in der Phantasie des Lesers entstehen zu lassen, ohne jedoch diese Bilder zu beschreiben, ermöglichte den spielerischen Umgang mit o. g. Sprachbildern, mit Textgestaltung allgemein.

Das zu bearbeitende Spektrum war, dies sei an dieser Stelle als Vorteil vermerkt, vom Studenten frei zu bestimmen. Diese Wahl bezüglich persönlicher Interessen und Vorlieben zeitigte ein größeres Engagement, eine intensivere Auseinandersetzung mit den Quellentexten, die als Basis für die jeweiligen Experimente dienten.

Quellentexte sind in diesem Zusammenhang als Stilquellen, aber auch als Inhaltsvorlagen zu verstehen.
Im Zusammenhang mit o. g. Quellentexten erweiterte die Möglichkeit, bekannte, bestehende Texte und Sprachstile zu verfremden bzw. neu zu definieren, eine interessante Entwicklung, sich mit Literatur, dem geschriebenen Wort an sich, zu beschäftigen (Kontaktanzeige im Fernseh-Fußballreportage-Jargon).

Der nächste Sommer kommt bestimmt!

Für meine Arbeit besonders von Interesse waren die Analysen von Tageszeitungs-Reportagetexten sowie von Plattenkritiken in sogenannten Jugend- und Stadtzeitungen, deren meiner Meinung nach größtenteils befremdliche Jugendjargon-Formulierungen in der Tat zum Verfassen eigener Texte anregten.
Die eigentliche Textkreation, besteht also in dem Lesen «literarischer» Werke, deren Analyse, aber auch gleichzeitig in der Ambition, persönliche Anliegen und Interessen zu verwirklichen.

Die anfängliche Scheu vor «dem weißen Blatt» ohne vorhergehende Manuskripterstellung wurde durch dieses experimentelle Schreiben ohne Probleme überwunden.

Zeitungsartikel:
Junge (8) rast mit gestohlenem Auto in Menschenmenge – 2 Tote

München – Gestern abend kam es an der Kreuzung Rosenheimer Straße/Orleansplatz zu einem folgenschweren Verkehrsunfall, als ein Minderjähriger in einem gestohlenen Pkw die Kontrolle über das Fahrzeug verlor und in eine Menschenmenge raste.

Mit über 110 km/h fuhr der Schüler Thomas B. (8) gestern abend mit einem gestohlenen Audi 80 über die Kreuzung Rosenheimer Straße/Orleansstraße, als er die Kontrolle über das Fahrzeug verlor. Der Pkw schleuderte dabei auf den Gehsteig der gegenüberliegenden Straßenseite direkt in eine an einer Haltestelle wartende Menschenmenge.

Das erschütternde Ergebnis: 2 Tote, 8 Schwerverletzte, 5 Leichtverletzte.

Laut Zeugenaussagen von Passanten, die sich in der Nähe des Unfallortes befanden, krachte der Audi 80, nachdem er ins Schleudern gekommen war, ungebremst in die an der Bushaltestelle der Linie 53 wartende Menschenmenge.

«Plötzlich war das Fahrzeug da, ein lautes Krachen. Gliedmaßen und Körper flogen durch die Luft. Überall Blut. Es war schrecklich. Alles ging viel zu schnell, die Wartenden hatten keine Zeit, auszuweichen», beschreibt ein Augenzeuge das Unglück.

Der Todesfahrer, der achtjährige Schüler Thomas B. aus München, kam dabei mit leichten Verletzungen davon.

Berichten der Polizei zufolge ist Thomas B. schon früher wegen verschiedener Verkehrs- und Diebstahldelikte aktenkundig geworden. Nach Vermutung der Behörden ist Thomas B. ein führendes Mitglied einer Bande von minderjährigen Autoknackern, sog. «Crash-Kids», die ihre Freizeit damit verbringen, in gestohlenen Fahrzeugen mit möglichst hoher Geschwindigkeit durch die Stadt zu rasen.

«Besonders schwierig», so ein Sprecher der Polizei, «sei das Vorgehen gegen diese Art Kriminalität, da die Täter aufgrund ihres Alters oftmals strafrechtlich nicht zu Verantwortung zu ziehen sind».

Auch Thomas B. befindet sich inzwischen auf freiem Fuß.

Rechtsexperten des Stadtrates beraten inzwischen im Rahmen einer außerordentlichen Versammlung über Lösungsvorschläge zu diesem immer mehr um sich greifenden Problem.[37]

Raus aus dem Minus!

Anti-Drogenkampagne
Frederic Mayr: Im Sog der Dunkelheit

6.30 Uhr, Montagmorgen. In wenigen Minuten wird sich die schwere, bleierne Tür zum letzten Mal schließen.
Frederic Mayr hat mehr als 2000 dieser Situationen hinter sich.
Seine bevorzugte Methode zur Problembewältigung stellt für ihn der Side-Jump dar.
Der direkte Sprung in die Wand aus grauen Trenchcoats und billigem Aftershave.
In raubtiergleicher, kauernder Stellung ersehnt Frederic den kritischen Moment.
Seine innewohnenden Ängste beschwörend, die Sinne aufgrund des schwülen Luftzugs taumelnd.
Warten, warten auf den einzig alles entscheidenden Moment.
Eine Frage von Sekunden.
Plötzlich spannt er alle Sehnen seines Körpers, ein letzter Blick auf die Uhr – Frederic schnellt hoch.
In Sekundenbruchteilen erfolgt das Eintauchen in die graue Masse. Das Licht erlischt.
Die Sekunden verstreichen – endlos und berauschend. Wie ein Skalpell bahnt Frederic seinen Weg durch die graue Flut.
Uuufff! Endlich Licht.
Es ist gelungen. Gerade noch im rechten Moment. Als die S 8 schließlich am Bahnsteig des Karlsplatzes in München zum Stehen kommt, hat es Frederic einmal mehr geschafft: sich Montagmorgen rechtzeitig durch das vollbesetzte S-Bahn-Abteil zur Waggontür durchzukämpfen.
Frederic hat eben gelernt, Konflikte mit sich und anderen selbständig zu lösen.

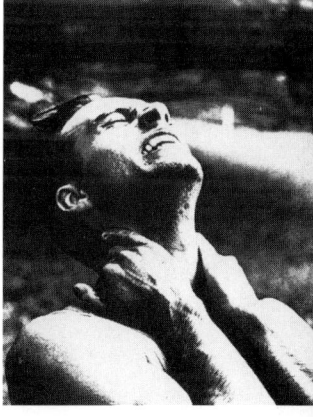

Durch die realistische Einschätzung seiner Fähigkeiten, seiner eigenen Stärken und Schwächen war Frederic in der Lage, eine starke Persönlichkeit zu entwickeln.
Eine starke Persönlichkeit, die es nicht nötig hat, Abenteuer mit Suchtmitteln und Drogen zu suchen.
Für ihn ist der Alltag, das Leben spannend genug.
Frederic weiß, wo er ein- bzw. aussteigen muß.
Wir können viel dagegen tun, daß Kinder süchtig werden. Kinder stark machen, zu stark für Drogen, ist ein Teil davon.[38]

**Manuskripttext für eine Anzeige des Deutschen Kinderschutzbundes
Kindesmißhandlung:
«Mit meinem Eigentum kann ich machen, was ich will!»**

Laut Statistik des Bundeskriminalamtes wurden 1992 16 442 Kinder von den eigenen Eltern sexuell mißbraucht, weitere 1732 körperlich mißhandelt.
Dabei sterben in Deutschland 90 Kinder pro Jahr an Folgen dieser Mißhandlungen.
Ursachen, die zu dieser Situation führen können, sind oft das Ergebnis permanenter Überforderung des Elternpaares.
Ehekrisen, Alkoholmißbrauch, beengte Wohnverhältnisse, finanzielle Probleme oder einfach nur Egoismus und Machtbedürfnis führen oftmals zu Gewalt in der Familie.
Doch immer noch wird dieser Art von Gewalt gegen Kinder Vorschub geleistet, indem das Problem von der Öffentlichkeit als familienintern tabuisiert und ignoriert wird.
Leichtfertig wird dabei übersehen, daß das Kind, das unschuldige Opfer der kriminellen Gewalt, den Eltern weiterhin schutzlos ausgeliefert bleibt.
Daher ist es besonders wichtig, bei Anzeichen von Kindesmißhandlungen sofort zu reagieren. Alle Beratungsstellen des DKB, des Jugendamtes sowie die örtlichen Polizeidienststellen nehmen Hinweise zu diesem Thema entgegen. Informationen werden selbstverständlich vertraulich behandelt.

Vergessen Sie nicht: Jeder trägt Verantwortung. Denn Kinder können sich nicht wehren.[39]

**Zeitungskurzmeldung:
Kroatischer Junge (7) erschlagen – 2 Jahre Haft**

München – Vergangenen Mittwoch verurteilte das Oberlandesgericht München II den 80jährigen Klein-Hinterbaierbacher Florian W. wegen Totschlags zu einer Freiheitsstrafe von zwei Jahren. Das äußerst milde Urteil begründeten die Richter mit der mangelnden Zurechnungsfähigkeit sowie dem fortgeschrittenen Alter des Angeklagten.
Florian W., ehemaliges Mitglied der Waffen-SS, hatte vergangenen Sommer den kroatischen Flüchtlingsjungen Soran B. mit einem Stahlhelm so schwer am Hinterkopf verletzt, daß dieser seinen Verletzungen erlag.
Bei dem Versuch, den Leichnam des Jungen in den Müllschlucker zu stopfen, wurde der senile Rentner von Nachbarn überrascht, die sofort die Polizei verständigten.

Der Tat vorausgegangen war ein Streit mit dem Buben, der Florian W. jeden Dienstag besuchte, um dessen Weltkrieg-II-Waffensammlung gegen eine geringe Taschengeldaufbesserung zu polieren.[40]

Das Bild dazu sehen Sie auf der Doppelseite 128/129. Das Bild auf Seite 123 wurde nochmals folgendermaßen verbal umgesetzt:

Szene eines Theaterstücks: «Heimweh»
Personen
Lissi, 53, Hausfrau, gebürtige Wienerin
Fred, 60, kleiner Angestellter in einem Rüstungsbetrieb
Beide sind seit 1993 verheiratet, haben 2 Kinder, die nicht mehr zu Hause wohnen.

Ort   München, Sendling.

Sprache   Kein reines Bayerisch. Umgangssprache mit südostdeutschem Einfluß.

Erster Akt. Erste Szene.
Am Feierabend in der Küche. Fred und Lissi. Fred kam gerade von der Arbeit nach Hause und stellt das Radio an. Lissi hat ihm das Abendessen zubereitet und erledigt den Abwasch.

Fred *Setzt sich an den Küchentisch. Er streckt die Beine aus und schenkt sich ein Bier ein.* Endlich z'Haus.

Lissi *Steht mit dem Rücken zu ihm an der Spüle. Sie sieht ihn beim Reden nicht an*

Fred Froh bin ich, wenn ich nächstes Jahr nimmer in die Arbeit muß.

Lissi Ach geh, so schlimm kann's doch ned sein.

Fred Jeden Tag die gleichen, blöden G'sichter. Des muß einer erstmal durchhalten.

Lissi Was du dich da beschwerst. Andere wär'n froh, wann's Arbeit haben täten. Wo es doch im Fernsehn immer heißt, daß es so viel Arbeitslose gibt.

Fred Red ned. Was weißt denn du schon vom Arbeiten?

Lissi So viel wie du scho' lang. Schließlich war ich 8 Jahr' lang berufstätig.

Fred *Das erste Bier wurde auf einen Zug geleert. Macht sich wieder eine Flasche Bier auf.* Weißt, ich hab's da schon mal g'sagt. Man soll ned dauernd von Sachn red'n, von denen man nichts versteht!

Lissi Hab i g'arbeit oder ned?

Fred G'arbeit hast du!? Ja wann denn. Als Madl etwa, hast ja nua auf'd

Aus reiner Bequemlichkeit

Kinda g'wartet. Und außerdem hat sich seitdem doch eh alles verändert, oder ned?

Macht das Radio lauter.

Lissi   So schlimm, wia du sagst, kann's gar ned sein. Mia hat's arbeiten gehn immer Spaß g'macht.

Fred   Ja, ja, scho recht. Ihr Öst'reicher müßt's eh immer Recht ham. Ihr seid's doch eh des sturste Volk.

Endlich wendet sich Lissi von der Spüle ab. Sie blickt Fred direkt in die Augen.

Lissi   Etzt geh ned glei wieda auf die Öst'reicher los.

Fred   Bist doch genau so stur wia dei Mutter.

Lissi   *Ihr Tonfall wird lauter und vorwurfsvoll.*
Da sieht man's wieder. Kaum gibt a mal jemand Kontra, wirst gleich ungerecht. Mei Mama hat schon Recht, wenn's sagt, daß ma mit Dir ned red'n kann, weilst immer gleich ungerecht wirst.

Fred   Mit ungerecht hat des doch gar nichts zu tun. Dei Mutter hat doch von nix a Ahnung. Hat doch selber mit ihrer dauernden Rechthaberei an Karl ins Grab 'bracht. Oder ned?

Lissi   *Schreit. Bekommt einen roten Kopf.*
Wos? Wos sagst Du?

Fred   *Überheblich. Äußerlich die Ruhe bewahrend.*
Und etz laß' ma mei Rua, mit dir ko ma eh ned red'n!

Brechen Sie die Norm!

Lissi   So, mit mia kann ma ned red'n. Typisch Männer. Aber auf d'Nacht wärst dann wieda recht freundlich, wennst was woll'n tätst.
Und jetzt willst ma den Mund verbieten.

Fred   *Wird zunehmend genervter. Zynische Souveränität.*
I wui da doch gar nia ned 'n Mund verbieten, wo's du doch so g'scheit bist. Doch i war den ganz'n Tag im Büro und dat jetzt gern a bißal mein Feierab'nd genießen, verstehst!

Lissi   Ja, ja. Glaub' bloß ned, daß i da des ois vergiß.

Fred   Is scho recht.
Und am besten gehst 'nüber ins Wohnzimmer und schaust Fernseh'n.

Lissi   Und da Abwasch? Willst du den vielleicht machen?

Fred   *Provokant.*
Na wieso? Aber du hast doch eh den ganz'n Dag Zeit g'habt, oder ned? Mußt da's ned grad jetzt mach'n, wo ich hier sitz'n tät.

Lissi   *Mit plötzlich weinerlicher Stimme.*
Den ganz'n Tag Zeit. Du bist guad.
Weißt, was ich heut schon alles den ganzen Tag g'macht hab?

Fred   Des interessiert mich ned. Laß' ma endlich mei Rua.

	Nimmt einen kräftigen Schluck Bier.
Lissi	*Fängt zu weinen an. Stellt sich direkt vor ihn.*
	So. Des interessiert ihn nicht.
	Daweil mach' ich doch alles eh für dich.
Fred	*Laut.*
	Etz schleich dich endlich, du hysterische Henna!
	Komm, geh Fernsehen, oda les wieda eins von deinen Schmierblättern, die'st imma von deiner Mutter kriegst.
Lissi	*Jetzt gehen endgültig die Gefühle mit ihr durch.*
	Sie verläßt weinend den Raum.

Zweiter Akt. Dritte Szene

Sonntagmittag in der Küche. Lissi hat eben den Tisch gedeckt und studiert im Wohnzimmer das nachmittägliche Fernsehprogramm, während die Nudeln auf dem Herd kochen. Fred wartet derweil hungrig auf das Essen.

Fred	*Laut in das Wohnzimmer rufend, während er sich in der Küche ein Bier einschenkt.*
	Magst ned nach die Nudeln schau'n.
Lissi	*Gelangweilt, blättert weiter im Fernsehprogramm.*
	Laßt einem keine Minute die Ruhe, der Mann.
	I komm gleich, die Nudeln brauch' eh noch ein Moment.
Fred	Glaubst? I find, du könnst dich wenigstens einmal überhaupt um was kümmern. Kannst eh ned g'scheid kochen. Was der Paul so verzählt. Dem sei Frau kocht jeden Abend. Sei froh, daß man des ned von dir verlangt.
Lissi	Warum soll ich jeden Abend kochen? Wo's doch eh dei Kantine hast.
Fred	Mei Kantine. Scheiß auf die Kantine.
Lissi	*Weiter im Wohnzimmer blätternd.*
	Und warum überhaupt – ich denk, du bist immer zufrieden mit dem Abendessen, was ich dir jeden Abend hinstell'.
	Hast doch noch immer alles gessen.
Fred	Des is ja. Jeden Abend. Jeden Abend immer desselbe. Aber i bin es leid, was zu sagen, weil's doch bei dir eh keinen Sinn hat.
Lissi	*Legt die Zeitung weg, kommt zu Fred in die Küche.*
	Was weiß man, was in dir vorgeht. Einmal so und einmal so. Da soll sich einer auskennen. Ich hab dacht, du magst das so.
Fred	Denken ist Glücksache.
Lissi	*Schaut in den Nudeltopf.*
	O mei, jetzt sind die Nudeln verkocht. Wie ist das jetzt passiert, wo ich doch extra auf die Uhr g'schaut hab. Zehn Minuten is gestanden.

	Zehn Minuten. Auf der Packung. Das kann ich jetzt aber wirklich nicht begreifen.
Fred	*Grantig. Stellt das Bierglas nicht mehr aus der Hand.*
	Hab ich's gleich g'sagt. War ned anders zu erwarten.
Lissi	Des tut ma jetzt wirklich leid. Aber is doch eh die Ausnahme.
Fred	Die Ausnahme. Schön wär's.
	Von was verstehst du denn überhaupt was?
	Wo's doch wirklich ned schwer ist, Nudeln zu kochen, oder?
Lissi	*Beleidigt.*
	Is schon recht. Tut mir ja leid.
	Dir kann man eh nie was recht machen.
Fred	Mir. Mir kann man's nicht recht machen.
	Du verdrehst doch immer alles, wie's das braucht. Des liegt bei euch in der Familie.
	Jetzt wär's ich wieder gewesen.
	Nur weilst zu blöd zum Kochen bist. Ich verlang' schließlich kein Sechs-Gänge-Menu.
	Aber Nudeln sind ja schon zu schwer. Und des einzige, was d' sonst noch kannst, is Schnitzel. Ich kann's nimmer sehn.
Lissi	Aber sonst schmecks dir doch auch immer.
Fred	Schmecken? Was heißt da schmecken?
	Wos doch nix anderes gibt. Nächstes Mal geh' ich wirklich zum Essen.
	Ich weiß eh nicht, warum ich dich geirat hab', wo'st doch nicht mal kochen kannst.
	Trinkt das Bier aus.[41]

Kontaktanzeige I

Alleingelassen –
Paul, 32, verständnisvoll und anschmiegsam, lebt seit einem Verkehrsunfall in seinem Rollstuhl ganz einsam und zurückgezogen.
Nun hat er erkannt, daß er sein Glück nur wieder in einer Beziehung zu einer aktiven, liebevollen Freundin und Partnerin finden kann, die er mittels dieser Botschaft kennenlernen möchte.
Für ein aufgeschlossenes, tolerantes Wesen wie Dich habe ich immer einen Platz in meiner Wohnung frei.
Wenn Du Interesse hast, brauchst Du lediglich zu schreiben.

Kontaktanzeige II (Im Sportreportagenjargon)

Alleingelassen – voll im Abseits.
Paul, 32, spielgewandt und einsatzfreudig, hat endlich erkannt, daß er seine Abwehr öffnen, den Blick nach vorne richten muß.
Seit seinem schweren Verkehrsunfall bemüht sich Paul, der auf den Rollstuhl angewiesen ist, diesen verletzungsbedingten Rückstand aufzuholen. Aber ausgespielt? Ganz im Gegenteil!
Für Paul, gerade im Mittelfeld des Lebens, ist noch alles drin.
Denn das Spiel gewinnt zweifellos an Klasse.
Paul, zurückgedrängt bis fast zur eigenen Auslinie, ist sich bewußt, daß er raus muß, raus mit der Faust.
Vereinzelte, schwache Versuche, von der Seitenlinie aus in das Spielgeschehen einzugreifen, nützen da natürlich wenig.
Wirkungsvoller, wie auch Ihnen als Zuschauer längst klar ist, scheint ein Wechsel in der momentanen Situation.
Ein Wechsel, sofort, die Abwehr weiter öffnen, konsequent in den Sturm gehen.
Die Offensive. Die Lösung.
Klar, bis zu diesem Zeitpunkt hat Paul einen schweren Stand, aber Seite an Seite mit so einer sensiblen Frau wie Dir, ist der Erfolg für Euer Team garantiert.
Willst Du Dich einwechseln lassen, melde Dich einfach bei mir.[42]

Haben Sie Ihren Platz schon reserviert?

Textentwurf für eine Zeitungsanzeige der unabhängigen Pädagogen Deutschlands zum Thema Drogenpolitik

Headline:
Sind Sie wirklich der Ansicht,
daß Menschen mit Suchtproblemen
immer alleine Schuld an ihrem Schicksal haben?

Zwischenheadline:
Für Sie ein Grund,
die repressive Drogenpolitik
der Bundesregierung zu unterstützen?

Copy-Body:
Dann sollten Sie dabei nicht vergessen,
daß diese einseitige Politik lediglich Randgruppen
zu diskreditieren versucht,
indem sie die alleinige Gefahr nur bei illegalen Drogen sieht.
Zudem sollten Sie bedenken, daß mit den sogenannten legalen,
weitaus gefährlicheren Drogen
wie Alkohol und Nikotin, die als Einstiegsdrogen gelten,
sogar noch Kapital gewonnen wird.

Slogan:
Hilfe vor Strafe[43]

Bei der nächsten Übertragung eines Bildes (Seite 131) in einen Text stößt der Autor an die Grenzen: Aus Realismus (abgebildeter Junge) und Trivial-Expressionismus (abgebildete Häuserzeile) wird Verismus – kraß wirklichkeitsgetreue Darstellung. Diese Texte würden sich geradezu ideal dafür eignen, die Wirkung des nebenstehenden Bildes dramatisch zu verstärken. Hier sind wir dann am *eigentlichen Texten* angelangt: Entweder zu einem «defensiven» Bild die spektakulärste Sprache, die sich denken läßt – oder zu einem «schreienden» Bild eine ruhige, stabile, verbale Ergänzung bringen!

> **Kommen Sie weg von subjektivistischen Zufallsentscheidungen!**

Vorwort zu einer Horror-Kurzgeschichte

Lieber Freund, glaube nur nicht, ich sei verrückt geworden. Du vertrittst vielleicht die Ansicht, meine zwanghafte Vermeidung alles Technischen sei nur grundloses, neurotisches Zwangsverhalten?
So will ich Dich über das Schicksal aufklären, das meinen damals besten Freund ereilte.
Seit dem Geschehen, von dem ich Dir berichten will, bin ich nervöser geworden. Sehr viel nervöser, dessen bin ich mir durchaus bewußt, aber halte mir um Gottes willen keine psychiatrischen Predigten.
Dieses Unheil war für mich der ausschlaggebende Grund, meine Tätigkeit als Kommunikations-Designer aufzugeben.

Nun, das Unheil nahm unwiderruflich seinen Lauf.
Es war einer der regnerischen Winterabende des Jahres 1991, als die Mitteilung meinen Freund erreichte. Mariann war tot. Vorbei. Alles vorbei. Für immer.
Freiwillig war sie aus dem Leben geschieden.
All die drängenden und pochenden Gefühle, die in letzter Zeit ihr Wesen beherrschten, nicht mehr länger waren sie zu verbergen. Sie war zu schwach, länger zu widerstehen. Kein Hilfeschrei drang über ihre bleichen Lippen. Bis zum letzten Moment.
Zu spät wurde ihr lebloser Körper entdeckt. Beides, ihr Leben und ihre Liebe, hatte zu keinem Zeitpunkt Aussicht auf Rettung.
Mit ins feuchte Grab wurden sie genommen. Für immer.
Umhüllt von einem Duft, gleich dem brennender Blätter.
Voll der Trauer, wohl wegen seiner Profession übernahm er zwei Tage später die traurige Aufgabe, einen Nachruf mit einer Abbildung seiner Liebsten zu erstellen. Hatte er somit die Gelegenheit, sie ein letztes Mal zu sehen – wenngleich nur am Monitor.
Die einzige Fotografie, die er zur Hand hatte, war allerdings die des Gerichtsmediziners. Diese spiegelte in ihrem fahlen Colorit lediglich die Besitznahme des Todes von ihrem ehemals so rosigen Körper wider.
Für einen kurzen Moment glaubte er wohl, den Tod zu lieben.
Zu diesem Zeitpunkt wurde vermutlich die unheilvolle Entscheidung getroffen.
Beschloß er doch, dieser morbiden Abbildung der Vergänglichkeit für seine Aufgabe elektronisch Leben einzuhauchen.
Die irrige Annahme, seine Liebe zu ihr in einem ewigen Schlaf halten zu können, einem Schlaf ohne Erwachen, verschleierte seine Gedanken.
Er suchte Zeit seines Lebens das Glück.
Aber er fand sie.[44]

Plattenbesprechung I:
Malicious Deceit Dream of Eternity

Ausgeträumt.
Seit dem 1989 erschienenen, auf finstere Doom-Klänge abonnierten Debutalbum der Münchner Pessimisten-Formation hat sich die Band einen festen Platz in der Subkultur-Schwarzseher-Fraktion erspielt.
Mit ihrer zweiten Scheibe «Dream of Eternity» beweisen die Mannen um Christian Dürbeck (lyrics, keys) jedoch, daß ihr Hang zu mystisch angehauchten Suizid-Arien keinesfalls humorvoll-lebensbejahende Aspekte ausschließt.

Im Mittelpunkt des textlich-gedanklichen Grundkonzeptes dieses Albums steht die mentale Auseinandersetzung des Einzelnen mit den Untiefen seiner Psyche, der Existenz an sich. Nicht gerade ein innovativer Act in dieser Musiksparte, doch in seiner Konsequenz und sensiblen Einfühlsamkeit von allererster Güteklasse.

Auch brisante Themen wie Kindesmißhandlung oder Alkoholismus werden dabei spielerisch in diesen Ausflug in die «Ewigkeit» integriert, spielen sie doch für das Thema Leben durch Selbstverwirklichung einen fundamentalen Part.

Hervorzuheben ist hierbei besonders «Passing summer», ein Song, der in einer eindringlich-gefühlvollen Weise die Probleme einer jungen Frau in dunklen Farben malt, die als Kind von ihrem Vater mißbraucht wurde.

Als Exkurs in leichtverdauliche U-Musik-Sphären wäre dagegen «Analogie 3» zu werten. Der auf Deutsch verfaßte, allerdings weit unter der Gürtellinie anzusiedelnde Text, läßt Lebensfreude sowie auch humorvoll-kritischen Umgang mit Tabus nicht vermissen.

Für die sonst nötige Ernsthaftigkeit der Vorträge sorgt schon allein die grabestiefe Stimme von Frontmann Fritz Krauß, der in seiner Virtualität an die Swans der ersten Stunde erinnert. Die rockorientierten, extremverzerrten Gitarrenriffs Jürgen Odsucks, die in ständigem Wettstreit eingestreuten Geräuschsamples stehen, werden auch auf diesem Album die Ohren der Disharmonie-Freaks höher schlagen lassen.

Die gelungene Gratwanderung zwischen anspruchsvoll und banal läßt ebenso wie die sichere Beherrschung des musikalischen Stilrepertoires «Dream of Eternity» zu einem traumhaft eigenständigen, aber auch eigenwilligen, Hörerlebnis avancieren.[45]

Plattenbesprechung II:
Malicious Deceit Dream of Eternity

Ausgeträumt.

Von Zeichen der Zeit kann bei der Aktuellen von M. D. nicht die Rede sein.

Das zähe und monoton-schwermütige Gemisch aus Industrial, EBM und Gothik läßt alle Wünsche offen und bleibt weit hinter den Erwartungen zurück.

Der deutlich an frühere Sisters-Acts orientierte Schwanengesang des wohl suizidgefährdeten Frontmannes Fritz Krauß setzt bereits genauso Schimmel an wie die uncoolen Versuche des Keyboardbedieners Masso Dürbeck, mit Haudraufundschlußmelodien eine interessante Tonfolge zu erzielen.

Auch die Gitarrenriffs Jürgen Odsucks, die eher an berstende Glasscheiben erinnern, haben schon mal groovyere Zeiten gesehen.

Was einem da mit brachialer Distorsion in die Ohren gepumpt wird, führt spätestens nach drei Songs zum Push auf den Power-Off-Button. Die mißratene Mixtur von verschiedenen Styles, die uns da übers Mischpult zugemutet wird, langweilt inzwischen genau so wie die monotonen Stampfrhythmen und Flanger-Grungeriffs.
M. D. beweisen mit diesem dumpfen Supernerver, daß die Schaffenspause seit dem Erscheinen ihrer Erstlingspressung verlorene Zeit war.
Dieses morbide Geplätschere wird wohl kaum für die Charts reichen.[46]

Liedtext:
Malicious Deceit «Dream of Eternity»

Frozen fingers climbing high
Someone there calls my name
Locked inside an endless dream
Echoing loud, like at Halloween
I lost my nerves, long time ago
The moon is full, too late to go

Where's a place to hide, demons come
This is the end of life, no chance to run
Cold sweat running down
Burning my eye
This broken bones
Unable to fly

The dark, warm place, like a trap
Solid flesh, long hair upon
A heavy old stone carries my name
Rest in peace, an XTC dream
Now,...
Now, I'm lost
Now, I'm caught
Destroying my mind
Now, it's cold
Now, it's dark
I'm caught
Caught in a dream
Of eternity

Der Lauf der Dinge

The reality's lost, shadows around
My demons are near, I'm caught in my ground
Near my soul, I hear unhuman cries
In this ground, I see bloodred eyes
Where's my god
Someone who helps
Lost in a trap
Called my life
No way out
Sentenced to live forever

Now, . . .
Now, I'm lost
Now, I'm caught
Destroying my mind
Now, it's cold
Now, it's dark
I'm caught
Caught in a dream
Of eternity

I'll be brave, fearing no death
Waiting still, making no noise
　　　　　Hoping for the eternal light...

Now, . . .
Now, I'm lost
Now, I'm caught
Destroying my mind
Now, it's cold
Now, it's dark
I'm caught
Caught in a dream
Of eternity

Steig aus und steig auf!

Storyboard-Entwurf für einen Kondom-Fernsehspot «Frust» – Gib AIDS keine Chance

Audio

Beethoven:
Symphonie Nr. 5
c-moll op. 67
Laute Geräusche des
Windes, das Kirchen-
portal knarrt.

Musik leiser, sonst unverändert.
Beichtender flüstert verschämt: Mh,
Hochwürden, eine Sache hätte ich
noch. Ich weiß nicht, wie ich es sagen soll... Es ist mir schon wieder
passiert, auf einmal stand ich da,
wie Gott mich schuf, so ganz ohne.

Musik wird ausgeblendet.
Priester mit alter, zitternder Stimme:
Was sagst du da, mein Sohn?
Er stand auf einmal da, so ganz
ohne? Hast du sie etwa schon
wieder vergessen?
Hat dich der letzte Appell an Dein
Verantwortungsgefühl nicht
nachdenklich gemacht?

Video

Die Kamera, die die Sicht des Betrachters zeigt, nähert sich schnell über einen großen, gepflasterten Platz hinweg, einer im gotischen Stil erbauten Kirche. Grauer, bewölkter Himmel. Der Kirchturm ragt erhaben, aber auch bedrohlich in den Himmel. Das Kirchenportal öffnet sich von selbst. In dem Gotteshaus steuert die Kamera sogleich zielsicher auf den Beichtstuhl zu. Ein Sünder, gerade beim Beichten, erscheint groß im Bild. Blickwinkel rechts unten. Zoom auf das Gesicht des Beichtenden.

Kamera schwenkt hoch durch das vergitterte Trennfenster, das das Beichtstuhlabteil des Pfarrers von dem des Beichtenden trennt. Totale vom Gesicht des alten Priesters, der in Antracht der Aussage des Sünders verständnislos, aber gefaßt den Kopf schüttelt.

Kameraschwenk auf den Sünder. Totale. Schweißtropfen perlen von

Beichtender: Ich verstehe es selbst nicht, Hochwürden... weitere Aussagen sind lediglich unverständliches Gestammel.

Priester: Aber, aber mein Sohn, beruhige dich. Woran lag es denn diesmal? Wohl nicht am finanziellen Aspekt? Denn teuer (Pfarrer räuspert sich), teuer sind sie keinesfalls. Und erhältlich sind sie auch – in allen Apotheken und Drogeriemärkten.
Oder hast du dich nur von Äußerlichkeiten leiten lassen?

Beichtender:
Unverständliches Gestammel

Priester: Aber mein Sohn, wie konntest du nur – wo sie doch

in einer solch natürlichen Vielfalt zu erstehen sind.
In jeder Farbe und jeder Geschmacksrichtung wurde jeweils ein Paar in die käufliche Hülle aus umweltgerechtem Recyclingkarton übernommen.
Nur, um Euch den Genuß in mannigfaltiger Variation zu ermöglichen.

Beichtender ängstlich: Ich bereue es. Ich bereue es wahrhaftig...

Geistlicher gütig: du weißt, mein Sohn, der Herr ist voller Gnade.

dessen Stirn. Die Augen sind weit vor Entsetzen geöffnet. Kamera schwenkt durch das vergitterte Trennfenster.
Totale vom Gesicht des alten Priesters.

Kameraschwenk auf den Sünder. Totale. Der Blick des Mannes demütig gesenkt. Wechsel wieder auf den Priester.

Der Gesichtsausdruck des Pfarrers wird fanatisch. Er gestikuliert zudem erregt mit den Händen.

Kameraschwenk auf den Sünder. Totale.

Und wieder Schwenk auf Pfarrer. Sichtwinkel vom Hinterkopf des

Wenn du 50 Rosenkränze betest und, das ist die wichtigere Auflage, die ich dir auf deinen Weg mitgeben muß, wenn du dich in Zukunft entsprechend zu verhüllen verstehst.

Um dir dein Los zu erleichtern, gebe ich zum letztenmal die geeigneten Hüllen in Deine Obhut. Ich hoffe, Du vermagst sie zu Wohle Deiner Mitmenschen geeignet zu verwenden.

Aber versprich mir, mein Sohn, versprich mir, daß Du sie Dir von nun an selbst besorgst.

Beichtender: Danke, Hochwürden, Danke.

Sünders durch das Trennfenster auf den Geistlichen.

Weiteres Zoom auf den Geistlichen. Kameraführung nach unten im Abteil des Pfarrers.
Er kramt und zieht aus seinem Gewand eine Packung «Frust» hervor, die er durch das Gitter dem Sünder hinhält.

Zoom auf Verpackung und Slogan.

Totale vom sichtlich erleichterten Beichtenden, der lächelnd die Packung in die Kamera hält.

Höhepunkt einer Horror-Kurzgeschichte

Mit einem energischen Sprung in Richtung Zimmertür versuchte Martin, sich der drohenden Gefahr zu entziehen.
Der Aufschlag auf den graugetönten, sterilen Kachelboden war hart. Zu hart.
Benommen öffnete Martin die Augen.
Gerade noch rechtzeitig, um das Blitzen des Stahls wahrzunehmen. Des Stahls, der unabwendbar auf seine Kehle zuraste.
Martin konnte die kalte Unerbittlichkeit der Klinge spüren. Instinktiv wußte er, daß er gerade die letzten Augenblicke seines armseligen Daseins erlebte.
Es ging alles so schnell.
Hatte er sich sein Verscheiden doch ganz anders ausgemalt. Alt geworden, im Kreis der Familie...
Als die Klinge seinen Hals erreichte, blieb keine Zeit mehr, die Philosophie eben genannter Gedanken zu vollenden.

Und woran denken Sie gerade?

Erbarmungslos bahnte sich das Messer in einem Hieb splitternd und krachend seinen Weg durch das rosige Fleisch in die Luftröhre, vorbei am bebenden Kehlkopfdeckel, zerfetzte dabei Martins Hauptschlagader.
Schlagartig weigerten sich seine Sinnesorgane, weitere Wahrnehmungen weiterzuleiten.
Der Geruch entleerten Gedärmes erfüllte den ganzen Raum.
Einsamkeit. Dunkelheit. Von der Außenwelt isoliert...
Der zweite Hieb durchbohrte Martins Hals schließlich vollends, beendete abrupt den letzten Hauch von Lebendigkeit.
In einem Strudel von Blut und Körpersäften trat die Waffe schließlich hinter den Rückenwirbeln auf der anderen Seite des Körpers wieder aus.
Aus den Wunden sprudelten lebendig kleine Fontänen zäher, dunkelroter Körperflüssigkeiten. Blaßrosa Speichel ergoß sich über den sterilen Boden der Schlächterei, als Martins geöffnetes Fleisch schließlich mit einem leichten Ächzen leblos in sich zusammensackte.
Es war vollbracht.[47]

Der Transfer von einem Bild zu Text, also die Korrespondenz der beiden Gehirnhälften – rechts: visuelles, links: verbales Denken – erfolgt bei jedem Autor unterschiedlich, je nach Habitus und Temperament. Der eine hat beim Betrachten eines Fotos vielleicht einen Kriminalroman im Kopf, der andere beispielsweise ein Märchen – wie der folgende:

Das Glück liegt auf der Straße

Die Entstehung der Geschichte um den Ritter und den Raben fiel mir am schwierigsten. Hier war ich die längste Zeit mit der Konstruktion des Handlungsablaufs beschäftigt und vor allem mit dem Aufbau des Rätselsystems, das Ritter Graus Helaim zu lösen hat.
Daher möchte ich sagen, daß mir diese Geschichte am wichtigsten ist, ist sie doch gänzlich meiner eigenen Vorstellung entsprungen. Ich wurde von keinem anderen Autor beeinflußt.
Ausgangspunkt für die Geschichte war ganz einfach der Name des Ritters, um den herum ich dann versuchte, die Erzählung zu schreiben. Durch Zufälle – die Ursache der meisten Ideen – gesellte sich die zweite Hauptperson der Geschichte dazu, der Rabe; ebenso zufällig war die Idee zum Handlungsablauf mit einem Rätsel und dessen Auflösung.
Aus dieser Rittergeschichte entwickelten sich daraufhin die Ideen zu mehreren Märchen; die drei, weil auf die Bilder passend, gelungensten, habe ich abgegeben.

Der Kaminfegerbub nimmt die klassischen Motive der Märchenerzählung auf – das unschuldige Kind wird Opfer eines Despoten, aber schließlich auf wundersame Weise gerettet –, man kann also von einer Beeinflussung durch die Brüder Grimm oder H. C. Andersen sprechen.

Schließlich habe ich auch die Möglichkeit genutzt, nach der Art einer Textübung im Unterricht, Geschichten auszuwählen und deren Inhalte eigenen Texten anzupassen. So geschehen bei den letzten beiden Geschichten, denen ich Arbeiten von John Collier zugrunde legte, einem englischen Autor, der sich zwischen Kriminalstory, Horror-Klassikern und Roald Dahl bewegt. Einfach war es dabei, den Bildbezug herzustellen, schwieriger dagegen, mich von Colliers Texten zu entfernen, trotzdem aber noch seinem dramaturgischen Aufbau, der zur unvermeidbaren Pointe führt, zu folgen.

In dieser Weise entstanden die beiden Geschichten um Maggis Karten und Mr. Pike, zwei Geschichten, die mir selbst am wenigsten zusagen, lag die Arbeit schließlich eher in einer Umkonstruierung der Ausdrucksform Colliers.

Insgesamt hat mir diese Semesterarbeit gezeigt, daß das Problem der Arbeit an Texten eher darin liegt, die Formulierungen korrekt zu wählen, um dem Leser auch ohne überflüssige Worte Szenarien zu verdeutlichen.

Das geringste Problem, auch aufgrund der unausgeführten Ideen, war die Themenfindung und die Überlegungen zu Handlungen und Charaktere. Ich hoffe, diese Art der Überlegungen, verschiedene Möglichkeiten wurden ja auch im Unterricht vorgestellt, auch in Zukunft und in anderen Bereichen der Gestaltung verwenden zu können.

Zu dem Bild auf der Doppelseite 132/133 schrieb der Autor die beiden nachstehenden Texte:

Noch heute erzählt man sich in der großen Stadt die Geschichte vom Kaminfegerbub, die sich vor langer Zeit dort zutrug.
Damals gab es in der Stadt einen Kaminfegermeister und dieser hatte einen einzigen Lehrling, den Kaminfegerbuben. Tagtäglich wurde er von dem dickbauchigen Meister durch die Stadt geschickt, um der Reihe nach jeden Kamin zu fegen. Früh am Morgen, wenn es noch kalt und dunkel war, brach der Kaminfegerbub auf seinem Kaminfegerfahrrad zu seiner Arbeit auf, und jeden Tag hatte er die Kamine eines ganzen Stadtviertels zu säubern.
Zu Beginn der Arbeit stellte er sein Fahrrad vor dem ersten Haus ab, auf dessen Dach er daraufhin stieg und in schwindelnder Höhe seiner Arbeit nachging.

Nach und nach wanderte somit das Fahrrad immer tiefer hinein in die Stadt, so, wie der Kaminfegerbub mit seiner Arbeit vorankam, und auf seinem Rad jeweils zum nächsten Haus fuhr, auf dessen Dach der Kamin geputzt werden mußte.

Die Kälte des Morgens wechselte im Sommer in die Hitze des Mittags. Die Herbststürme zogen und zerrten am schwarzen Kaminfegeranzug des Kaminfegerbuben, und ein ums andere Mal konnte er sich nur im letzten Moment am Schornstein festklammern, um nicht heruntergeweht zu werden. Im Winter klirrte die Kälte, und der Bub verrichtete mit gefrorenen Fingern seine Arbeit.

Dann zog der Frühling ins Land, es wurde wieder milder, doch den armen Kaminfegerbuben sah man noch immer mit einem dicken Schal um den Hals auf den Dächern arbeiten, hatte er sich doch eine gräßliche Erkältung im Winter zugezogen, hustete und wurde vom Schüttelfrost gequält.

Im Frühling ausgerechnet war besonders viel zu tun, denn vom Winter, in dem die Menschen einheizen mußten, waren die Kamine schwarz und verrußt.

So arbeitete der Kaminfegerbub oft bis spät in die Nacht hinein noch oben auf den Dächern der Stadt. Und in diesen frühlingsklaren Nächten geschah es, daß er sich mit dem Mond anfreundete.

Sie wechselten zunächst nur belanglose Worte, über das Wetter und über den vergangenen Tag, aber sie verstanden sich bald schon sehr gut und man erzählt sich, daß der arme Kaminfegerbub endlich jemanden gefunden hatte, dem er sein Leid berichten konnte.

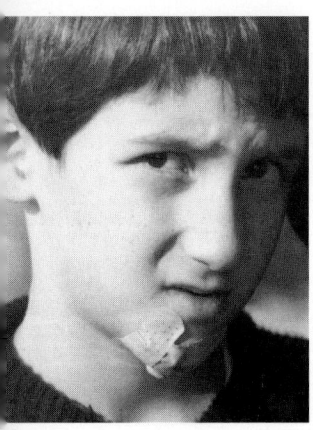

Der Mond indes faßte bald schon den Entschluß, dem Jungen zu helfen. Er erzählte ihm von einem anderen Land, einem geheimen Land, von dem nur der Mond wußte und dann, ja dann brachte er den Buben auf seiner Mondscheibe dorthin, fern von allen Dächern, auf denen schmutzige Kamine warteten.

Zurück blieb nur das schwarze Kaminfegerfahrrad, angelehnt an eine Hauswand, wo es die Bewohner der großen Stadt noch lange an den Kaminfegerbuben erinnerte.

Der Kaminfegerbub aber blieb für immer verschwunden. Und nur der Mond lächelt seitdem wissend auf die Stadt hinab.

Kanntet ihr den Lehrer Lämmerhirt schon? Sicherlich nicht, ihr Kinder, denn jedes von euch hat einen Lehrer oder eine Lehrerin, und der alte Jeremias Lämmerhirt liegt lange unter der Erde begraben.

Die Leute aber, die ihn gekannt haben, lächeln noch heute stillvergnügt vor sich hin, wenn die Rede auf ihn und auf das stählerne Roß kommt, mit dem er morgens zur Schule und jeden Nachmittag im Frühling, Sommer und Herbst in den Wald zum Kräutersammeln fuhr. Denn dieses Rad hatte es auf sich.

Es war mit einem Wort ein Wunderrad und hatte kaum seinesgleichen. Der alte Lämmerhirt hatte es sich in jungen Jahren selbst gebaut, und es begleitete ihn treu wie ein Tier, wie ein lebendes Wesen über die verschlungenen und verschrobenen Pfade seines Lebens.
Es gab Schuljungen, die wollten gehört haben, wie ihr Lehrer mit ihm geplaudert hatte wie mit einem Menschen, und andere, die gesehen hatten, wie er es liebkoste und streichelte. Wenn Splitter und Steine ihm Wunden gestoßen hatten, wand er ihm eigenhändig sein Taschentuch um die Felgen, und wenn es einen Riß in die Lackhaut bekommen hatte, klebte er ihm mit sorgsamer Geduld und tränenden Augen Pflaster um die schmerzenden Stellen. Ja, er war ein sonderbarer Kauz, der Lehrer Lämmerhirt. Aber noch seltsamer war sein Rad, das mit den Jahren seine Schrullen annahm wie eine alte Jungfer und sich wie ein Mensch gebärdete. Selbst den Schnupfen sah es seinem Herrn ab.
Als er eines Novembertages keuchend und niesend heimkehrte, begann in seinem Winkel mit einem Mal auch das alte Rad zu röcheln und zu schnaufen, und als Jeremias sich zum Sterben legte, brach es knirschend in sich zusammen, um seinen Geist aufzugeben, als sein Herr den letzten Atemzug tat.
Seitdem hat es keinen mehr gefahren. Es tat einfach nicht mehr mit, sondern starb, wie der Onkel Dorfschmied sagte, an gebrochenem Herzen...

Das nächstfolgende Märchen ist ein Transfer des Bildes auf Seite 134/135

... und die Zeit verrann

Papperlapapp – sagte das Rotkäppchen...
Wißt ihr, zu wem diese Fußspuren gehören, ihr Kinder? Sie sind vom Pappi, der eines Tages das Rotkäppchen traf, gerade als er zum Bahnhof nach Hochzoll lief und mit seinem schweren Koffer beinahe den großen grauen Wolf über den Haufen gerannt hätte. Das war so:
Pappi hat sich just mit einem Küßchen von der Mutti verabschiedet, da schlägt die Uhr auch schon voll. Jetzt heißt's aber sich sputen, geht es dem Pappi durch den Kopf. Er läuft davon, prallt gegen einen Baumstamm, daß ihm die Funken aus den Augen stieben, und merkt im allerletzten Augenblick, daß er mit dem Koffer ein häßliches Tier angerempelt hat, das sich still davonschleicht.
Das ist doch der böse Wolf, sagt der Pappi vor sich hin, was hat der wohl hier zu suchen? Er ist noch so am Überlegen, da taucht ein kleines Mädchen mit einer leuchtend roten Kappe auf. Das Rotkäppchen – man kennt es ja überall.

«Du», sagt der Pappi, der es eilig hat, «Kleine, sieh dich vor, der Wolf geht nämlich um. Er wird dich fressen, wenn du nicht aufpaßt!»
Das Rotkäppchen aber schwabbelt nur: «Papperlapapp», und bückt sich weiter nach seinen Blümchen.
Wäre es nun gleich losgegangen, hätte das Untier niemals die arme Oma verschlingen können, und alles wäre anders gekommen. So aber...
Drei Minuten später, schon kurz vor dem Sägewerk, begegnet der Pappi dem Jäger. Das war ein großes Glück. Für die Großmutter, wie für das arme Rotkäppchen. Dem sagte der Pappi, daß der Wolf mal wieder mit finsterer Miene unterwegs sei und daß er aufpassen solle, denn sicherlich führe das hinterhältige Tier etwas im Schilde.
Der Jäger versprach, einmal nach dem Rechten zu schauen. Der Pappi bekam seinen Zug und fuhr nach München. Wie gut es aber war, daß er dem Wolf den Jäger auf die Spur gesetzt hatte, könnt ihr alle im Märchenbuch nachlesen, denn nur, weil der Pappi gleich Untat witterte, suchte der Jäger die Großmutter auf und fand an ihrer Stelle den schnarchenden Wolf, der sie und das Rotkäppchen gefressen hatte. Nur, weil der Pappi gleich gedacht hatte: halt, da stimmt doch was nicht – kam der Jäger noch zur rechten Zeit und konnte den Wolf aufschneiden, ehe die alte Oma und das Rotkäppchen erstickt waren.
Das ist gewißlich wahr!
Am Horizont verschwand die Feste von Dachsburg. Und mit ihr die grausige Erinnerung an die schwangeren Mauern der Feste, die die menschenfressenden Kolosse gebaren.
Zwei Tage waren vergangen, seitdem Ritter Graus Helaim von Blammbart der Brut der Burgmauern entkommen war, und er ritt noch zwei Tage und zwei Nächte ohne Unterbrechung, bis ihn seine Spuren an den Rand der Welt führten. Auf dem Rand der Welt aber stand der uralte, verkrüppelte Baum Gnorbog, hundertmal von den Blitzen Narregins gespalten, so daß ihm nurmehr ein einziger Ast geblieben war. Und auf diesem Ast saß ein Rabe.
«Wohin wollt Ihr, Ritter?» fragte der Rabe, als der Reiter auf seinem Roß herangekommen war.
«Was ist auf der anderen Seite dieses Abgrundes?» entgegnete Graus Helaim.
«Es gibt keine andere Seite», krächzte der schwarze Vogel, «denn dies ist der Rand der Welt. Doch es gibt ein Land hinter dem Rand der Welt, es ist das Land Pelralon!»
«So will ich nach Pelralon!»
«Ihr wollte nach Pelralon», sprach da der Rabe, «doch kann ich Euch nicht hineinlassen.»
«Willst Du mir den Weg versperren, Rabe?» rief der Ritter von Blammbart

Packen wir's an!

ärgerlich und wollte seinem Pferd die Sporen geben.
Doch hielt er inne, denn der Rabe sagte: «Einst, Ritter, wurde Narregin, der es gewagt hatte, in den Vulkanen von Mur Sapotrek das Silbergon zu schmelzen, in die höchsten Nebelschichten Pelralons verbannt. Von dort sind ihm die Ränder der diesseitigen Welt unerreichbar. Und der Baum Gnorbog, der groß und mächtig war, wurde der Wächter am Eingang zum Reich Pelralon.
Doch in dem Maße, da Gnorbogs Macht schwand, stieg die des Verbannten, und er begann mit seiner Rache aus Haß und Blitzen.
Seitdem nun bin ich, der Rabe Giw, der Wächter am Rande der Welt; sowohl für das jenseitige Reich, als auch für das diesseitige.» «Du bist also der Rabe Giw, ich habe schon von Dir gehört. Doch wisse, Rabe, ich bin Ritter Graus Helaim von Blammbart, Sohn des Hinigraus von Blammbart aus Quellgull am Ufer des Quell Nist, und selten nur lasse ich mich aufhalten.»
Giw, der Wächter, verlagerte sein Gewicht von einem Bein auf das andere, bevor er wieder zu sprechen begann: «Zweifelsohne seid Ihr mir an Größe und Kraft überlegen, Ritter von Blammbart; die Macht jedoch, nach Pelralon zu gelangen, wird von mir nur an wenige weitergegeben.
Nehmt Euch das Buch Gnorbogs, schlagt es auf einer beliebigen Seite auf und löst das Rätsel, das dort geschrieben steht.
Wenn Ihr es gelöst habt, werdet Ihr erfahren, ob Ihr einer derer seid, denen die Macht verliehen werden kann, oder ob Euch Pelralon für immer verschlossen bleibt.»
Der Ritter stieg nun von seinem Roß, nahm das Buch, das am Stamme Gnorbogs gelegen war, schlug es auf und begann zu lesen.

«Ein Rätsel um verschwundene Worte,
hast du zu lösen, Helaim vom Quell Nist;
die Wege bezeichnen die Orte,
mit denen das Rätsel zu lösen ist.»
«Wie kann es sein», unterbrach sich Graus Helaim, «daß ich selbst in diesem Buch angesprochen werde?»
Doch der Rabe antwortete nicht und der Ritter fuhr fort:
«Derer steve Gwirdnungen Annt
Vi Erwegeun deinerwer Danfolgen
derzwe iteistno Chunbek Annt
Undschla ngenstuerz envomh Immel
Derd Rittederwe geaberists Chonins icht
Esheisstfres Senund gef ressenw Erden
denvi Erfen undfu enftenk Ennstdun ochnicht
dochflu echtensi Esi Chimnu
drumhal Tedi ewegeges Chwind
wennsi Eimver Snichtpas sendsind

Essche Intwird rehenun Simkre is
Derl Etzted erwegei stesgew Esen
nunkann stdud Asraet Selloe sen»
Hier endeten die Worte auf der Seite und der Ritter sah auf: «Ist das die Sprache der Götter auf Gort Narngrok oder die der Hochelben von Noblingan?»
«Weder noch», erwiderte Giw, «nun löst das Rätsel oder Pelralon bleibt für Euch unerreichbar.»
Und der Ritter Graus Helaim begann, das Rätsel um die verschwundenen Worte zu entschlüsseln. Der Tag neigte sich seinem Ende zu, die Nacht brach an und schließlich, als die Sonne am Morgen des nächsten Tages eine Handbreit über dem Horizont stand, da erhob der Ritter seine Stimme: «Endlich, ich habe es entschlüsselt, Pelralon, ich komme!»
Giw sah von seinem Ast hinunter. «Nun denn, Ritter, zeigt sie mir, Eure Lösung!»
Graus Helaim grinste: «Lediglich die Zusammensetzung der Buchstaben, Silben und Worte war verändert. Jene habe ich in die richtige Verbindung gebracht und es kam dies heraus...»
Und er trug folgendes vor:
«Der erste Weg wird nun genannt,
vier Wege und einer werden folgen.
Der zweite ist noch unbekannt,

und Schlangen stürzen vom Himmel.
Der dritte der Wege ist schon in Sicht,
es heißt fressen und gefressen werden.
Den vierten und fünften kennst du noch nicht,
doch flüchten sie sich im Nu;
drum halte die Wege geschwind,
wenn sie im Vers nicht passend sind.
Es scheint wir drehen uns im Kreis,
der letzte der Wege ist es gewesen.
Nun, kannst du das Rätsel lösen?»
«Ich beglückwünsche Euch, Ritter.» Der Rabe blickte ernst, und die Begeisterung des Ritters schwand. «Das erste Rätsel habt Ihr gelöst, doch tut sich ein weiteres Rätsel auf. Löst also auch dieses.»
Der Ritter von Blammbart war enttäuscht, lief mehrmals voller Unrast im Kreis, dann setzte er sich, ohne ein weiteres Wort, auf das Gestein und versuchte sich an dem nächsten Rätsel.
Erst als die Sonne den Horizont im Westen fast berührte, sprang Graus Helaim auf: «Jetzt! Jetzt habe ich es geschafft, Die Worte sind in den Strophen versteckt, die in keinem Reim gebunden sind.
Jeder Weg entspricht einem Wort, die Zahl des Weges der Stellung des

Wortes in der Strophe. Die Lösung lautet demnach: vier Schlangen fressen sich im Kreis!»

«Und dieses ist das letzte Rätsel», sagte Giw, «Vier Schlangen fressen sich im Kreis. Findet Ihr auch die Lösung dieses dritten Rätsels?»

Der Ritter bestieg wieder sein Pferd, denn er glaubte sich seinem Ziel schon nahe.

«Sie werden sich soweit auffressen, daß von keiner mehr etwas übrig ist. Sie verschwinden ganz einfach!», doch noch während er das sagte, überkamen ihn Zweifel und er setzte von neuem an: «Eine Schlange wird stärker und schneller sein als die anderen und sie wird alle übrigen Schlangen auffressen! Ja, so muß es sein!»

Doch der Ritter sah den Raben nur den Kopf schütteln. Dann sprach der geflügelte Wächter am Weltrand: «Es tut mir leid, Ritter Blammbart aus Quellgull, Ihr seid kein Erwählter; Pelralon bleibt für Euch verschlossen. Ihr habt zwei Rätsel lösen können, doch Gnorbog gab Euch eines, das besagt, daß Ihr Pelralon nicht betreten könnt. Seht, vier Schlangen im Kreis, das bedeutet...», aber weiter kam der schwarze Vogel nicht.

Denn in diesem Augenblick sprengte der gepanzerte Reiter mit wehendem Umhang auf seinem ebenso gepanzerten Roß an ihm vorbei, und mit einem gewaltigen Satz ließ er sein Reittier vom Rand des Abgrundes abheben, direkt hinein in die bodenlose Tiefe.

«Der Anfang wird das Ende sein! Versteht Ihr, wenn das Ende der Anfang ist, könnt Ihr niemals den Anfang Pelralons finden!» schrie ihm der Rabe nach, doch Ritter Graus Helaim hörte seine Worte nicht mehr, denn schon war der Weltrand mit dem Baum Gnorbog nurmehr ein Punkt geworden und dann nicht mehr zu sehen.

Der Ritter aber und sein Roß stürzten in das Nichts, bis ihr Fall am Anfang endete... auf ihren eigenen Spuren neben Gnorbog, am Ende der Welt.

Wo Napoleon sterben wollte

Auf der Doppelseite 136/137 finden Sie das Bild, von dem der Autor der nächsten Geschichte ausgegangen ist:

Die Katze mit den mondsichelförmigen Pupillen beobachtete jede einzelne ihrer Bewegungen genau. Die Karten waren jetzt nach einem genauen Schema auf dem Tisch verteilt, und Maggi begann mit ihrer Deutung. Ihre Lehrerin, die runzelige Frau, deren Alter Maggi nie zu schätzen vermocht hatte, schien sehr zufrieden – nur die Katze fauchte und sprang im nächsten Moment von der hohen Sessellehne herunter und verschwand in den dunklen Schatten des Fußbodens.

Maggi hatte ihre Arbeit unterdessen fast beendet, die alte Frau lächelte und nickte schließlich zustimmend: «Schön, mein Kind, du hast die Prüfung bestanden – du kannst jetzt jederzeit jedem Menschen die Karten legen. Werde glücklich mit dieser Kunst.»

Maggi Rosewater hatte ihre Prüfung also ehrenvoll bestanden, und ließ sich in einer düsteren kleinen Bude, mitten in New York nieder. Im Stockwerk unter ihr befand sich eine Tanzschule, mit deren Leiterin sie bekannt war. Sie stellte sich vor, daß jungen Männern, die plötzlich Tanzunterricht nahmen, viel daran liegen müsse, etwas über ihre Zukunft zu erfahren, und hoffte, daß die Tanzschüler ihre ersten Kunden sein und andere nach sich ziehen würden.

Und sie verfolgte dabei einen ganz bestimmten Plan. Früher oder später, sagte sie sich, würde unter den zahlreichen jungen Herren, die sie als Kartenlegerin konsultierten, einer sein, dem sie prophezeien konnte, daß ihm in nächster Zukunft ganz unerwartet ein ansehnliches Vermögen in den Schoß fallen würde. Freilich beabsichtigte sie nicht, den glücklichen jungen Mann durch die Mitteilung dieser Zukunftsaussicht zu verwirren; sie gedachte ihn vielmehr vor bösen Karten, die seinen Lebensweg kreuzen könnten, zu warnen und ihn mit sanfter Hand auf die Karte hinzuweisen, die ihm sein Glück versprechen würde, daß durch die Heirat derselben hochwertigen Karte, möglichst eine Pikdame, sein Glück vollendet werden könnte. Und Pikdame deshalb, weil Maggi Brünette war.

Nur für Freaks

Das wenige Kapital, über das Maggi verfügte, wurde für die Einrichtung ihres Schlupfwinkels aufgebraucht, für Perlenvorhänge, Zauberkugeln und symbolhafte Standbilder und ähnlichen Trödel, der eine die Besucher überzeugende Atmosphäre schaffen sollte. Sie verlangte einen sehr niedrigen Preis, der einen weiten Kundenkreis ermöglichen sollte, und der ihr größere Chancen bot, den künftigen Millionär zu finden.

So mischte sie denn ihre Karten, legte sie für unzählige unbedeutende junge Herren und prophezeite ihnen bis ins einzelne eine Zukunft, die kaum besser war als die Vergangenheit, zu der die Zukunft ja schließlich auch einmal werden würde. Was das zu erwartende Vermögen anging, so glich das ganze einem Kartenspiel, das nie aufgeht.

Die Monate gingen dahin und wurde zu Jahren, und auf der Zauberkugel und all den anderen Utensilien lag bereits dicker Staub. Eines nachmittags, als die Sinnlosigkeit ihres Tuns besonders deutlich hervorkam, knarrte die Treppe unter schweren Schritten, und eine massige Gestalt versuchte sich durch den perlenverhangenen Eingang zu zwängen.

Der neue Kunde war sehr häßlich, ja, Maggi dachte im ersten Moment, er gehöre wohl eher in den Zoo. Doch konnte sie auf keinen Dollar verzichten

und begann unlustig ihre Karten auszulegen. Sie sah unbestimmte Einflüsse und auch Gefahren, die ihrem Kunden drohten.
Plötzlich aber wäre ihr fast ein Schrei entschlüpft, den sie jedoch noch rechtzeitig unterdrückte. Denn die Karten besagten zweifelsfrei, daß dieser junge Mann durch den Tod einer sehr nahestehenden Person ein ansehnliches Vermögen zu erwarten habe.
«Haben sie Verwandte?» fragte sie. «Ich meine, nahe Verwandte, die in guten Verhältnissen sind?»
«Nein», antwortete er. «Es sei denn Onkel Joe, aber ich glaube, der hat inzwischen alles verjubelt.»
«Das muß es sein», dachte sie, und sie sagte: «Nun, das ist unwichtig. Ich sehe kein Anzeichen dafür, daß irgendein Onkel Ihnen irgend etwas hinterlassen könnte. Diese Karte bedeutet Geldsorgen. Diese hier bedeutet, daß sie von einer blonden Dame hintergangen werden. Außerdem sieht es nach einer Prügelei aus.»
Sie plapperte in dieser Weise noch weiter und legte ihre Karten aus, während es in ihrem Kopf arbeitete.
Noch einmal musterte sie ihren reizlosen Kunden. Das Vermögen belief sich, soweit sie sehen konnte, auf mehr als eine Million. Andererseits konnte man diesen Besucher kaum als Menschen bezeichnen.
Maggi hatte keine romantische Liebesgeschichte erwartet, aber es gibt eben Dinge, von denen man zurückschreckt, und dazu gehörte dieser Mann.

Während sie grübelte, fuhr sie mechanisch fort, die Karten auszulegen. Plötzlich leuchteten ihre Augen auf. Sie sah noch einmal hin. Ja, es stimmte. All ihre Sorgen hatten ein Ende. Die Karten besagten ohne jeden Zweifel, daß dieser Mann kurz nachdem er das Geld geerbt hatte, infolge eines plötzlichen heftigen Schocks sterben werde. Damit wurde er zu einem durchaus annehmbaren Heiratskandidaten.
«Sie stehen vor zwei Wegen», sagte Maggi. «Der eine Weg führt zu Elend, Armut...»
«Ich nehme den anderen», sagte der junge Mann.
«Gut», sagte Maggi. «Aber ich muß Ihnen sagen: so leicht ist die Sache nicht. Den Weg, der zu Reichtum und Glück führen wird, können Sie nur Hand in Hand mit einer braven Frau gehen. Kennen Sie eine brave Frau?»
«Ach, woher denn!» sagte der Kunde bekümmert.
«Wie schade!» sagte Maggi. «Wenn sie nämlich so eine kennen würden – eine brave Frau mit dunklem Haar, einigermaßen gutem Aussehen und Schuhgröße 39 –, dann brauchten Sie diese bloß zu heiraten, und sie hätten für Ihr ganzes Leben ausgesorgt. Sie würden sehr reich werden. Sehen Sie, hier steht es in den Karten, Geld von jemandem, der Ihnen sehr nahe-

steht. Aber nur, wenn Sie so ein Mädchen heiraten...»
«Sagen Sie, meine Dame», unterbrach er sie, «welche Schuhgröße haben Sie denn?»
«Ach», sagte Maggi lächelnd, «zur Not kann ich mich in Größe 38 zwängen. Aber für gewöhnlich...»
«Paß auf, Kleine», sagte er, ihre Hand ergreifend. «Wir zwei gehören zusammen, verstehst du?»
Maggi schauderte es, aber sie beherrschte sich und dachte: «Wenn er tot ist, bin ich Millionärin und kann mir, um zu vergessen, einen jungen Filmstar angeln.»
Bald darauf waren sie verheiratet. Sie zogen in ein baufälliges Häuschen in einer wenig anziehenden Gegend. Maggi fuhr täglich in die Stadt und plagte sich sich schwerer denn je mit ihren Karten, um ihn und sich zu erhalten.
Als die Zeit verging und das prophezeite Vermögen noch immer nicht in Erscheinung trat, mußte sie die bitteren Vorwürfe ihres fetten Gatten einstecken, denn sein Geist war so verkümmert wie sein Körper und ließ ihn glauben, sie habe ihn mit einem Trick in die Ehe gelockt.
«Vielleicht bist du doch nicht die richtige Dame», sagte er, und dabei kniff er sie, so daß sie braune und blaue Flecken bekam. «Weiß du was? Wir lassen uns scheiden und ich heirate eine andere. Das Geld kommt doch nicht, und du hast sowieso lauter braune und blaue Flecken. Ich mag keine Frauen mit braunen und blauen Flecken. Komm, lassen wir uns scheiden.»

«Ich denke nicht daran», sagte sie.
Dann fingen sie an zu streiten, und wenn sein primitiver Verstand nicht mehr weiter wußte, schleuderte er sie zu Boden und ging in den Garten; dort grub er ein tiefes Loch, in das er lange hineinstarrte, und dann schüttete er es wieder zu.
Das ging ein paar Monate so weiter, und Maggi selbst begann sich zu fragen, ob die Karten sie womöglich im Stich gelassen hatten. «Wer weiß, vielleicht kriegt er dieses Geld nie. Dann sitze ich da – mit einem Orang-Utan verheiratet, für den ich noch dazu arbeite! Vielleicht wäre es doch besser, sich scheiden zu lassen.»
Diese Überlegungen setzten sich fort, bis zu einem düsteren Winterabend, an dem Maggi spät von ihrer Arbeit nach Hause kam, und im dunklen Garten in ein so großes Loch stolperte, das ihr Mann gegraben hatte. «Das schlägt dem Faß den Boden aus», dachte sie.
Als sie die Küche betrat, empfing ihr Mann sie mit ungewöhnlich freundlichem Lächeln. «Guten Abend, Schatz», sagte er.
«Spar dir den Schatz», antwortete sie gereizt. «Was ist denn heute wieder mit dir los? Mein Entschluß ist gefaßt: ich willige in die Scheidung ein.»

«Sag doch nicht so was», sagte er. «Ich hab ja bloß Spaß gemacht. Nie würde ich mich von dir scheiden lassen, um keinen Preis der Welt.»
«Nein, aber ich mich von dir», erwiderte sie. «Und zwar schnell.»
«Dazu brauchst du aber einen Scheidungsgrund», bemerkte ihr Mann.
«Den habe ich», sagte sie. «Wenn ich dem Richter meine braunen und blauen Flecke zeige, werde ich sofort geschieden!»
«Paß auf», sagte er. «Lies mal diesen Brief, der für dich gekommen ist. Vielleicht überlegst du es dir dann.»
«Wie kommst du dazu, meinen Brief aufzumachen?» sagte Maggi.
«Ich wollte wissen, was drinsteht», antwortete er. «Nun lies ihn schon.»
«Onkel Ezra», rief Maggi, als sie einen Blick in den Brief geworfen hatte. «Er hat anderthalb Millionen Dollar hinterlassen! Alles für mich! Aber hör mal, da muß ein Fehler in den Karten sein. Du solltest doch die Erbschaft machen.»
«Ist doch egal», sagte er. «Schließlich gehören wir doch zusammen, nicht wahr?»
«Nicht mehr lange», rief Maggi triumphierend. «Jetzt bin ich reich! Und ich werde bald frei sein!»
«Und was soll ich machen?» fragte ihr Mann.
«Geh raus und klettere auf einen Baum, wo du hingehörst», sagte sie ärgerlich.
«Dacht ich mir's doch, daß du so was sagen würdest», sagte er, die Hände fest um ihren Hals legend. «Na schön, wenn du mir unrecht tun willst, dann sollen die Karten wenigstens recht behalten. Tod einer sehr nahestehenden Person – so hieß es doch? Sie hatten also tatsächlich recht!»
Maggi hatte keinen Atem mehr, und so konnte sie weder die Richtigkeit der Karten bestätigen, noch ihren Mann vor dem plötzlich heftigen Schock warnen, der ihn erwartete.

Es gibt noch viel zu tun ...

Das Schlüsselloch, um das es in folgender Geschichte geht, sehen Sie umseitig:

Mr. Pike kam sehr spät nach Hause. Er steckte den Schlüssel in das alte Schlüsselloch der alten Holztür, drehte ihn leise quietschend, blieb aber, als die Tür geöffnet war, noch lange auf der Türmatte stehen. Mr. Pike war ein wohlhabender Buchprüfer; er hatte ein langes, hageres Gesicht mit kalten Augen und einem verkniffenen Mund.
Nun nahm er seinen steifen Hut ab; er musterte ihn erst von innen, dann von außen und hängte ihn an den Haken, wo er hingehörte. Er nahm sein

Halstuch ab – es war ein dunkles Halstuch mit mittelgroßen Punkten –, unterzog es einer sorgfältigen Prüfung und hängte es an einen anderen Haken. Sodann wurde der Mantel aufgehängt, der zuvor noch gewissenhafter geprüft worden war, und dann ging Mr. Pike rasch hinauf.

Im Badezimmer stand er sehr lange vor dem Spiegel. Er drehte das Gesicht hin und her und legte den Kopf zur Seite, um auch Kinn und Hals betrachten zu können. Er kontrollierte den Sitz des Kragens und der Schlipsnadel, musterte seine Manschettenknöpfe, und schließlich begann er sich zu entkleiden. Wieder untersuchte er jedes Kleidungsstück sehr genau; er dachte daran, daß Mrs. Pike ihn jetzt so sehen konnte, sie hätte sicherlich geglaubt, daß er nach langen blonden Haaren oder Spuren von Lippenstift suchte. Aber Mrs. Pike schlief seit zwei Stunden. Ihr Mann schlich nachdem er seine Kleidung so genau geprüft hatte, in sein Arbeitszimmer und holte eine Kleiderbürste, mit der er sogar seine Schuhe bearbeitete.

Dann setzte er sich auf den Badewannenrand, stützte die Ellenbogen auf die Knie und das Kinn in die Hände und versank in tiefes Nachdenken. Schließlich schien Mr. Pike zu einem befriedigendem Schluß gekommen zu sein; er drehte das Licht aus und begab sich in das eheliche Schlafzimmer, dessen Einrichtung in Kremfarben, Altrosa und Weinrot gehalten war.

Am nächsten Morgen erhob sich Mr. Pike zur üblichen Stunde und ging mit seinem üblichen Gesichtsausdruck ins Frühstückszimmer hinunter.

Seine Frau, die das Gegenteil von ihm zu sein schien, war bereits dabei, den Kaffee einzugießen. Sie war rundlich und gutmütig, und lächelte, als sie einen flüchtigen Kuß zur morgendlichen Begrüßung erhielt. Die beiden jüngeren Kinder saßen an ihren Plätzen, die beiden älteren verspäteten sich.

Die zuständigen Beamten

«Da bist du ja!» sagte Mrs. Pike in munterem Ton zu ihrem Mann.

«Du bist gestern abend spät nach Hause gekommen.»

«Gegen eins», sagte er, die Zeitung zur Hand nehmend.

«Nein, es muß später gewesen sein», sagte sie. «Ich habe es ein Uhr schlagen hören.»

«Es kann auch halb zwei gewesen sein», sagte er.

«Hat Mr. Brownshoe dich heimgefahren?»

«Nein.»

«Schon gut, mein Schatz, ich habe ja nur gefragt.»

«Gib mir meinen Kaffee», sagte er.

«Ein Mann muß mal mit seinen Freunden so einen Abend zusammensein können», sagt sie. «Aber du brauchst deine Nachtruhe, Harry. Nicht daß ich letzte Nacht viel Ruhe gehabt hätte. Oh, ich habe so einen schrecklichen Traum gehabt! Ich habe geträumt, daß...»

«Wenn ich etwas noch mehr hasse als ein Fußbad in der Untertasse...» sagte ihr Mann. «Sieh mal, was du gemacht hast!»

«Also wirklich, Harry», sagte sie, «du hast so schroff um deinen Kaffee gebeten...»
«Vater hat selber übergeschwappt», meldete sich George, der jüngste Sproß der Familie zu Wort. «Er hat mit der Hand geruckelt – so.»
Mr. Pike richtete den Blick auf seinen jüngsten Sohn, und der jüngste Sohn verstummte.
«Ich sagte», fuhr Mr. Pike fort, «wenn ich etwas noch mehr hasse als diese Schweinerei in meiner Untertasse, dann ist es albernes Geschwafel über Träume am Frühstückstisch.»
«Ach so, mein Traum!» sagte Mrs. Pike äußerst gutwillig. «Gut, mein Schatz, wenn du ihn nicht hören willst. Ich wollte nur erzählen, daß ich von dir geträumt habe.» Damit wandte sie sich wieder ihrem Frühstück zu.
«Entweder erzähl deinen Traum, oder erzähl ihn nicht», sagte Mr. Pike.
«Du sagst doch, du willst ihn nicht hören», antwortete Mrs. Pike.
«Nichts ist so widerwärtig wie Geheimtuerei einer Frau», sagte Mr. Pike, «widerwärtig und ärgerlich!» setzte er noch hinzu.
«Es ist kein Geheimnis», sagte Mrs. Pike. «Du hast doch gesagt, du willst nicht...»
«Würdest du so gütig sein», sagte Mr. Pike, «dieser Sache ein Ende zu machen und mir ganz kurz erklären, was für einen Unsinn du geträumt hast, damit wir es hinter uns haben?»
«Mr. Harry T. Pike, ich habe geträumt, du würdest gehängt.»
«Hallo, zusammen», sagte Mary, die älteste Tochter, die in diesem Augenblick eintrat. «Entschuldigt die Verspätung. Was ist denn los, Papa? Du siehst ja aus, als hättest du deinen Einkommenssteuerbescheid bekommen.»

«Wegen Mord», fuhr Mrs. Pike fort, «mitten in der Nacht. So ein lebhafter Traum, Schatz! Ich war ganz glücklich als du sagtest, du wärst um halb zwei nach Hause gekommen.»
«Von wegen halb zwei», sagte Mary.
«Laß diesen Ton», sagte ihre Mutter.
«Papa ist ein alter Bummelfritze», sagte Mary, ihr Frühstücksei aufschlagend. «Als Freddy und ich um halb zwei von der Tanzerei kamen, hingen sein Hut und Mantel noch nicht da.»
«Na ja, mein Schatz, das war's. Ich habe geträumt, du hättest einen Mord begangen und würdest gehängt.»
«Papa gehängt?» rief Mary in größter Schadenfreude. «Oh, Mama, wen hat er denn ermordet? Erzähl doch – alle grausigen Einzelheiten!»
«Ja, es war wirklich grausig», sagte die Mutter. «Ich wachte ganz deprimiert auf. Es war der arme Mr. Brownshoe.»
«Was?» sagte ihr Mann.
«Ja, du hattest den armen Mr. Brownshoe ermordet», sagte Mrs. Pike. «Ob-

wohl ich nicht verstehe, warum du ausgerechnet deinen eigenen Arbeitgeber ermorden solltest.»
«Weil er darauf bestanden hatte, die Bücher einzusehen», erklärte Mary. «Das tun sie immer, und dann werden sie ermordet.»
«Ja, mein Schatz, so war es», sagte seine Frau. «Ich sah dich und Mr. Brownshoe, spät nachts, er fuhr dich in seinem Wagen nach Hause, und ihr unterhieltet euch über das Geschäft – du weißt ja, man kann ganz schwierige Unterhaltungen träumen, über Sachen, von denen man gar nichts versteht, und alles klingt ganz richtig, aber es ist natürlich nichts als Unsinn...»
«Erzähl weiter», sagte Mr. Pike streng.
«Na ja, mein Schatz, ihr habt euch unterhalten und seid direkt in seine Garage gefahren, und da war es so eng, daß der Wagen nur nach einer Seite aufging, und du bist zuerst ausgestiegen und hast zu ihm gesagt: ‹Warten sie einen Augenblick.› Und du hast den Vordersitz von seinem kleinen Chevrolet vorgeklappt und bist nach hinten gestiegen, wo eure Mäntel und eure Hüte lagen. Hab ich gesagt, daß ihr ohne Mäntel gefahren seid, weil es so eine milde Nacht war?»
«Tatsächlich, das habe ich gedacht. Beinahe wäre ich wieder umgekehrt. Ich fühlte mich... ich fühlte mich, na ja, verantwortlich. Es ist eine ernste Angelegenheit, und ich habe sehr eindringlich mit ihm geredet.»
«Meinst du etwa, daß Mr. Brownshoe was unterschlagen hat?» rief Mrs. Pike. «Wir sind doch nicht ruiniert, Harry?»

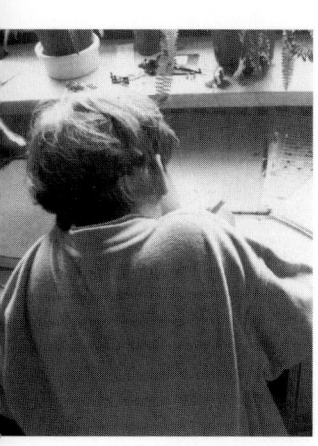

«Ruiniert nicht», sagte ihr Mann. «Aber der Verlust ist ziemlich groß.»
«Glaubst du wirklich, daß er es war?» fragte Mrs. Pike. «Er – er macht einen so ehrlichen Eindruck.»
«Er oder ich», sagte ihr Mann. «Und ich war es nicht.»
«Aber du glaubst doch nicht, daß er... daß er sich erhängt hat?» fragte Mrs. Pike.
«Gott behüte!» sagte ihr Mann. «Allerdings, dieses Gefühl, das ich hatte – nun, vielleicht war dieses Gefühl an deinem Traum schuld.»
«Das stimmt: meine Freundin Rose hat von Wasser geträumt, als ihr Bruder auf einer Segeltour war», erzählt Mrs. Pike, «aber er ist natürlich nicht ertrunken.»
«So etwas kommt immer wieder vor», sagte ihr Mann. «Nur die Einzelheiten stimmen dann meistens nicht.»
«Das will ich hoffen!» rief Mrs. Pike.
«Zum Beispiel hatte wir beide gestern abend zufällig die ganze Zeit unsere Mäntel an und unsere Halstücher umgebunden. Die Atmosphäre war ziemlich gezwungen.»
«Das kann ich mir denken», sagte Mrs. Pike. «Wer hätte das von Mr. Brownshoe gedacht?»

«Niemand hätte das von ihm gedacht, und ich möchte, daß du und ihr, Kinder, was auch passiert ist oder nicht, kein Wort, kein einziges Wort darüber redet. Habt ihr verstanden? Zu niemand! Ihr wißt nichts.»
«Du hast völlig recht, mein Schatz», sagte seine Frau. «Ich werde dafür sorgen, daß die Kinder den Mund halten.»
«Morgen, Mama», rief Fred, der in diesem Augenblick hereinplatzte. «Morgen, Papa. Keine Zeit zum Frühstücken. Ich kann gerade noch den Zug erwischen, wenn ich Glück habe. Übrigens, wem gehört dieses Halstuch? Deins ist es doch nicht, Papa? Es ist nämlich dunkelblau. Darf ich es mir aneignen? Nanu – was ist denn los? Was ist denn um Gottes willen los?»

Diese Texte lesen sich stellenweise recht professionell. Das hat zum einen mit meinem praxisnahen Unterricht zu tun – zum anderen aber auch damit, daß nach dem heuristischen[18] Prinzip «Wenn du ein neues Design suchst, *verändere* ein schon vorhandenes!» (oder: frei nach...) gearbeitet wurde. – Dies trifft natürlich auch auf die folgenden Texte zu, welche ein «unpositioniertes» Bild eindeutig positionieren helfen sollen:

Toooor! Bumm faz schepper klirr.

Tja, Kalle wäre das nicht passiert.
Hysterischer Kinderjubel füllt den sonst so tristen Innenhof der Altstadtsiedlung mit Leben. Eben hat Uli, nachdem er den dreijährigen Christopher mit einem Gerd-Müller-Haken lässig umspielt hat, nach gelungenem Doppelpaß mit der Garagenwand das Leder fernsehreif unter die Teppichstange geknallt.
Unhaltbar für Ersatztorhüter Bienchen.
Konnte ja keiner damit rechnen, daß diese blöden Mädchen vom Ball wegrennen, statt sich ihm todesmutig entgegenzuwerfen.
So eben, wie Kalle es eben immer tut.
Es konnte ja auch keiner ahnen, daß Teppichstangen kein Netz haben und natürlich genau dahinter das Küchenfenster des Hausmeisters lauert. Da kommt er auch schon angetobt.
Doch die Schuldige ist schon gefunden, alle sind sich einig. Bienchen ist eben kein Ersatztorwart.
Hysterisches Durcheinander füllt den sonst so tristen Innenhof der Altstadtsiedlung mit Leben. Kinder fuchteln wild durcheinander, in der Mitte der Hausmeister mit rotem Kopf, und Bienchen heult wie ein Sirene.

Die Jacht ist voll

Tja, Kalle, der hätte den Ball schon rausgefischt.
Wo steckt der eigentlich, will jeder wissen.
Der ist oben, sagt seine Schwester. Wieso oben?
Kalle ist oben in seinem Kinderzimmer und schreibt seine ersten Kurzgeschichten wie diese hier, seit seine Mutter ihm den neuen Adventure-Füller von Pelikan geschenkt hat.

Bei dem folgenden Beispiel handelt es sich um einen satirischen Text eines politischen Kabaretts:

Mein Vater ist ein sehr wichtiger Mann. Er hat viele Angestellte und noch mehr Anhänger.
Mein Vater ist sehr berühmt und oft im Fernsehen, weshalb er auch so selten zu Hause ist. Aber er muß sehr klug sein, weil so viele Menschen ihm zuhören und das denken, was er sagt. Alle verstehen ihn.
Ich kann ihn manchmal nicht verstehen. Zum Beispiel, daß er mich mit Mohammed und Alaf nicht spielen läßt. Und warum er ihre Eltern wegschicken will, notfalls mit Gewalt, obwohl sie Angst haben. Dann kriegt er immer so einen roten Kopf, stellt sich vor den Tisch und hält eine Rede. Aber ich bin wohl noch zu jung, um zu verstehen, wie wichtig mein Vater ist, damit ich es mal besser habe. Deshalb will er jetzt bald Bundeskanzler werden ...

Dieser Text ist ein Tagebucheintrag als Werbesujet:

Der Himmel über uns ...

Gestern war ein Wahnsinnstag!
Mit Vater wieder in dem Seitental am Fluß. Endlich erwischten wir den Fisch, der uns vor 2 Tagen vom Haken ging. Ein Riesenvieh. Ich durfte das Lagerfeuer veranstalten, und während der Lachs grillte, erklärte mir Papa die Sternbilder. Ich kenne jetzt schon fast alle. Heute war der große Bär dran. Apropos großer Bär, der hätte uns dann fast noch um unser Abendessen beklaut. Doch Paps hat ihn mit seinem fürchterlichen Geheul und seiner Gitarre vertrieben.
Mitten in der Nacht fanden wir dann fast nicht mehr zurück zu unserer Hütte, aber das Wetterleuchten leuchtete uns heim. Ich fand es unglaublich cool, und ich weiß jetzt schon, daß mich nächstes Jahr niemand zu überreden braucht. Nächstes Jahr alle zusammen. Wieder nach Norwegen. Wieder mit TUI.

Hier geht es um Werbung für vobis-Lerncomputer:

Sehr geehrte Frau und Herr Bachmaier!
Als Klassenleiterin Ihres Sohnes André bin ich verpflichtet, Sie über folgendes zu informieren:
Ich möchte gleich betonen, wie sehr mir diese Angelegenheit am Herzen liegt, und ich bitte Sie daher, meinen Ratschlag ernsthaft in Erwägung zu ziehen.
Seit nunmehr sechs Monaten beobachte ich Ihren Sprößling und seine Leistungen in meiner Klasse. Sie stehen in keinem Verhältnis zu seinen Mitschülern. Ihr Sohn ist in allen Belangen in dieser Klasse absolut fehl am Platz. Ich empfehle daher eine Versetzung ein bis zwei Jahrgangsstufen höher, damit sein Wissensdurst meinen Lehrplan nicht ständig überholt.
Um seine Aufmerksamkeit und meine Autorität vor dem Rest der Klasse zu retten, bitte überdenken Sie meinen Vorschlag. Ich bin eben auch nur ein Mensch.
Mlt freundlichen Grüßen, die Klassenleiterin

Beim fünften Text schließlich geht es um Social Marketing, (= nichtkommerzielle Öffentlichkeitsarbeit) z. B. einer Bürgerinitiative «gegen Atomkraft»: («Bravo» ist eine Zeitschrift)

Bravo: «Martin, du bist 12 Jahre alt. Können wir einen Moment mit Dir sprechen?»
Martin: «Nein.»
Bravo: «Aber Du hast gesagt, daß du darüber reden willst.»
Martin: «Ihr könnt das sowieso nicht verstehen.»
Bravo: «Aber Du weißt doch, wie viele Jugendliche in Deinem Alter dasselbe Problem haben.»
Martin: «Ja, schon.»
Bravo: «Es ist sozusagen etwas ganz normales, weswegen du dich nicht zu schämen brauchst.»
Martin: «Ihr seid auch nicht so jung wie ich.»
Bravo: «In Deinem Alter haben wir an so etwas auch noch noch gar nicht gedacht.»
Martin: «Wer so aussieht wie ich, muß eben die ganze Zeit daran denken.»
Bravo: «Die Schule unterrichtet euch doch auch darüber, wie es dazu kam und warum?»
Martin: «Na und?»
Bravo: «Vielleicht hilft es Dir, ein bißchen besser damit umzugehen?»

Martin: «Meine Schwester sagt das auch immer. Aber sie hat ja auch ein normales Gesicht mit nur *einer* Nase.»
Bravo: «Wie alt ist Deine Schwester?»
Martin: «Siebzehn.»
Bravo: «Also ist sie 1990 geboren, fünf Jahre vor der Katastrophe.»
Martin: «Tja... sie hatte eben Schwein.»
Bravo: (betroffenes Schweigen, als er sich ihnen zuwendet)
Martin: «Kann ich euch mal etwas fragen?»
Bravo: «Natürlich.»
Martin: «Wenn ihr schon über den SUPERGAU reden müßt, warum nicht mit diesem einen Politiker?»
Bravo: «Wen meinst du?»
Martin: «Der gesagt hat, mit dem Risiko von Atomkraft kann man leben.»

Das Bild, über welches der Autor reflektiert hat, steht auf der Doppelseite 140/141. Zum Bild auf der vorherigen Doppelseite hat derselbe Texter die folgenden Headlines konzipiert. Ein leichtes, dazu noch die Argumentationen zu schreiben – wenn die «Brücke» zwischen visuellem und verbalem Denken schon geschlagen ist...

Man könnte es nicht besser
ausdrücken.

Bei Risiken und Nebenwirkungen
kann Ihnen Ihr Arzt oder
Apotheker
auch nicht mehr helfen.

In diesem Bild
ist ein Fehler versteckt.

Das Ergebnis
einer Fußballübertragung

Todesursache Nr. 1 in Deutschland:

GESELLIGKEIT

«Ich gebe zu,
ich bin älter
geworden.»

Eine Kurzgeschichte zum Bild auf der Doppelseite 152/153:

«Idiot! Wir hätten doch noch mal auf den Plan sehen sollen.»
Kai war es egal. Es gibt Schlimmeres, als am falschen Bahnhof zu landen. Am falschen Ort zur falschen Zeit. So etwas existierte für ihn überhaupt nicht.
Er genoß den Moment, egal, wo er gerade atmete.
Er genoß den Moment trotz des Gejammers dieses Mädchens, das er vor 3 Tagen zufällig in Bangkok getroffen und mit dem er die Heimreise angetreten hat. Nach über 20 Monaten ist dieser Gang vielleicht etwas leichter mit netter Begleitung, dachte er. Nun lagen sie auf irgendeinem Bahnhof, er genoß, und sie schimpfte.

Kai war trotzdem zufrieden, er hatte alles, was er brauchte. Seinen Rucksack, seine Gitarre, seinen Hut und vor allem ein Meer an Erinnerungen, die ihn so lebendig fühlen ließen. Und eine prickelnde Gier auf alles, was vor ihm lag.

Sein nörgelndes Gegenüber machte sich wieder bemerkbar und erzeugte eine Grimasse in seinem braungebrannten Gesicht, als er sich erinnert, wie verloren er sich damals in Singapur fühlte. Wie im kalten Wasser: kein Geld, kein Ticket, kein Futter, keine Ahnung. Damals war er derjenige, der wohl ein Bild des Jammers abgab. Hilflos wie ein Nackter in der Wüste.
Sein Glück damals vor fast zwei Jahren war Rachel, etwas Besseres hätte ihm gar nicht passieren können.
Eigentlich war sie ein hundertprozentiger «Kiwi», aber da war kein Land, wo sie noch nicht war, keine Sprache, in der sie nicht zumindest fluchen konnte. Keine Situation, aus der sie nicht das beste gemacht hätte.
Rachel hatte genau den Impuls, um aus ihm einen Globetrotter zu machen. Er ging bei ihr sozusagen in die Lehre.
Woher sollte ein verzogener Stadtjunge aus Stuttgart, Akademiker- und Einzelkind, auch wissen, wie man überlebt auf der großen, weiten Welt.
Und doch, schon nach zwei Wochen hatte er ein Gespür für den schönsten Schlafplatz, die besten Treffpunkte und den schnellsten Dollar. Bob Dylan, Jim Morrison und seine Zwölfsaitige finanzierten ihm den Weg um den halben Globus, was beiden anzusehen war.

Rachel verwandelte diesen Selbsterfahrungstrip in eine echte Romanze. Manchmal wirkte es wirklich fast schon kitschig, wenn sie wie Tarzan und Jane drei Wochen auf den Tongainseln in einer Basthütte hausten. Oder wie vor einhundert Jahren ohne Strom und Mikrowelle auf einer Obstfarm in Neuseeland. Die 4 Monate mit einem Dutzend ausgeflippter Hippies auf einem Zweimaster durch den Südpazifik stellten sogar sie auf die Probe.

> «Ich gebe zu, ich bin älter geworden.»

Aber gerade deswegen waren sie in dieser Zeit untrennbar. Kai hörte schon lange nicht mehr die Stichelei seiner Reisebekanntschaft, sein Blick drückte etwas wie entrückte Beseeltheit aus.
Ob sie schon wieder in Australien ist, im Outback, Opale suchen, oder mit den Aborigines lebt. Möglich wäre es, sie hatte es vor. Der Gedanke war zu reizvoll. Warum eigentlich nicht, der Sommer geht hier sowieso bald zu Ende.
«Hörst du mir überhaupt zu? Wir liegen hier blöd rum, der nächste Zug geht in 5 Stunden und dir ist alles scheißegal. Was machen wir jetzt?»
Kai öffnete die Augen, schenkte ihr seine sonnigste Aufmerksamkeit und grinste.

«Sorry. Ich mach' noch einen kleinen Abstecher nach Süden. Dein Zug geht in 2 Stunden ab Gleis 4 nach Hause. Take it easy und grüß Stuttgart von mir.»
Zwei völlig ungläubige Augen folgten dem Tramp, als er geübt den Rucksack schulterte, nach seiner Gitarre griff und lässig davonschlenderte. Sie hörte noch, daß er ein Lied summte. Es klang irgendwie nach Bob Dylan.

Zum Bild auf der Doppelseite 154/155 textete der Autor folgende Headline:

Er erschrak, als er merkte, daß er so war, wie man ist.

Die untenstehende Bild/Text-Kombination dagegen setzt völlig andere Betrachter-Assoziationen frei. Welche bei Ihnen? – Wenn es sich um Anzeigenwerbung handelt, gibt es nach Ansicht eines meiner Studenten mindestens vier verschiedene Perspektiven.
Die erste für ein Mineralwasser:

Meine Kollegen sehen das
nicht so und rätseln
untereinander über mein
Erfolgsgeheimnis.
Ich fühle mich auch besser. Ich
stehe morgens mit mehr
Schwung auf und genieße
jede Minute von der Dusche
bis zum Frühstück. Ich treibe
wieder Sport und gehorche
meinem Körper. Ich habe mehr
Energie und singe bei der
Arbeit. Ich lebe jeden Tag
bewußter.
Ich habe eben Durst auf
Leben.

Die zweite für eine Videokamera:

...und ich kann es jederzeit noch mal tun.

Immer wieder. Überall. Bei der Arbeit. Am Wochenende. Vor dem Einschlafen. Nachts mit meiner Frau. Morgens im Urlaub. Mittags mit meinen Freunden. Abends mit meinen Schwiegereltern. Sogar bei der Toilette hat das Älterwerden funktioniert. – Ich muß nur die Cassette einlegen und kann mir jederzeit im Sucher ansehen, was mich Jahre meines Lebens gekostet hat. Zum Beispiel als Otto mich damals als Lehrling erwischte, wie ich mit dem Gabelstapler ein ganzes Regal wegfegte. Oder Gitte mich beim Bergsteigen in Korsika steil im Seil ranzoomte. Es gibt Hunderte von Metern unleugbarer Beweise auf Magnetband: 1986 panisch vor dem Hai geflüchtet während eines Tauchkurses auf den Malediven, geweint bei der Taufe meines Sohnes und dafür einen über den Durst getrunken beim 60. Geburtstag meiner Schwiegermutter. So ist das Leben.
Die kleine Handy Video 2000 von Sony ist einmalig – das Älterwerden zum Glück nicht mehr...

Die dritte für eine Versicherung:

...aber jünger war Stefan ja schon.

Als kleiner Schuljunge zeichnete er lieber auf Schulbänke, aber er schloß mit Auszeichnung ab. In seinen Lehrjahren verliebte er sich in seine Ausbilderin und gründete eine Familie. Jetzt hat Stefan die Frau fürs Leben, einen Beruf, der ihn ausfüllt, ein Kind, dem er jede freie Minute widmet – und eine Menge Verantwortung. Hier konnten wir ihm helfen. – Für die Baufinanzierung gibt es kaum ein solideres Fundament als die Allianz-Lebensversicherung. Sie bilden damit Kapital für Ihr Bauvorhaben. Am Ende der Laufzeit wird der Auszahlungsbetrag der Lebensversicherung zur Tilgung des Darlehens verwendet. Und falls Ihnen etwas passiert, sind Ihre Familie und Ihr Haus gut abgesichert. Sprechen Sie doch einmal mit uns über die erbaulichen Seiten einer Risiko-Kapitalversicherung.

Die vierte für einen Großkonzern:

Was weiß denn dieser Junge schon vom Alter, werden Sie jetzt wohl denken. Und Sie haben recht.
Doch ein weltweites Unternehmen lebt von dieser unschlagbaren Kombination: Der erfrischenden Dynamik seiner jungen Mitarbeiter und unserer Erfahrung.
MAN entwickelt sich seit über 115 Jahren und wird ständig älter. Doch wir sind bestimmt nicht in Weisheit ergraut. Wie wir das machen? Ganz einfach. Wir geben immer wieder unser Know-how über Management und Technik an unsere Auszubildenden weiter, also an unsere Zukunft.
Wir würden uns freuen, auch bald Sie dazuzählen zu können. Bewerben Sie sich.

Folgende Darstellung der theoretischen Zusammenhänge, welche die Argumentation mit einschließt, wurde dazu mitgeliefert:

Ziel ist es, eine zufällig ausgewählte Bildbotschaft mit einer nicht zugehörigen, ebenfalls zufällig gewählten, aussagekräftigen Headline («Ich gebe zu, ich bin älter geworden») mit Hilfe eines verbindenden Textes eindeutig zu positionieren. Dabei werden die unterschiedlichsten Produkte aus diversen Bereichen beworben. Die Form entspricht einer Magazin-Doppelseite, auf der ich die Bildaussage auf die rechte Seite stelle. So entspreche ich den Sehgewohnheiten beim Durchblättern des Magazins, die Bildinformation wird als erstes wahrgenommen, und die fett gedruckte Headline ist die links gegenübergestellte, zweite Information.
Die Verbindung der beiden Botschaften erzeugt beim Leser mit Sicherheit eine gewisse Spannung und Interesse, da sich auf den ersten Blick der logische Zusammenhang nicht zwangsläufig ergibt. Diese erzeugte Dramaturgie öffnet die Phantasie des Betrachters auf der Suche nach eigenen Erklärungen und weckt, da diese unbefriedigend bleiben, den Wunsch, die Auflösung im Fließtext zu erfahren.

«Ich gebe zu, ich bin älter geworden.»

Das ist die Ausgangssituation, an die mein Text nun anknüpfen muß. Für mich ergeben sich daraus folgende, generelle Schlußfolgerungen:
Die durch die Diskrepanz erzeugte Spannung darf auf keinen Fall schon im ersten Satz aufgelöst werden. Die logische Konsequenz wäre das sofortige Desinteresse des Lesers, weil seine Neugier befriedigt wurde. Die nachfolgenden Informationen würden nicht gelesen werden, der eigentliche Zweck der Anzeige wäre klar verfehlt.

Der Text muß durch eine kontinuierliche Fortführung einer These den Leser mehr und mehr fesseln, einen schlüssigen Ablauf besitzen und darf keine zu komplizierten Gedankensprünge enthalten. Ansonsten würde das Unverständnis wieder zum Abbruch führen. Ausnahme: die bewußte Gegenüberstellung von nicht sinnverwandten Wörtern oder Aussagen als gezieltes Gestaltungsmittel im Text mit der Antithese als Abschluß.

Eine der wichtigsten Aufgaben meiner Texte sehe ich zweifellos im Erzeugen und Abrufen von Bildern, Erinnerungen oder Wunschdenken, eine Methode, wie sie häufig in der Werbung verwandt wird. Der Leser sympathisiert automatisch mit den Gedanken und identifiziert sich bereitwillig mit der fiktiv entworfenen Person.

Aber selbst durch das Zeichnen eines Negativbeispiels oder einer Übertreibung bis hin zum optischen Witz ereicht man die erwünschte Wirkung, solange der Kontrast von Textanfang zu Textende groß genug ist.

Ich möchte jetzt auf die einzelnen Textbeispiele detaillierter eingehen.
Prinzipiell ist die Headline im starken Kontrast zum Bild, da der gezeigte Arbeiter als alles andere wie alt eingestuft werden kann – erste Irritation!

Beispiel A:
Hier wird zwar im ersten Satz sofort Bezug auf das Bild genomen, jedoch das Geheimnis seines Erfolges und der Lebensfreude klären sich erst im letzten Satz, dem aktuellen Abbinder der Brunnenverwaltung Überkinger. Der wirkt wie eine Zusammenfassung des Textes darüber. Besonders stark wirkt hier die Identifikation der Textaussage mit der Person im Bild, da die prägnant kurzen Aussagen in der Ich-Form gehalten sind. Dem Betrachter wird suggeriert, daß man selbst bei so monotoner Tätigkeit wie Gabelstaplerfahren mit Überkinger vor Lebensfreude überschäumt.

«Ich gebe zu, ich bin älter geworden.»

Beispiel B:
Hier wird zu Anfang der Leser völlig verwirrt mittels der Aussage, er könne nochmal älter werden, was wohl der unerfüllbare Wunsch von vielen Menschen ist. Anschließend wird er nochmal auf das Glatteis geführt durch die Aufzählung der Örtlichkeiten, die auch verschieden assoziierbar ist.
Die vielen Erlebniswelten (Korsika) vermitteln ausschließlich Dinge, bei denen jeder Mensch gerne älter wird, also Ironie. Sogar ein direkter Bezug auf das Bild ist enthalten, ein im Nachhinein amüsantes Mißgeschick (Schadenfreude) bei der Arbeit.

Diese Aufzählung vermittelt viele Anwendungsgebiete der Videokamera, den hohen Wert dieser bewegten Erinnerungen und auch unterschwellig die Produktvorteile.
Im Abbinder steckt noch einmal komprimiert die Hauptaussage, die wieder eine Schleife zurück zur Headline zieht.

Beispiel C:
Der erste Teil des Textes beschreibt bildhaft die Jugend. Wieder wird mit idealen Klischeevorstellungen gearbeitet. Diese These unterstützt die Aussage, daß Älterwerden schön ist und die wachsende Verantwortung von der Versicherungsgesellschaft abgenommen wird. Die logische Verbindung von Arbeitsplatz, Versicherung und Finanzierung ist naheliegend.

Beispiel D:
Imagekampagne von MAN zum Zweck der Azubi-Anwerbung. Optischer Witz: Das Alter bezieht sich auf die Firma und nicht wie anfangs vermutet, auf den Arbeiter.

Man kann jetzt das Ganze noch auf die Spitze treiben, indem man den *Bildausschnitt verändert.* Auch da kann ich mit einigen Beispielen auf dieser und den folgenden Doppelseiten dienen.
Auch hier wurde folgende theoretische Erläuterung mitgeliefert:
Das Original-Bildmotiv (s. Doppelseite 144/145 bzw. 146/147) erzeugt in Verbindung mit der Headline «Ich gebe zu, ich bin älter geworden» fast schon einen Widerspruch. Das einzig aktive, scheinbar bewegte Element, welches auffällt, ist der junge Arbeiter auf dem Gabelstapler. Ich wollte nun durch Verändern sowohl des Bildausschnitts als auch der Bildgröße neue Kontexte schaffen und damit die Bild/Textaussage eindeutiger positionieren oder pointiert umpolen. – In der folgenden Versuchsreihe sollte die Botschaft durch die Vergrößerung eines Bildausschnitts variiert werden. Die damit gewonnenen Bildmotive funktionieren mit der gleichen Headline, ergeben jedoch einen anderen Sinn. Die Wahrnehmung des Textes und dessen Interpretation erfolgt mit Hilfe neuer Assoziationen des Betrachters. Der Text fungiert somit als Bildsteuerung. Die Ausschnittvergrößerungen habe ich bis zur totalen Abstraktion gesteigert (z. B. nur Vorderrad des Staplers gezeigt) – eine subjektive Interpretation ist die zwangsläufige Folge davon. Es ergibt sich ein Spektrum der werblichen Nutzung des Bildes von Imagekampagnen für Unternehmen über Konsum- und Investitionsgüter des Stapler-Fahrers bis zu technischen Geräten eines Herstellers.

Text-Interpretationen

«Alles, was wir lesen, interpretieren wir unterschiedlich», möchte ich Wittgenstein (S. 84) ergänzen. Jeder «konsumiert» einen Text, vor allem eine Headline, «mit eigenen Augen». Als Beweise mögen die folgenden Umsetzungen verbaler in visuelle Kommunikation dienen: Zu einer Headline (hier: «Ich hätte viele Dinge begriffen, hätte man sie mir nicht erklärt.») wurde jeweils eine Bildergeschichte (Sequenz) erfunden.
Zur ersten schreibt ihr Autor:

...hätte...	Vergangenheit	⇒ jemand erzählt jemandem etwas
...erklärt.	auch Vergangenheit	⇒ dem Erzähler wurde etwas erklärt
...viele Dinge...		⇒ öfters

⇒ er hat oft etwas nicht oder falsch verstanden

⇒ er hat Fehler gemacht, evtl. mit Folgen

Möglichkeiten:

Schule, Ausbildung, Lehre, Beruf, Fahrschule, Eltern	⇒ tägl. Leben
Zeitung, Fernsehen, Radio, Bücher	⇒ Politik, Kultur
Glaube, Ideologie	⇒ Demagogie, blinder Gehorsam
Ein Alter erzählt einem Jungen	⇒ Opa erzählt Enkeln, Eltern erzählen Kindern

⇒ Kurzschluß zum Ausgangssatz (Zuhörer begreifen ebenfalls nicht)

Opa hat alles erlebt: Erziehung durch die Eltern, Schule, Lehre, Demagogie von links und rechts, blinden Gehorsam. Mit allen Folgen: schlechtes Zeugnis, Arbeitslosigkeit, Links- bzw. Rechtsradikalismus, Krieg, Gefangenschaft, Zerstörung von Haus und Hof (z. B. Ehe)

1. Großvater erzählt seinen Enkeln
2. In der Grundschule; der Lehrer erklärt

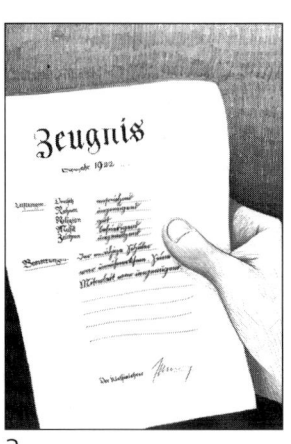

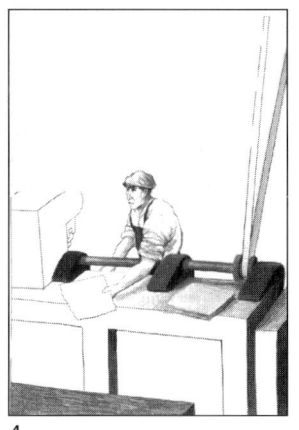

«Helfen, bis es keine Not gibt»

3. Das schlechte Zeugnis
4. In der Lehre; Arbeit

5. Arbeitslos
6. Begeisterung für linksradikale Ideen; Kommunist

5

6

7. Zeitunglesen
8. Er hört nationalsozialistische Propaganda; Demagoge

7

8

Schöne Aussichten und scharfe Ansichten

9. Begeisterung für rechtsradikale Ideen; Faschist
10. Er wird Soldat

9

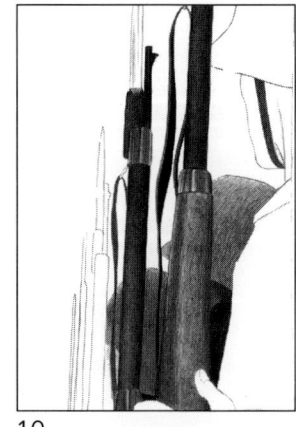
10

11

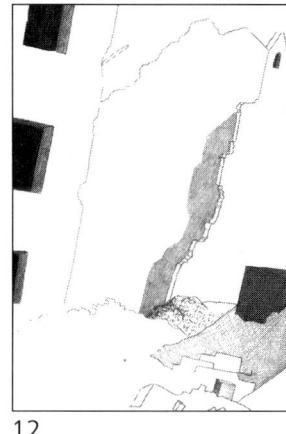
12

11. Kriegs-
    gefangen-
    schaft

12. Rückkehr;
    Zerstörung

13

13. wie 1.
    Ende gut – Alles gut

155

Zu einer anderen Headline wurde ebenfalls eine Bildsequenz erstellt. Dazu wieder folgende designtheoretische Begründung:

Anhand einer Reihe von 15 Fotoaufnahmen wird die Botschaft «DIE SUCHT HAT VIELE GESICHTER» bildhaft dargestellt.
In den 15 Aufnahmen wird der Tagesablauf eines jungen Mannes erzählt, der im Laufe eines Tages mit vielen Suchtarten konfrontiert wird.
Viele Aufnahmen zeigen alltägliche Gewohnheiten, die als solche im ersten Augenblick nicht mit SUCHT definiert werden.
Vielen Menschen ist es nicht bewußt, daß einzelne Angewohnheiten, die sie alltäglich pflegen, in die Kategorie SUCHT eingeordnet werden.
Beispielsweise halten viele das Kaffeetrinken, das Rauchen, das Einnehmen von Tabletten, für bessere Konzentration oder damit man besser einschlafen kann, für normale Tätigkeiten, sind sich aber nicht bewußt, daß der Konsum in übertriebenem Maße zur SUCHT werden kann.
Auch die Spielsucht resultiert aus einer anfänglichen Begeisterung, aus einem Zeitvertreib, aber die Gier nach Erfolg, nach Gewinn und Sieg führt zu einem unkontrollierten Trieb in die Spielhallen, zu einem frequentierten Besuch der Spielcasinos.
Jeder von uns ist gerne mit seinen Freunden zusammen, feiert gerne und hat Spaß an dem Kontakt mit anderen Individuen, aber oft arten Partys in regelrechte Alkohol- und Drogenorgien aus, der übertriebene Konsum wird zur SUCHT.

Story-board für «Die Sucht hat viele Gesichter»

1   Junger Mann liegt im Bett, verschlafen streckt er sich gähnend. Der Wecker auf dem Nachttisch zeigt auf 7.00 Uhr. Es ist Zeit zum Aufstehen.

2 Großaufnahme vom Nachttisch – Neben der Brille liegen zerstreut verschiedene Medikamente, Pillen und Döschen, ohne die er weder den Tag noch die Nacht «überleben» könnte!

3 Der junge Mann sitzt in der Küche am Frühstückstisch. Auf dem Teller liegt eine angebissene Semmel mit Marmelade.
Genüßlich zieht er an einer Zigarette und liest Zeitung. Eine riesige Kaffeekanne schmückt den Frühstückstisch.

Der Schritt von GENUSS zur SUCHT ist sehr klein, wenn man nicht die Grenzen rechtzeitig erkennt.
Die Folge ist Abhängigkeit, das Gefühl, ohne die jeweilige Angewohnheit nicht mehr leben zu können.
Viele verwechseln den Begriff GENUSS mit SUCHT, ohne sich dessen bewußt zu sein, daß sie langsam in eine Phase der Abhängigkeit schlittern.
Oft wird aus Neugierde, aus Vernachlässigung der Verantwortung der eigenen Person gegenüber, aus dem Wunsch, einer bestimmten Gruppe angehören zu wollen, aus der Angst, nicht akzeptiert zu werden, aus der Angst etwas zu verpassen oder aus der einfachen Ohnmacht unserer Gesellschaft gegenüber – SUCHT –.
Meine Geschichte, dargestellt in 15 Aufnahmen, soll dem Betrachter diese Tatsachen vor Augen führen und seinem Verhalten gegenüber zum Nachdenken anregen und zur Kontrolle seiner alltäglichen Gewohnheiten führen. Das 16te Bild ist eine Wiederholung der ersten Aufnahme... ein neuer Tag beginnt mit denselben Gepflogenheiten wie am Tag zuvor, ein permanentes Wiederholen von Rauchen, Trinken, Spielen, Aufputschen... der sichere Weg in die SUCHT.

Normal ist alles das, was wir Katastrophe nennen!

4 Auf dem Weg in die Arbeit lehnt er lässig mit dem Ellenbogen aus dem Autofenster und zieht cool an einer Zigarette.

5 Am Arbeitsplatz sitzt er vor seinem Computer, daneben ein Aschenbecher mit einer angezündeten Zigarette, Zigarettenschachtel und Feuerzeug.

Ehefrau ruht seit zehn Jahren im Gefrierschrank

6 Stimmungsaufnahme angedeutet der Arbeitsplatz mit Tastatur, Manuskript und «Maus» – daneben Aschenbecher mit Zigarette und Feuerzeug.

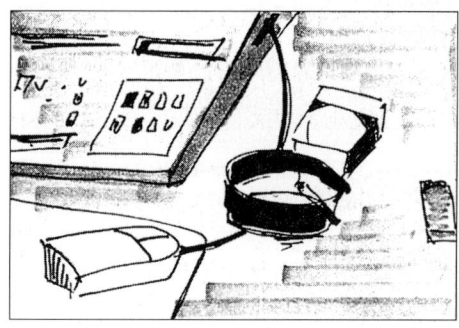

7 Kaffeepause bei der Arbeit. Zum Kaffee gibt's Kuchen Der junge Mann trinkt dazu genüßlich einen Schluck Cognac. Neben der Kaffeetasse qualmt eine Zigarette im Aschenbecher.

8 Es ist später Nachmittag. Der junge Mann geht schnurstracks auf den Eingang einer Spielothek zu.

9 Er hat es sich vor einem Spielautomaten bequem gemacht. Gierig auf Sieg wirft er Münze nach Münze ein, aber...

10 ...der Spielautomat zeigt drei verschiedene Zeichen. «Er hat einfach kein Glück im Spiel.»

11 Der junge Mann sitzt im Wohnzimmer und telefoniert mit seinen Freunden. Er plant ein kleines Treffen!
In der freien Hand hält er ein Glas Rotwein.

12 Am Abend sitzt er mit Freunden im Wohnzimmer. Sie feiern, rauchen und trinken viel Alkohol.

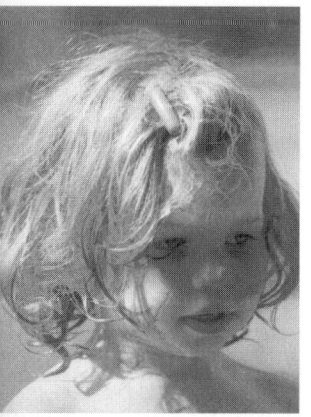

13 Es ist spät, auf dem Tisch türmen sich verschiedene Flaschen mit Alkohol, dazwischen halbvolle Gläser, die Aschenbecher quellen über. Einer der Freunde dreht sich einen Joint.

14 Mit einem 50-DM-Schein «schnieft» eine Freundin.

15 Auf dem Waschbecken im Bad liegt eine Spritze, daneben das verwendete Besteck...

16 Junger Mann liegt im Bett, verschlafen streckt er sich gähnend. Der Wecker auf dem Nachttisch zeigt auf 7.00 Uhr. Es ist Zeit zum Aufstehen, ein neuer Tag beginnt! (gleich wie Bild 1)

Ach, du dickes Ei

Bild/Text-Interpretationen

Nach dem Schreiben einer Story zu einem «Nonsens»-Titel, der Erfindung einer Geschichte zu einem vorhandenen Bild bzw. der Konzeption einer Bildsequenz zu einer vorhandenen Headline – jetzt der Text zu einer bestimmten Bild/Headline-*Kombination*. Zu Bild und Text auf dieser Doppelseite unten entstanden folgende Lösungen (Hinzuzufügen ist, daß es sich hier um rein *zufällige*, fingierte Kombinationen handelt – jedem Bearbeiter wurde zur Headline «Ach, du dickes Ei» ein bestimmtes Bild gegeben, mit dem er zu «leben» hatte...)

Mit meiner neuen Brille habe ich mehr klare Ansichten als verschwommene Aussichten.
FABRINA BRILLEN
Wenn Sie sich von den anderen unterscheiden wollen.

Zur Kombination auf der Doppelseite 160/161 wurde wie folgt getextet:

Trixi macht gern in die Hose. Und fährt darauf ab, wenn's keiner merkt!
PAMPERS
Windelhöschen mit Pfiff.
         oder

Ach, du dickes Ei

...denkt Johanna, die es wieder einmal nicht fassen will, daß ihr die Tante öde Kinderhöschen schenkt, wo es jetzt doch jede Menge chicer Badeanzüge für junge Damen gibt! Man müßte eben wissen, wo...
KASTNER & ÖHLER Minihaus

Zur Bild/Text-Kombination auf der Doppelseite 164/165:

Im Straßenverkehr gleichen sich alle Menschen wie ein Ei dem anderen, besonders, wenn es um's Parken geht. Wo kein Millimeter Abstellfläche mehr frei ist, nützt weder ein kleines Auto noch eine kleine Autonummer. Damit Sie aber, wann und wo auch immer, trotzdem nicht zu spät kommen, notieren Sie sich am besten sofort diese Nummer:
1718 FUNK-TAXI
Sei kein Ei!

Zur Bild/Text-Kombination auf der Doppelseite 166/167:

Alles war vorbereitet: Gedämpftes Licht und romantische Musik sollten sie verführen. «Schön wird es werden», dachte er schmunzelnd, als er schmerzlich erkennen mußte, daß er das eine vergaß...
WHISKAS
und der Abend wäre gelaufen gewesen...

Zur Bild/Text-Kombination auf der Doppelseite 168/169 notierte der Bearbeiter folgende Stichworte:

Bildanalyse Mann sitzend vor Absperrung – auf ein Ereignis wartend, evtl. mit Arbeit noch nicht fertig...
Textanalyse Überraschende Bedrohung – gewisser Streßfaktor, evtl. Zeitdruck...
Kombinationsmöglichkeiten Anzeige für Fremdwörterbuch (Langenscheidt) oder Fremdwörtercomputer (Hexaglott), da evtl. durch Sprachschwierigkeiten am falschen Ort oder zur falschen Zeit. Anzeige für ein neues Produkt, auf das schon gewartet wird...
Anzeige für einen Computer (Laptop), mit dem schnelleres Arbeiten ermöglicht wird – die anderen sind bereits fertig, während der abgebildete Mann offensichtlich handschriftlich noch nicht fertig ist...

Visualisierte Sprache

Sprache steht in enger Beziehung zu Typografie.
Typografie steht in enger Beziehung zu Sprache.
Diese These wollte ich durch die Ergebnisse der beiden letzten Studienaufgaben belegen lassen. Meine Studenten im Fach Text sollten das Begriffspaar Glück/Unglück typografisch visualisieren. Hier – stellvertretend für alle – drei Beispiele:

GL☺CK

GLÜCK

𝄞LÜCK

𝄞L♩CK

𝄞L♩CK

UNGLÜCK

Das «lächelnde Glück» und das «musikalische Glück» als typografische Metamorphose – während der Buchstabe G zum Noten-(G-)-Schlüssel wird, permutieren die Ü-Pünktchen zur ¼ Note. Außerdem ergibt sich eine stärkere Beachtung für das angelsächsische Wort «luck». Diese «typografische Pointe» läßt sich z. B. für ein Konzert/Oper/ Operettenplakat («*GLÜCKLICHE REISE*» von Karl Millöcker o. ä.) anwenden.

Das Unglück in Form von (öffentlicher) Trauer. Nur ein schlichter, nicht allzu dünner Rand, welcher einen «Namen» umschließt, signalisiert dem Betrachter etwas Tabuiertes. Wenn er dann auch noch liest U-N-G-L-Ü-C-K, interpretiert er «Todesanzeige»...

Hier sollten meine Studenten im Fach Typografie eine selbstgewählte Redensart (Idiom) oder ein Sprich- (bzw. Sponti-)Wort typografisch darstellen – nachdem sie sich vorher sprachlich/theoretisch gründlich damit auseinandersetzten. Hier einige Resultate:

In dieser Semesterarbeit geht es darum, ein Sprichwort, eine Redewendung oder ein Zitat typographisch so zu verändern, daß die Bedeutung bzw. der Inhalt verstärkt, verändert oder völlig umgedreht, ja sogar absurd wird. Ich habe mich für das Zitat von Götz v. Berlichingen «Wo Licht ist, ist auch Schatten» entschieden, was bedeutet, daß jede Sache, jedes Ding, jede Situation immer eine positive und negative Bedeutung hat. Man muß alles von mehreren Perspektiven aus betrachten und immer mit dem Schlimmsten rechnen, zumindest einplanen, daß etwas schiefgehen könnte. Außerdem sagt das Zitat aus, daß das eine vom anderen abhängt und das eine ohne das andere nicht denkbar ist. Als ähnliche Sprichwörter wären zu nennen: «Man soll den Tag nicht vor dem Abend loben» und «Jede Medaille hat zwei Seiten».

Auf den ersten sechs Blättern habe ich versucht, den Wortlaut beizubehalten und nur den Inhalt visuell durch Typographie zu verdeutlichen. Die Bilanz geht mehr auf die Bedeutung des Zitates ein. Auf den folgenden zehn Seiten habe ich mit Kombinationen aus den Worten Licht und Schatten herumgespielt, wodurch lustige, sinnentleerende und absurde «Sprichwörter» entstanden sind. Darauf folgen sehr verkürzte Versionen des Zitates. Auf den letzten Blättern habe ich bekannte Sprichwörter auf das Zitat «umgemünzt».

Ich habe die Optima, die Futura sowie die Frutiger ausgewählt, weil diese Schriftarten von ihrer Erscheinung her neutral sind.

Als ich mit dieser Aufgabe begonnen habe, konnte ich mir nicht vorstellen, daß ich bei dieser Art von Typografie etwas lernen könnte, aber im Laufe der Zeit wurde mir bewußt, welche Möglichkeiten die Typographie überhaupt bietet. Die Typographie bringt Worte und Sätze nicht nur optisch, sondern auch inhaltlich aufs Papier.

Ach, du dickes Ei

Wo Licht war, ist auch Schatten
Wo Licht ist, war auch Schatten
Wo Hinz ist, ist auch Kunz
Wo Licht ist, gibt's auch Nachtschattengewächse
Wo Licht ist, gibt's auch Schattenmorellen
Wo Helligkeit ist, gibt's auch Dunkelheit
Wo Leben ist, ist auch Tod
Wo eine Lampe ist, ist auch Schatten
Wo Licht auch Schatten ist,...
Wo Feuer ist, gibt's auch Rauch
Wo Licht sein wird, wird auch Schatten sein
Wer Licht mag, mag auch Schatten
ubi lux est, umbra est
Wo ein Licht ist, ist auch ein Schatten
Wo zwei Lichter sind, sind auch zwei Schatten
Wo viel Licht ist, ist Schatten
Wo Licht ist, ist auch OSRAM
Wo OSRAM ist, ist auch Schatten
Licht $\Rightarrow$ Schatten
Licht ist proportional zu Schatten
Ohne Licht kein Schatten
Licht + Schatten

Ach, du dickes Ei

Wo es Licht gibt, muß auch Schatten da sein
Wer im Rampenlicht steht, führt kein Schattendasein
Wer das Licht hat, muß für den Schatten nicht sorgen
Wer keine Leuchte ist, muß keinen Schatten haben
Wem kein Licht aufgeht, muß keinen Schatten haben
Wer Licht sagt, muß auch Schatten sagen
Wer im rechten Licht steht, muß keinen Schatten haben
Ein Windlicht brennt gut, wenn es im Windschatten steht
Ein Leuchtkörper hat keinen Körperschatten
Ein kleines Licht macht auch Schatten

LICHT	SCHATTEN
Vorteil	Nachteil
hell	dunkel
weiß	schwarz
Anfang	Ende
reich	arm
gut	schlecht
gesund	krank
gut	böse
oben	unten
früher	heute
heute	morgen
Zucker	Salz
süß	sauer
Nord	Süd
dünn	dick
intelligent	dumm
clever	doof
schön	häßlich
männlich	weiblich
Heimat	Fremde
positiv	negativ
Himmel	Hölle
aufwärts	abwärts
schnell	langsam
Urlaub	Arbeit
Ruhe	Streß
Tag	Nacht
hier	dort
+	-
Plus	Minus
Haben	Soll
konstruktiv	destruktiv
Harmonie	Chaos
Note 1	Note 6
Ja	Nein
0	1

Wo viel **Licht** ist,

ist auch **Schatten**

Wo Licht ist,
   ist auch **Schatten**

Wo Licht ist,
ist auch Schatten

WO LICHT IST,
   IST AUCH SCHATTEN

Wo Licht ist,
   ist auch Schatten

Wortkombinationen mit Schatten:
Schattenspiel
Kernschatten
Kurschatten
Lidschatten
Schlagschatten
Windschatten
Sichtschatten
Schattenmorellen
Schattenseite
Schattendasein
Nachtschattengewächs

Schatten spenden
30 Grad im Schatten
einen Schatten haben
sich in den Schatten legen

Licht und Schatten
Licht wie Schatten
Licht wegen Schatten
Licht, wenn Schatten
Licht für Schatten
Licht vom Schatten
Licht, jedoch Schatten
Licht trotz Schatten
Licht, weil Schatten
Licht zum Schatten
Licht, aber Schatten
Licht ohne Schatten
Licht braucht Schatten
Schatten wegen Licht
Schatten vom Licht
Schatten, wenn Licht
Schatten, weil Licht
Schatten braucht Licht

Wortkombinationen mit Licht:
Sonnenlicht
Lichtpause
Lichtspielhaus
Rampenlicht
Schwarzlicht
Neonlicht
Lichtermeer
Rotlicht
Windlicht
Glanzlicht
Blitzlicht
Abblendlicht
Aufblendlicht
Lichtquelle
hinters Licht führen
das Licht der Welt erblicken
ins rechte Licht rücken
ein Licht aufgehen
... und es werde Licht
ans Licht wagen

Lebensgefahr!

Wo Licht ist,
gibt's auch Nachtschattengewächse

Wer keine Leuchte ist,
muß keinen Schatten haben

Wem kein Licht aufgeht,
muß keinen Schatten haben

Wer im rechten Licht steht,
muß nicht im Schatten stehen

Wo es Licht gibt,
muß auch Schatten da sein

Wer im Rampenlicht steht,
führt kein Schattendasein

Ein Windlicht brennt gut,
wenn es im Windschatten steht

Ein Leuchtkörper
hat keinen Körperschatten

wo es l i c h t ist,
gibt es wenig Schatten

Wo eine L i c h t u n g ist,
ist auch eine Schattierung

Kleines Licht
macht auch Schatten

**Streichen Sie
Ihren
Urlaub**

> kleines Licht
>
> kleiner Schatten
>
> # großes Licht
> # großer Schatten

Auf der Seite 168 gibt es vier Beispiele, welche man als «Antisprichwörter»[48] bezeichnen kann: Hier wurden die «Originale»
- Wer Wind säet, wird Sturm ernten
- Wer A sagt, muß auch B sagen
- Wer den Schaden hat, braucht für den Spott nicht zu sorgen
- Du sollst den Tag nicht vor dem Abend loben

nach heuristischer Manier (Ersetzen bzw. Vertauschen) verändert, und zwar so, daß der Leser sich an das Original erinnert.
Aus dieser Methode läßt sich ein Tip ableiten:
«Wer verändert, braucht nichts ‹Neues› zu erfinden!» oder
«Wer eine neue Idee sucht, kann eine alte verändern!...»

Wer Licht sät,
wird Schatten ernten

Wer Licht sagt,
muß auch Schatten sagen

Wer das Licht hat, muß nicht für
den Schatten sorgen

Du sollst das Licht nicht
vor dem Schatten loben

LICHT

SCHATTEN

Wo ein Licht ist, ist auch ein Schatten

Wo zwei Lichter sind, sind zwei Schatten

LICHT

Stoffsammlung zu: Wo Licht ist, ist auch Schatten.

- Wo es licht ist, ist kein Schatten.
- Wo Lichter sind, ist es hell.
- Wo Lichter sind, ist es auch dunkel.
- Wo es leicht ist, ist es auch schwer.
- Wo ist Licht? Da, im Schatten!
- Wo es dunkel ist, ist kein Licht.
- Wer Licht ißt, ist nicht ganz helle.
- Wer leicht ißt, wird nicht fett.
- Wo es leicht ist, ist es nicht schwer.
- Nix Licht – Nix Schatten.
- Wer leicht ißt, hat 'nen Schatten.
- Wer leicht ist, wirft kaum Schatten.
- Viel Licht – Viel Schatten.
- Wo es licht ist, wachsen keine Haare.
- Wo eine Lampe ist, ist auch ein Schalter.
- Wo Feuer ist, ist auch Wasser.
- Wo Feuer ist, ist es auch heiß.
- Wer Feuer ißt, ist ein Feuerschlucker.
- Wollte Licht, bekam 'nen Schatten.
- Im Schatten ist gut lichten.
- Viele Lichter verderben den Schatten.

Neues Hemd und alter Kragen

- Ist irgendwo Licht, ich sehe nicht.
- Gebt mir Licht, so kriegt Ihr Schatten.
- Bei Licht kommen keine Ratten.
- Ohne Licht kein Schatten.
- Am Licht erkennt man den Schatten.
- Ich mach' auch Schatten.

Heute schon gelebt?

Sprichwörter oder Sätze mit ähnlicher Bedeutung

- Wo gehobelt wird, fallen Späne.
- Es ist nicht alles Gold, was glänzt.
- Die Kehrseite der Medaille.
- Alles hat seine zwei Seiten.
- Im Guten steckt auch das Böse.
- Vorsicht ist besser als Nachsicht.
- Vertrauen ist gut, Kontrolle ist besser.
- Ying und Yang.

Licht	Schatten
Glück	Pech
Frau	Mann
Sonne	Mond
Gut	Böse
Weiß	Schwarz
Berg	Tal
Krieg	Friede
Tag	Nacht
Ying	Yang
Kind	Greis
Ruhe	Hast
Schöne	Häßliche
Mini	Maxi
Donald	Dagobert
Breite	Enge
Himmel	Hölle
Reichtum	Armut
Süßes	Saures
Können	Versagen
Liebe	Haß
Plus	Minus
Anfang	Ende
Stille	Lärm
Ja	Nein
Freude	Leid
Frage	Antwort
Klares	Trübes
Erfolg	Niederlage
Sicherheit	Gefahr

Wo ist, ist auch

stimmt!!
Andererseits stimmt aber auch dieses:

**Wo es licht ist,
ist kaum Schatten.**

**Viele Lichter
verderben den Schatten.**

statt: «Viele Köche verderben den Brei»

Wer leicht ist, wirft kaum Schatten.

Wer *light* ißt, hat 'nen Schatten.

Wer Licht ißt, ist nicht ganz helle.

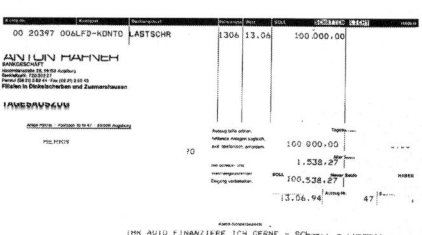

Jedes Sprichwort ist eine Analogie an sich – z. B. «Licht» für Sonne, Tag, Glück, Liebe oder Erfolg / «Schatten» für Nacht, Pech, Böses, Krieg, Armut oder Gefahr: Ein Autokauf (Freudsches Lustprinzip) kann Schulden nach sich ziehen (Freudsches Realitätsprinzip).

Bestehende Textinhalte, z. B. Sprichwörter sollen visuell durch Typografie interpretiert werden. Auf der Basis des Sprichwortes «Stille Wasser sind tief» wurden Sprachbilder entwickelt, die den Urtext in eine veränderte Bewußtseinswelt übertragen.

Designtheoretische Erläuterungen

Bedeutung: Das Sprichwort bezieht sich auf Personen, die unter ihrer Fassade Tiefgang vermuten lassen.

Typografische Hervorhebung: Diese Fassade läßt sich durch die Eigenschaft des Papiers als Sinnbild verdeutlichen. Die Bedeutung des Sprichwortes wird durch die typografische Zurückhaltung verstärkt.

Beispiel: Übertragung der Aussage in visueller, typografischer Darstellungsweise (Prägedruck, Großformat).

Veränderung: Durch eine divergente Aussage läßt sich die Bedeutung des Urtextes umkehren. Mit Hilfe des heuristischen Prinzips kann das Sprichwort sprachlich erforscht und verändert werden (Austauschen, Ersetzen, Verdrehen, Kontrastieren, Kombinieren etc.).

Sinnentleerung: In einem ungewohnten Kontext (Warnschild, chemische Formel: Wasser – Kohlensäure = tief) wird die Bedeutung ad absurdum geführt.
Sprichwort mit ähnlicher Bedeutung: «Reden ist Silber, Stille Wasser sind tief.

$H_2O - H_2CO_3 = $ tief

Wasser ist silber,
Stille ist gold.

Tiefe Wasser sind still.

Schweigen ist Gold.»

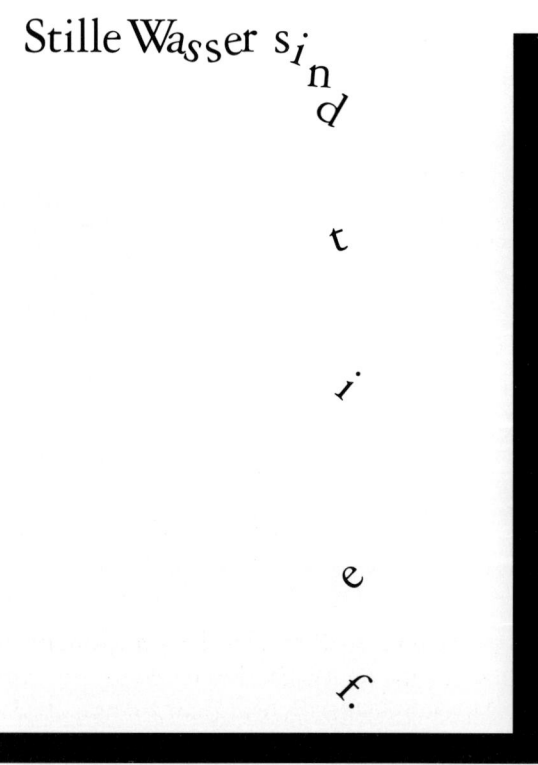

Guten Morgen!

Die dreimalige Nennung der Redensart «Einmal ist keinmal» im (Größen- und Entfernungs-)Gegensatz zu «Aber weniger ist mehr» symbolisiert die Tatsache, daß letzteres oft unterschätzt oder verkannt wird, weil der Mensch bei visuellen «Sensationen» meist eher oder schnell/spontaner reagiert als bei Eindrücken, welche erst auf den zweiten Blick ihren Wert offenbaren:

Einmal ist keinmal
Einmal ist keinmal
Einmal ist keinmal

Aber weniger ist mehr

Die Erweiterung «Einmal ist keinmal, eineinhalbmal ist angemessen, zweimal ist einmal zuviel» ist durch den größer werdenden Zeilenabstand und das Anwachsen des Schriftgrades räumlich dargestellt – was den immer stärker werdenden Effekt des mehrmaligen Probierens ausdrücken soll, wobei *zweimal* zuviel ist, und auch größenmäßig aus dem Rahmen fällt:

Einmal ist keinmal

Eineinhalbmal ist angemessen

Zweimal ist einmal zuviel

Beim nächsten Beispiel ist das erste Wort durchgestrichen, weil «es nicht zu Buche schlägt»...

~~Einmal~~

ist

keinmal

«Einmal ist» steht weit entfernt zum in winziger Punktgröße abgesetzten «keinmal»; hier ist das Wort «keinmal» in seiner Bedeutung *verstärkt* – man sieht es kaum...
Einmal ist

Einmal ist

keinmal

Die zwei Abwandlungen in Dialekt-Form stellen zwei Möglichkeiten der Redensart-Interpretation dar.
- Der Sprichwörter-Duden erklärt: «Einmal ist keinmal – bei einem Versuch soll man es nicht belassen; versuchen wir es noch einmal – einmal ist keinmal.» Diese Version ist in bayerischer Mundart wiedergegeben, die, geschrieben, einer asiatischen Sprache ähnelt – daher die außergewöhnliche Schrift:

oamoi is koamoi!
probia mas no amoi!

- Die zweite Version drückt eine andere Interpretation aus: Einmal ist keinmal – versuche es nicht noch einmal, sonst werde ich es nicht wieder so schnell vergessen, wie diesen einmaligen Ausrutscher...

**eens is keens –
ick druck een oge zu!**

Bei der Hervorhebung des «mal» von einmal und keinmal verstärkt die Negativdarstellung von «keinmal» die Aussage, daß «keinmal» das Gegenteil von «einmal» ist. Das «mal» ist hervorgehoben, um die gemeinsame Silbe der zwei Gegensätze «einmal» und «keinmal» zu verdeutlichen. Dies ist eine Darstellung, welche inhaltlichen Kontrast und die Gemeinsamkeit der Silben miteinander verbindet:

Wer wagt, gewinnt!

Die Dreiecksform der Redensart, die dadurch entsteht, daß links und rechts von Zeile zu Zeile jeweils ein Buchstabe weggenommen wird, drückt aus, daß durch die ständige Wiederholung nicht unbedingt mehr herauskommen muß als das Resultat der Redensart: keinmal.

Einmal ist keinmal
inmal ist keinma
nmal ist keinm
mal ist kein
al ist kei
l ist ke
ist k
st

Einmal ist keinmal: Aller Anfang ist nichts. Diese Aussage ist typografisch gesetzt wie ein Buchtitel (z. B. philosophischer Art...)

Wer sind wir?

Einmal ist keinmal:
Aller Anfang ist nichts

Wenn «öfter» die Wiederholung von «einmal» und «einmal» = «keinmal» ist... kommt eine Schlußfolgerung zustande, welche ad absurdum führt – und gleichzeitig eine Lebensweisheit darstellen kann...

Eine  wäscht die andere

Geschmierte Hände waschen gut.

Gute Dinge...
Drillinge!

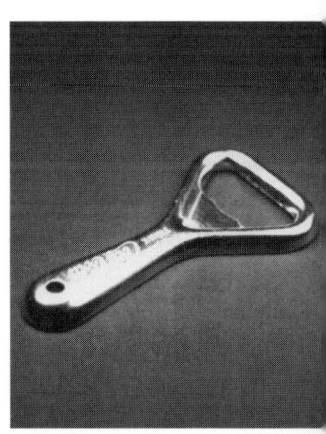

ALLER GUTEN **D**INGE SIN**D D**REI

(3 x 3 / 3) − 3 + (48 / 16) = GUT!

hm hmhmh mhm
hmhm hmhmhmhi
hi hiihi hihi hi hihi
hihiihihuhihuuuhu
huuoohohohohuo
hohoahhoahhaha
haaaahaahaahha
hahahhaahahaha

Zuletzt lachen –
am besten lachen

Wer zuerst lacht, hat nicht gut lachen.

Das letzte Gelächter.

Lach gut,
lach besser,
lach zuletzt.

Weine nicht
Du
hast noch nicht,
gelacht.
Lach nie zuerst!

Jetzt oder nie

wer zuerst lacht, fliegt raus.

Wer Tee trinkt, lacht am besten.

Auf Erfolgskurs

Für die effektivste Ausschöpfung des Potentials muß darauf geachtet werden, daß zuletzt gelacht wird.

Je besser – desto letzt.

Einakter für sechs Lacher:

erster (leicht amüsiert)
«hm hmhmm»
zweiter (deutlich erfreut):
«hmhmmmmhm»
dritter (offensichtlich belustigt):
«hihi hi hii hii»
vierter (äußerst belustigt):
«he hehe he he»
fünfter (kann sich kaum mehr
halten): «huhu huoho hoho»
letzter (unübertroffenes Gelächter):

«ha haha haha haa haha»

Zwischenfazit 2. Station

In dieser Station wurden Sie mit der Beurteilung und Verbesserung von Fremdtexten bekanntgemacht, z. B.
- *wie man Phrasen und «Allgemeinplätze» oder Füllwörter erkennt und durch präzisere bzw. farbigere Synonyme ersetzen kann;*
- *wie man «Anleihen» bei der Diktion anderer Textdiskurse machen kann.*

Ein Textbewertungssystem mit den Kriterien Form, Inhalt und Wirkung ermöglicht es Ihnen, fremde und eigene verbale Produktionen in die «Waagschale» zu werfen.
«Vorher/nachher»-Textbeispiele veranschaulichen Ihnen, was
- *zu lange, zu verschachtelte und zu überfrachtete Texte anrichten können;*
- *ungegliederte Texte, dazu noch mit unglücklichem Vokabular, verursachen können.*

Nach diesen Exkursen sind Sie dann auch in der Lage, «zwischen den Zeilen» zu lesen, z. B.
- *diplomatische, offizielle Verlautbarungen oder schlechte Arbeitszeugnisse (...«Er hat sich stets bemüht... Sein Verhalten gab nie zu Tadel Anlaß...»)*

Zum Kernthema «Kreative Werbesprache» konnten Sie an einer Reihe von Hochschulergebnissen aus den Fächern «Verbale Kommunikation» und «Typografie» erfahren, wie sprachlich/grafische Spielräume genutzt werden können, z. B.
- *wie die Phantasie des Texters durch paradoxe Überschriften angeregt werden kann;*
- *wie bestimmte Inhalte durch spezielle Schrifttypen optimal transportiert werden können;*
- *wie ein Bild in Text «übersetzt» werden kann;*
- *wie ein Text durch Bilder «vertreten» wird (S. 17 ff.) bzw. wie eine Bildergeschichte (auch papierunabhängig z. B. als Film- oder TV-Spot) dazu konzipiert werden kann;*
- *wie ein Sprichwort oder eine Redewendung nach allen Regeln der Kunst so variiert werden kann, daß im Extremfall sogar ein «Antisprichwort» entstehen kann – einen ganz entscheidenden Teil dazu leistet die Typografie, d. h. Schriftart, -größe und -anordnung.*

Der Fragebogen 3 gibt Ihnen die Möglichkeit, Texte aus ihrem Berufsalltag kritisch zu lesen bzw. zu optimieren.

3. Station
Texter als Beruf(ung)

Die Chance, einen *guten* Job als Texter zu bekommen, ist von mehreren Umständen abhängig:
1. die jeweilige wirtschaftlich/konjunkturell/politische «Großwetterlage» in der Werbung,
2. die Interaktion von Angebot (seitens der Werbeagenturen) und Nachfrage (seitens der Bewerber),
3. die Ausbildung bzw. berufliche Vergangenheit des Bewerbers,
4. der intellektuelle Anspruch bzw. der qualitative Standort der entsprechenden Werbeagentur, besser gesagt, ihrer kreativen Leute,
5. die Art der Bewerbung im Rahmen der «personal identity» (hier verweise ich auf mein Buch «Persönlichkeitsentfaltung» – s. Literaturverzeichnis).

Zweifellos boomt die Werbung wie selten zuvor. Jährlich steigen die Aufwendungen für diesen wichtigsten Teil der Verkaufsförderung an. Doch was z. B. 1993 Branchenkenner kaum zu prophezeien wagten, ist Wirklichkeit geworden: Nach einer auf Erhebungen der Nielsen Werbeforschung Hamburg basierenden Studie wurden für besagtes Jahr brutto ca. 16,5 % zusätzliche Investition in die Werbung hochgerechnet. – Über Jahre und Wirtschaftskrisen hinweg hat sich die Werbebranche als Wachstumsmarkt erwiesen («Wirb in der Zeit, dann hast du in der Not!»).

Warten wir ab

Zitat aus der führenden Werbefachzeitschrift w&v: «Besonders die Texter scheinen auch weiterhin von der Tatsache zu profitieren, daß es für sie keine professionelle Ausbildung gibt. Georg Baums, geschäftsführender Gesellschafter von Baums, Mang und Zimmermann, Düsseldorf und Vorstandsvorsitzender des Gesamtverbandes Werbeagenturen (GWA): ‹Der größte Engpaß liegt bei qualifizierten Textern. In diesem Metier gibt es mehr Schwierigkeiten als in allen anderen Bereichen.› Eine Mangelsituation im Bereich ‹Creation Text› beklagt auch Jürgen Knauss, Geschäftsführer von Heye & Partner, München. Und das gleiche Defizit verspürt auch Horst Soormann, Geschäftsführer von der Gilde, Hamburg.

Was tun gegen die Texter-Malaise?...»

Ich schließe mich an: Wie stellt sich der Auftraggeber, der Werbeleiter, der Agenturinhaber den idealen Texter vor? Wo stecken die «Rosinen» in dieser beruflichen Tätigkeit?

Wie? Was? Wo? Wer?

Von A (wie Arbeitseinsatz) bis Z (wie Zähigkeit) muß der Werbetexter so ziemlich alles mitbringen, was man in der Schule *nicht* lernt, wohl aber im Leben. The «American way of life» kennt Tellerwäscher, ehemalige Boxer oder Forstgehilfen, welche es zum Top-Texter brachten. – Wenn die Uhren im deutschsprachigen Raum auch ein wenig anders gehen: Meines Erachtens müßten folgende Eigenschaften auch hier «Schlüsselfunktion» haben:
- Die Neugier sollte die Höflichkeit übertreffen.
- Cleverness ist (viel) wichtiger als ein hoher IQ-Wert.
- Talent ist gut, Willensstärke und Ausdauer sind besser.
- Die Frustationsschwelle muß (extrem) höher sein als die Hemmschwelle. Ein Kreativer muß *alles* in Frage stellen.
- Studium ist gut, Besessenheit und Ehrgeiz sind besser.
- Wer in der Schule nicht gut war, hat größere Chancen als Texter.

Und da küßte der Himmel die Erde

In den frühen achtziger Jahren habe ich einmal das Stellenangebot von Young & Rubicam Frankfurt gelesen: «Wir suchen den Texter, der mit unserem Art Director Krach bekommt»... Wer sich hier meldete, war mit Sicherheit
- konfliktfähig, innovationsfreundlich und hat auch Sinn für «Chuzpe» (hebräisch: svw. «Frechheit») bewiesen, eine der wichtigsten Voraussetzungen für die Werbung, wenn sie (mit höherem Unterhaltungswert) das Jahr 2000 überleben will.

Wer obengenannte Eigenschaften wenigstens zur Hälfte(!) erreicht, kann einmal so weit kommen, daß er in einem der attraktivsten Berufe Arbeit findet, nämlich mit
- Vergnügen, welches in der Freizeit viel Geld kostet, Geld *verdienen*,
- Erfolgserlebnissen, welche durch Feuer, Begeisterung und Leistungsdruck (Ehrgeiz, Wettbewerbsdenken der Kämpfernaturen) zustande kommen,
- Schreibmaschine, Papier und Köpfchen Ergebnisse erzielen, welche auch mit dem höchstentwickelten Computer nicht erreichbar sind,

- der Wachstumsbranche zusammen in die Zukunft wachsen,
- dem «Fahrstuhl» zur Chefetage fahren,
- Verdienstmöglichkeiten bis zu 150 000 DM per anno,
- einem Job, der so aufregend ist wie der erste Kuß,
- der Möglichkeit, auch als Freelancer (Consulting) sich den Tag selbst einzuteilen.

Wer kann *nicht* Werbetexter werden? Auch darüber lohnt sich einmal nachzudenken: Antwort:
- Alle Publizisten (Literaten, Lyriker) und Stückeschreiber – sie schreiben, was sie denken, ihre eigene Meinung, ihren eigenen Stil. Texter dagegen identifizieren sich zu 100% mit dem Produkt oder der Dienstleistung und machen dieses (und nicht sich selbst) attraktiv.
- Alle Realisten, Skeptiker und Verstandesmenschen, welche nur das glauben, was sie sehen, und allem, mit dem sie bislang keinen Erfolg hatten, zweifelnd gegenüberstehen. Für diese Menschen gibt es keine Hypothesen und (reizvolle) Seitenpfade. Oft haben sie eine ausgesprochene Scheu, Fragen zu stellen oder sich um Zusammenhänge zu kümmern, weil sie Wesentliches von Unwesentlichem nicht unterscheiden (wollen).
- Alle Menschen, welche sich nicht in die Perspektive eines andern versetzen können, welche sich nicht einfach, emotional-naiv oder pointenreich genug ausdrücken können.

Fragebogen 4

Suchen Sie sich jene Antwort aus, welche am ehesten zu Ihnen paßt:
a) Wenn ich Sie bitten würde, mir den Kugelschreiber, den Sie gerade in der Hand halten, zu verkaufen – was würden Sie mir antworten?
   - ☐ «Dieses ist ein Billigkugelschreiber, den ich geschenkt bekommen habe.»
   - ☐ «Da muß ich erst überlegen – kann ich Ihnen das eventuell noch morgen sagen?»
   - ☐ «So mancher hat schon mit einem rußigen Streichholz oder scharfem Fingernagel in eine Papierserviette ‹gegraben›, weil er keinen Kugelschreiber bei sich trug...»

b) Wie lesen Sie die Tageszeitung?
- ☐ «Von vorne bis hinten – Buchstabe für Buchstabe.»
- ☐ «Ich habe wenig Zeit zum täglichen Zeitunglesen, abends die Tagesschau und morgens der Radiowecker am Bett...»
- ☐ Welche? Die regionale, überregionale bzw. internationale? Oder meinen Sie das Boulevardblatt?

c) Wenn Sie einen Partner für's Leben suchen würden – wie würden Sie es anstellen?
- ☐ «Ich würde annoncieren.»
- ☐ «Ich würde suchen, vielleicht per elektronischer Partnerwahl...»
- ☐ «Ich würde beschließen, mich ab sofort finden zu lassen...»

d) Wenn Sie während einer Argumentation (Ihrem Kollegen, Vorgesetzten, Chef oder Kunden gegenüber) merken, daß Sie sich widersprochen haben, was tun Sie?
- ☐ «Ich ziehe zurück und bedaure...»
- ☐ «Ich bleibe dabei und versuche dies irgendwie zu reparieren.»
- ☐ «Ich zwinkere mit dem rechten Auge und sage: ‹Ich wollte Sie nur provozieren...›»

e) Wie verhalten Sie sich, wenn Sie aus nichtigem Grund von einem anderen Verkehrsteilnehmer wütend angehupt werden würden?
- ☐ «Ich erkundige mich, warum?...»
- ☐ «Ich hupe noch wütender zurück.»
- ☐ «Ich drehe in aller Ruhe meine Scheibe herunter und frage ‹Was haben Sie sonst noch zum Geburtstag geschenkt bekommen?...›»

f) Wenn Ihnen jemand einen Witz erzählt, den Sie schon kennen – wie reagieren Sie darauf?
- ☐ «Ich kann nicht verbergen, daß ich ihn schon einmal gehört habe – ich lache ‹gebremst...›»
- ☐ «Ich lache extra laut, damit man nicht denkt, ich hätte ihn nicht kapiert.»
- ☐ «Ich achte nur darauf, wie er ihn erzählt – im Vergleich zu den anderen – und grinse genießerisch.»

Wenn Sie jeweils die erste oder zweite Antwort angestrichen haben, besitzen Sie nicht die besten «Karten» für den Beruf des Werbetexters. Aber – was nicht ist, kann ja noch werden...

Dichtung, Phantasie, Wahrheit

Was ist «Texten»? Hören wir einmal, was einige Vertreter dieser Berufsart dazu meinen:
- Wolf Keyenburg («Werbetexttraining») ließ sich einmal mit Schüssel, Milch und Rührstab fotografieren; dazu philosophiert er «Texten ist wie Mixen. Die Mischung macht's.»
- Claus Harden (der Klassiker unter den deutschen Top-Textern) beantwortete einmal die Frage «Wie wird man eigentlich Texter?» mit der Gegenfrage «Wie wird man eigentlich Clown?» ... «Beide wollen dasselbe (andere Menschen informieren, überraschen, unterhalten, amüsieren, anregen, aufregen, überzeugen, Einstellungen verändern; Vorurteile abbauen helfen, Meinungen bilden, etwas Bestimmtes kommunizieren): Wenn Ihr Publikum buht, zischt, pfeift, einschläft oder wegrennt, dann waren beide schlecht. Wenn Ihr Publikum aufmerksam wird, zuhört, sie versteht, Ihnen glaubt und danach handelt, dann waren beide gut...»
- Torsten Mann (ehemaliger Präsident des Art Directors Club von Deutschland) bestätigt meine Thesen auf Seite 190 (Kapitel 8): ... «Ich will nicht sagen, daß man als Texter überdurchschnittlich intelligent sein muß. Lesen muß man viel (...) Nicht die Inhalte sind wichtig, sondern das Wie...»
- Konstantin Jacoby (von Deutschlands Top-Agentur Springer & Jacobi, Hamburg): «Die Sprache ist nicht Gott, sondern Knecht. Lassen Sie sich von niemandem erzählen, daß es eine Wissenschaftssprache, eine Werbesprache, eine Gossensprache, eine Händlersprache, eine Autosprache, eine Sprache der Gebildeten usw. gibt. Daß also Sprache so und so zu sein hat und nicht anders sein darf. Die Sprache ist keine verselbständigte Institution, vor der man, bitteschön, Ehrfurcht zu haben hat und der man sich entsprechend irgendwelcher Regel bedienen darf. Die Sprache ist ein Werkzeug zum Überleben wie Zeichnungen, wie Häuser oder wie Kleidungsstücke. – Man soll sie so benutzen, wie man es für richtig hält und wie es einem am meisten Spaß macht.»

Vor uns ein langer Weg, hinter uns ein Wille

Ich persönlich meine, daß es erstens eine «Werbesprache» gibt (sonst hätte ich nicht dieses Buch geschrieben) – und zweitens Phantasie genauso zum Texten gehört wie *ein* Tüpfelchen auf dem ü. Das *andere* ist die Identifikation mit dem Leser, d.h. wer sich in seine Rolle versetzen kann, wer das

Geschriebene aus seinem Blickwinkel lesen kann – der versäumt am wenigsten das Wichtigste: Wirkung erzielen!
In meinem Buch «Text-Design» (München, 1989) habe ich einmal geschrieben, daß «Texte mit Autos einiges gemeinsam haben... sie können spritzig sein wie ein Sportcoupé, temperamentlos wie ein Müllfahrzeug, aufwendig wie ein Straßenkreuzer, einfach wie ein fahrbarer Untersatz, überladen wie ein Möbelwagen, tiefschürfend wie ein Bagger oder schwerfällig wie ein Laster – oder verhunzt wie ein Totalschaden. Wer nur orthografisch richtig schreibt, hat zwar den *Motor* angeworfen. Aber erst mit seinem Einbau in eine konstruierte, dem jeweiligen Zweck entsprechende Form, bestehend aus Fahrgestell, Getriebe, Bremsen und der richtigen Karosserie (in diesem Fall die Typografie) kommt Kraft auf die Straße, kann etwas *bewegt* werden»... Phantasie ist mit «Dichtung» gleichzusetzen, mit «Erfindung»: Wer z. B. die Phonetik eines Wortes (vgl. Seite 5/6) auf dessen Inhalt übertragen kann, d. h. wer diese Beziehung findet, hat die Erfindungsgabe des Verbaldesigners. Ein Beispiel: «Liebe» wird im Deutschsprachigen so buchstabiert: lllll-iiiiiiiii-ehhh-bh-ehhhhhh! Im Französischen (amour): aaahhh-mmmh-ooooohhhhh-uuhhh-rrrrrrrrrrrrr!!! (Haben Sie's gemerkt?)
Wer aus der an trivialer Abgegriffenheit nur schwer überbietbaren Lotterie-Werbung (z. B. Landebahn mit gepflasterten Tausendmarkscheinen in Weitwinkelperspektive) eine hinreißende Story mit frivolen Einsprengseln – dazu noch in einem Nackedei-Magazin – schreiben kann, der ist nicht nur auf dem richtigen Weg, sondern dem Ziel, ein guter Texter zu sein, schon ein geraumes Stück nähergekommen (ein unbekannter Kreativer der Agentur Hildmann, Simon, Rempen & Schmitz, Düsseldorf textete dieser als reines Textinserat!).

Walk of Fame: Der Weg des Erfolges

Zum Thema «Wahrheit» schrieb Hans-Ulrich Würth in «Der erfolgreiche Werbetexter» (Landsberg, 1990) folgende Passage:

«Entscheidend für den Erfolg am Markt ist jedoch, daß (...) ein tatsächlich vorhandener oder auch nur vermeintlicher Wettbewerbsvorteil von den Kunden auch als solcher erkannt und anerkannt wird. – Grundsätzlich gibt es immer mindestens zwei Wahrheiten: 1. Die objektive, 2. die, die der Verbraucher erwartet. – Treffen wir also mit unserer Botschaft (es muß nicht Werbung sein, jeder Politiker oder Journalist hat das gleiche Problem) punktgenau auf eine bestehende Meinung, dann wird der Absender der Botschaft erst einmal als glaubwürdig betrachtet. Das ist schon die halbe Miete. Die andere Hälfte kommt dazu, wenn unser Angebot die Lösung eines bestehenden Problems oder die Erfüllung eines vorhandenen Wunsches verspricht. Beides zusammen ist die strategische Optimale. Und betrachtet man sich z. B. das Direkt-Marketing – da werden die besten Rückläufe meist bei den *eigenen* Kunden erzielt. Bei einer Zielgruppe also, die den Anbieter kennt und für sein Angebot offenbar Interesse hat. Das stützt ja die These ganz schön! – Aber, sollte es das schon gewesen sein? Das einzige Problem ist die schnöde Wirklichkeit. Das traute Familienglück, weil z. B. die richtige Kaffeesorte am sonntagmittäglichen Kaffeetisch kredenzt wird, steht nun einmal im krassen Gegensatz zur Erfahrung vieler, daß die schönsten Familienkräche just am sonntäglichen Kaffeetisch ausbrechen. Nach Meinung vieler Psychologen herrscht – zurückzuführen auf das zu Ende gehende Wochenende, das auch nicht das brachte, was es am Freitag noch versprach – nicht selten Krisenstimmung bei Kaffee und Kuchen. Werbung, die als glaubwürdig wahrgenommen werden will, wird auf Dauer ein Stück mehr Realität kommunizieren müssen. Auch wenn's nicht gerade beim Kaffee anfangen muß...»

Dichtung und Wahrheit liegen eng beieinander.
Es kann glaubwürdig sein, wenn ein Texter den Satz formuliert: «DIE KRÖNUNG DER SCHÖNSTEN STUNDEN IST DIE KRÖNUNG MIT JACOBS KAFFEE», aber es ist unglaubwürdig, wenn der gleiche (nicht derselbe) Texter die Kaffeetrinkerin nach dem ersten Schlürf und *in derselben Sekunde* mit entrücktem Gesichtsausdruck sagen läßt «...wunderbar!» Das Kosten eines wunderbaren Kaffees braucht seine Zeit... auch in der damit knapp bemessenen TV-Werbung.

Fragebogen 5

a) Was fällt Ihnen zu folgenden Stichwörtern ein? Schreiben Sie einige Wörter oder/und Sätze zu den Begriffen «Haus», «Tisch», «Mantel», «Uhr», «Hand», «Herz», «Vogel» und «Baum»?

b) Welche berufliche Tätigkeit üben Sie gerade aus?
☐ Keine, ich bin Schüler/Student
☐ Lehrer/Dozent
☐ Grafik-Designer/Art Director
☐ Texter/Journalist/Redakteur/Herausgeber
☐ Werbe-/Verkaufsleiter/Produktmanager
☐ Marketingfachmann
☐ Creative Director/Agenturchef
☐ Weder noch

c) Vergleichen Sie die verschiedenen Tätigkeiten miteinander; versetzen Sie sich einmal in jene, die Sie lieber bzw. höchst ungern ausüben würden und machen Sie die gleiche Übung. Wie ist da das Ergebnis?

d) Vergleichen Sie es mit Ihrem ersten Ergebnis! Was fällt Ihnen dabei auf?

e) Wenn sie die Seite 194 nochmals durchlesen, fällt Ihnen vielleicht zu den obigen Begriffen nochmals etwas ein? (Synonyme, Analogien, Idioms, Jargon)

f) Haben Sie schon einmal ganz besonders charmant *gelogen*? Versuchen Sie einmal eine schriftliche Lüge zu formulieren, welche *glaubhaft* klingt! – Auch eine maßlose Übertreibung ist schon etwas wert…

Brrr …

g) Machen Sie die Probe darauf: Würden Sie es (als Konsument) glauben? Wenn nicht, war es nicht gut genug gelogen oder Sie sind ein Konsument, der sich nicht für dumm verkaufen läßt. Was nun wirklich «Sache» ist, überlasse ich Ihnen.

Zwischenfazit 3. Station

Auf dieser Station sind Sie mit dem Berufsbild des Texters konfrontiert worden. Einige unter Ihnen «wußten das alles schon», aber vielen ist das bestimmt noch nicht so bewußt geworden:
- *Wie muß der kreative Texter hören, denken und schreiben?*
- *Was muß in der Werbung passieren, wenn ihr Unterhaltungswert einen höheren Stellenwert bekommen soll?*
- *Wo stecken die «Rosinen im Kuchen» des Texterberufs?*
- *Wer ist für diese Tätigkeit besonders gut geeignet?*

Zwischen «Dichtung» (lustbetonte Divergenz) und «Wahrheit» (realitätsbetonte Konvergenz) liegt die «Kreativität» (kontrollierte Divergenz).
Die Synthese aus Logik und Unlogik, Sinn und Unsinn, Sein und Schein, Lauterkeit und Lüge, These und Antithese, Gut und Böse, Schwarz und Weiß, Liebe und Haß, Leben und Tod, Krieg und Frieden, Glück und Unglück, Freude und Trauer liegt in der Ambivalenz der Texterseele. Nicht zuletzt im ständigen Wechselspiel zwischen Produzenten und Konsumenten, Experten und Laien, Lehrern und Schülern, Ärzten und Patienten, Sündern und Heiligen – will sagen, in der Polarität von Angebot und Nachfrage im Rollenverständnis liegt die berufliche Chance des Texters.

**Hurra!
Flüchtlingstrom
sichert Energie-
versorgung**

4. Station
Meinungsbildung als Verkaufsförderung

Ich möchte nochmals einen Gedanken aufgreifen, den ich – beginnend mit Seite 12 (Vorbemerkung) – bereits formulierte:
- Beim Betrachten von Bildern haben wir Text im Kopf (z. B. sehen wir eine Lampe, denken wir an Licht, Strom. Wieviel Watt? Was kostet eine Kilowattstunde? etc.)
- Beim Lesen eines Textes haben wir Bilder im Kopf (z. B. lesen wir «Mach mal Pause»..., sehen wir ein offenes Fenster als Nichtraucher, eine Zigarette als Raucher, eine Tasse Tee als Engländer etc.)

Beim gleichzeitigen (synchronen) Betrachten von Bildern und Lesen von dazugestellten Texten neigen wir zur Übereinstimmung – unabhängig davon, ob diese logisch nachvollziehbar ist. Diese verblüffende Tatsache trifft zumindest in 90% aller Fälle zu: Sie können selbst überprüfen, ob diese These stimmt, wenn Sie Stichproben machen mit den Bildern und Schlagzeilen am unteren Ende einer jeden Doppelseite...
Eine Headline zu texten ist oft leichter, als den Folgetext zu formulieren. Warum wohl?
Das A und O einer Headline liegt in dem Ziel, Leseanreiz zu schaffen. Dies ist oft nur (oder gerade glücklicherweise) mit unkonventioneller, unlogischer, provozierender «Rhetorik» zu erreichen. Alles, was scheinbar nicht «stimmt», also unpassend, paradox, als Nonsens anmutet, erregt mehr Aufmerksamkeit, fordert mehr zum Nachdenken auf als die vordergründige «Betextung» eines Bildes.
Beispiel: Wenn unter dem Foto einer zerbrochenen und ausgelaufenen Whiskyflasche steht «Have you ever seen a grown man cry?» so entspricht dies nicht dem Denkmuster «Boden aufwischen» – oder «Scherben zusammenkehren» – sondern der werblichen *Pointe* «Schade drum!...»

Daraus lassen sich folgende Gesetzmäßigkeiten ableiten:
- Bilder steuern die Wahrnehmung und Verarbeitung bei der Lektüre eines Textes. Sie *positionieren* die verbale Botschaft.
- Texte *manipulieren* den Blickfang und die Interpretation beim Betrachten eines Bildes. Sie werten Wertfreies.

- Um die Spannung zwischen Bild und Text zu erreichen bzw. zu erhalten, muß der Text mehr sein als eine Bildunterschrift.
- Ein aggressiver Text sollte zweckmäßigerweise mit einem «defensiven» Bild kombiniert werden.
- Ein aggressives Bild sollte demnach mit einem «defensiven» Text kombiniert werden.
- Ein aggressives Bild mit einem aggressiven Text bzw. ein «defensiver» Text mit einem «defensiven» Bild ist eher unwirksam.
- Der Betrachter einer Bild/Text-Botschaft betätigt sich als «Moderator» (d. h. er «bügelt» Faltiges und Verknittertes), wenn er beide Botschaftsteile in seinem Kopf zusammenbringt: Auch wenn diese nicht zusammenpassen, wird subjektiv «verbunden», was objektiv «nicht zusammengehört». Ein Phänomen! (vgl. nochmals S. 2!)

Fragebogen 6

a) Welches («unpassende») Bild könnten Sie sich zur Headline auf Seite 1 vorstellen?

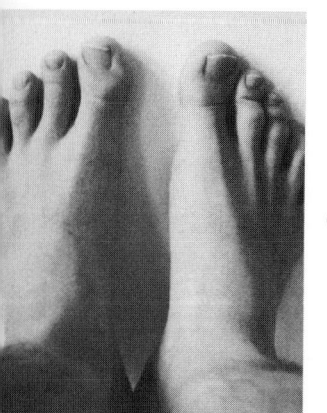

b) Welche («unpassende») Headline könnten Sie sich zum Bild auf Seite 3 vorstellen? (Nehmen Sie sich fünf Minuten Zeit und lassen Sie sich durch die Headline auf S. 2 nicht beirren!)

c) Paßt Ihr Bild von a) («zufällig») zu Ihrer Headline von b)?
  ☐ Nein. Dann zählt es zu den 10% Nonsens-Bildern.
  ☐ Ja. Dann zählt Ihr Text zu den 90% rhetorischen Produkten...

d) Zu welchen Bildern in diesem Buch würde Ihre Headline sonst noch passen?

e) Zu welchen Headlines in diesem Buch würde Ihr Bild sonst noch «stimmen»?

f) Versuchen Sie aus den beiden Sprichwörtern
   – Wo Licht ist, ist auch Schatten (vgl. S. 165 ff.)
   – Eine Hand wäscht die andere (vgl. 183) jeweils einen Werbeslogan zu machen!

Zum Beispiel: «Wo Regen ist, ist auch ein Schirm» (knirps) »Eine Hand cremt die andere« (atrix)

g) Welchen Auftraggeber (Produkt bzw. Dienstleistung) könnten Sie sich zu Bild/Text-Kombination von c) vorstellen? Wenn Ihre Kombination totaler Nonsens ist, versuchen Sie es mit einer Kombination aus Frage d)!

_____

_____

h) Wenn Sie jetzt noch Lust haben: Versuchen Sie zu dieser ausgewählten Bild/Text-Kombination einen Folge/Untertext zu schreiben. Zu schwer? – Vielleicht lesen Sie jetzt noch einmal Frage b) des Fragebogens 5 auf Seite 196 durch...?

_____

_____

Wie eine Werbeagentur funktioniert

Hier finden Sie Hilfe

Saatchi & Saatchi ist die zweitgrößte Agentur weltweit. Am Beispiel ihrer Wiener Niederlassung möchte ich Ihnen im Rahmen dieses Buches das Wichtigste im folgenden Abschnitt erzählen.

Darüber, wie sich eine Werbeagentur optisch zu präsentieren hat, herrschen von Land zu Land, von Mentalität zu Mentalität unterschiedliche Auffassungen. Während z. B. in Italien die Adresse, d. h. das Stadtviertel, von großer Bedeutung ist – bei Tolerierung von Mittelmaß bezüglich Gebäude und Inneneinrichtung –, zählt zum Prestigedenken der Deutschen eher der Raum und das Mobiliar, in Österreich vor allem die Architektur mit gepflegtem Vorgarten.

Als ich im Sommer 1993 die Wiener Niederlassung von Saatchi & Saatchi besuchte, mußte ich unvermittelt an die Kombination eines feinen Mailänder Grafikbüros mit der Ausstrahlung einer Frankfurter Werberesidenz denken: Der Stil der Villa im gepflegten Bezirk Hietzing deckt sich mit der Reputation des größten österreichischen Medieneinkäufers – davon allein 65% für TV-Werbung beim ORF. Von 100 Medienminuten bzw. Papierquadratmetern entfallen z. B. 27 auf Nahrungs- und Genußmittel, aber nur 9 auf Service-Unternehmen, u. a. der Flughafen Wien-Schwechat, British Airways sowie die österreichische Klassenlotterie. Vom Energie-Riegel (Ovomaltine) und Hüttenkäse (Gervais) über Bier (Zipfer) und Cognac (Courvoisier) bis Stroh-Rum reicht die Konsumpalette. Die Saatchi & Saatchi Advertising Austria ist ein Pool, bestehend aus vier integrierten Dienstleistern – maßgeblicher Anteil neben der Agenturniederlassung ist die Panmedia, der «Hardware»-Einkäufer für die «Software» der Kreativen. – Hervorgegangen ist die Wiener Niederlassung der 1970 in England gegründeten, 1980 dort die Nr. 1 und 1981 in Europa sowie 1987 weltweit größten Agentur vor knapp zwanzig Jahren aus der Sieber Werbungsgesellschaft in Wien. Sie wurde dann 1980 assoziiertes Mitglied und 1989 Saatchi & Saatchi-Tochter. Heute betreut die Saatchi & Saatchi Werbegesellschaft mbH in Österreich schon über ein Dutzend Produkte, welche die Nr. 1 im Markt sind. Die vierzig Mitarbeiter verwalten Etats von zusammen über 100 Mio. DM und zählen mit ihrer Firma damit zu den Top Ten der österreichischen Agenturrangliste. – Das Wiener Büro ist eines von 143 in 77 Ländern, welche für 55 der größten Werbungtreibenden der Welt arbeitet.

Auf die Frage «Was ist die Aufgabe einer Werbeagentur?» kam die Antwort «Werbung machen, die vom Verbraucher bemerkt (gemerkt) wird.»

Im Organigramm auf Seite 206 wird dem Briefing (Seite 204) ein zentraler Platz eingeräumt. Dieses Briefing wird dem Rebriefing

– Abstimmen des Briefings mit dem Kunden (Einigung auf Definition der Marketing-/Werbeziele),
– Briefing des Creative Departments,
– Umsetzung der single minded idea (= eindeutige, d. h. unmißverständliche Idee) in Werbung, die bemerkt/gemerkt wird, gegenübergestellt (Seite 206).

> **Mitten in Österreich! Kinder essen tote Tiere**

Die *Werbeplanung* unterteilt sich in
- Werbeziele (WOHIN soll die Kampagne führen?)
- Werbestrategie (WAS soll die Kampagne über mein Produkt WEM sagen?)
- Werbegestaltung (WIE, d. h. auf welche Weise soll die Kampagne es sagen?)
- Mediaplanung (WO und WIEVIEL mal soll die Kampagne es sagen?)

Zur *Werbezielsetzung* sagt Saatchi & Saatchi:
Die Erreichung des Absatzziels (Verkaufsziel) ist das Ergebnis des *gesamten* Marketing Mix, nicht nur der Werbung allein.
Kommunikationsziele (Werbeziele) sollten *nur* durch Werbung erreichbar, also operational sein.
Operationalität der Kommunikationsziele:
Erhöhung des Bekanntheitsgrades (Mittelwert zwischen mittel- und unmittelbarem Bekanntheitsgrad[49]) von z. B. derzeit 40 % auf 60 % innerhalb eines Kalenderjahres.

Organigramm

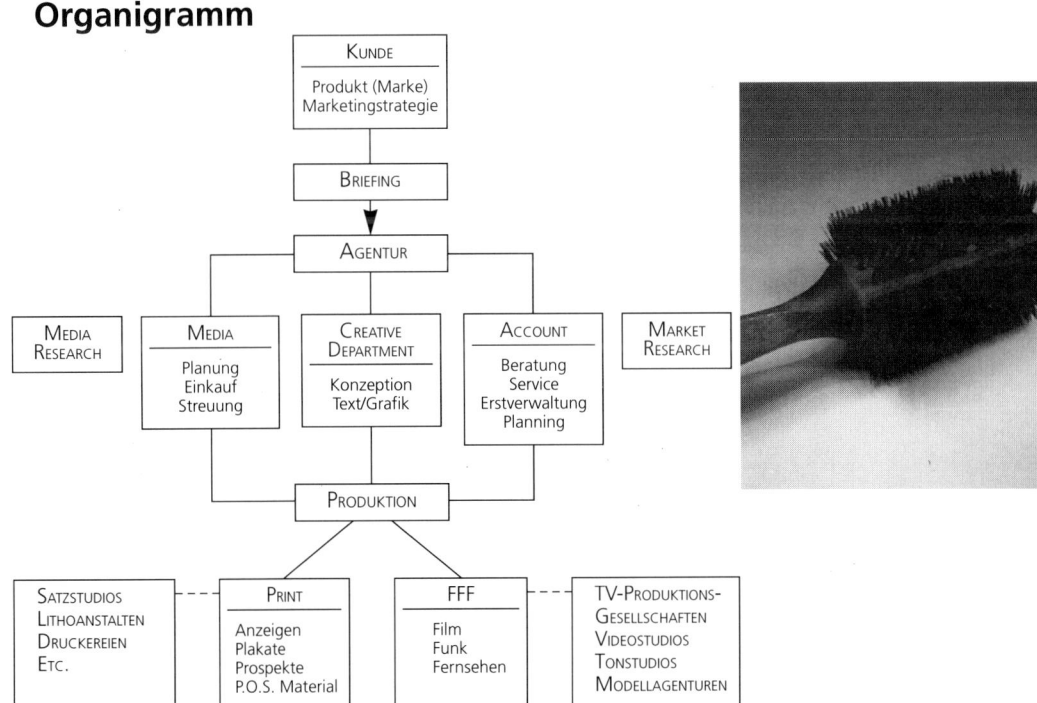

Beispiele für Werbeziele

- Steigerung des Bekanntheitsgrades
- Verbesserung des Marken-Images
- Änderung der Verbrauchereinstellungen
- Festigung der Markentreue
- Erhöhung der Nutzungshäufigkeit
- Anreiz für Probierkäufe

Die *Werbestrategie* gliedert sich in
- Zielgruppenbestimmung =   Wem
- Verbrauchernutzen   soll was
- Konkurrenzdefinition   auf wessen Kosten gesagt werden?

und
- Produktpositionierung =   Wer bin ich (Produkt)
                            Was kann ich.
- Argumentation =   Warum soll der Konsument den Nutzen, den ich ihm verspreche, auch glauben?
- Marken-Image bzw. Marken-Persönlichkeit = Wird in der Werbestrategie als durch die Kampagne zu erreichendes Ziel definiert und vorgegeben.

Welchen Eindruck soll der Konsument von der Marke bzw. Dienstleistung haben? Welche Gefühle sollen bei ihm ausgelöst werden?

Zielgruppenbestimmung

= demographisch, psychologisch, verhaltensmäßige Definition

Konsumnutzen/-versprechen, z. B.

- Grund-, Zusatz-, emotional/rationaler
- psychologischer, ästhetischer, ökonomischer
- Ergebnis- bzw. Verfahrensnutzen (z. B. Systemverbesserung)
- objektiver (nachvollziehbarer) oder
- subjektiver Nutzen (z. B. Leitbildorientierung)

Konkurrenzdefinition

- Wer ist mein Gegner im Markt?
- Von wem will ich Käufer zu mir herüberziehen?
- Auf wessen Kosten will ich meinen Marktanteil erhöhen?

Die *kreative Umsetzung* betrifft den GESTALTUNGSPROZESS:
- Findung der **zentralen Werbeidee** (d. h. Werbe-/Kampagnenkonzept, «Big Idea», Selling Idea) Systematisch (unter Anwendung von diversen Kreativitätstechniken[21]) oder spontan/intuitiv («Trial-and-error»)

Das Briefing

1. Hintergrund-Brief	2. Creative Brief	3. Media Brief
1.1. Schlüsselcharakteristika der Marke (physisch & emotional)	2.1. Anforderungen (Kampagne, 1 Anzeige, Anzeigenserie, etc.)	3.1 Zielgruppe-Zusammenfassung
1.2. Wie steht die Marke im Markt? (und warum?)	2.2. Zielgruppe (demographisch, Lifestyle, Verwendungsgewohnheiten in Bezug auf Produkt)	3.2. Media-Vorschlag
1.3. Mitbewerber-Analyse (Wer? Wie positioniert? Wie verschieden?)	2.3. Was soll die Werbung bewirken?	3.3. Budget
1.4. Vorhergegangene Werbung (Wann, wo, wieviel – für unsere Marke und für die Mitbewerber)	2.4. Die «Single Minded Propos.»	3.4. Regionalitäten Saisonalitäten, Verkaufsdaten
1.5. Restriktionen (UWG, etc.)	2.5. Begründungen dafür	3.5. Andere Untersuchungen
	2.6. Fixe Bestandteile (Logos, Tel.-Nummern, Typo, etc.)	3.6. Marketing-Ziele
	2.7. Angestrebtes Markenimage (freundlich, sophisticated, zeitgemäß, etc.)	3.7. Werbeziele
		3.8. Planungs-Periode

Saatchi & Saatchi Advertising

Geschält ist nicht ausgezogen

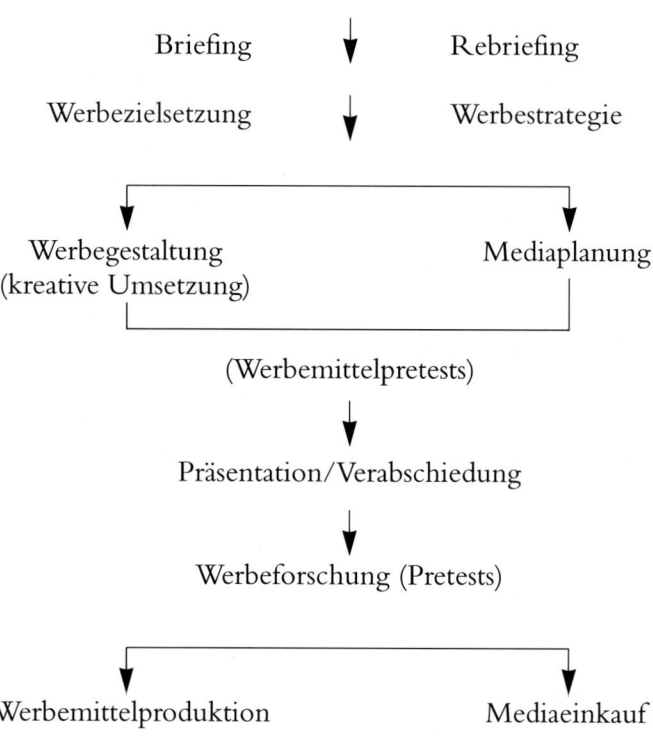

Ablauf eines Werbeeinsatzes

Briefing → Rebriefing

Werbezielsetzung → Werbestrategie

Werbegestaltung (kreative Umsetzung) — Mediaplanung

(Werbemittelpretests)

Präsentation/Verabschiedung

Werbeforschung (Pretests)

Werbemittelproduktion — Mediaeinkauf

Erscheinung

Erfolgskontrolle

Saatchi & Saatchi Advertising

Alkoholiker sind glücklicher

Ausführung des Werbekonzepts

Layoutform = Bildgestaltung
Hauptmotiv, Logo etc. = Textgestaltung: Headline, Fließtext, Subheadline/Baseline, Slogan etc.
 = Typografie: Verknüpfung Bild/
Text, Schriftart und -größe = Dramaturgie: Handlungsablauf, Interaktion, Storyline (Diktion)
- Skribble (Print), Storyboard (TV), Script (Funk)
- Roh-/Reinlayout (Print), Animatic/Videolayout (TV), Aufnahmelayout (Funk)

WIE setze ich die Werbestrategie gestalterisch um (Transfer)?
- einfach/simpel, originell/apart, auffällig/blickfangstark
- einprägsam/impactstark, glaubwürdig/überzeugend,
- relevant/emphatisch (= eindringlich, penetrierend)
- unterhaltsam/witzig/pointenreich

Psychologie

- individuell (selektive Wahrnehmung, Interpretation und Decodierung), lern- bzw. motivationspsychologisch (Bedürfnis: high/low interest)
- sozialpsychologisch (Konventionen, Sogverhalten, Prestige- und Statusdenken), Idole und Mythen, Nachahmungstrieb.

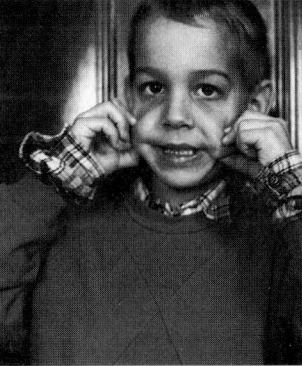

Werbewirkungsstrategie

- Bewußtwerden — Awareness
- Kenntnis — Interest — Attention — gesagt
- Gefallen — Evaluation — Interest — gehört
- Bevorzugung — Trial — Desire — verstanden
- Überzeugung — Adaption — Action — einverstanden
- Kauf — Feedback — — getan
- Urteil

Märkte, Medien, Mythos

Weil sich die Produkte immer weniger voneinander unterscheiden – nicht zuletzt, weil selbst etwas wirklich Innovatives bereits nach kürzester Zeit Nachahmer findet – wendet sich die moderne Werbung dem einzig Schützenswerten zu (dem Marken*namen*), um so wenigstens die Individualität der Kampagne zu gewährleisten bzw. zu erhalten. Ein gelungenes Beispiel finden wir in einem Produkt der König-Brauerei aus Duisburg: Ihre alkoholfreie Marke «Kelts» ist ein Namens-Produkt aus dem Computer. Der Frankfurter Manfred Gotta (Jahrgang 1948) betreibt eine Agentur, welche sich auf Namensfindung (engl. «Branding») für Produktmarken spezialisiert hat. Für 120 000 DM hat er den Duisburgern ihr alkoholfreies Bier «getauft». Die Konkurrenz rätselte darauf «Was soll das?», die Biertrinker fragten sich «Wie schmeckt das»? Sehr viele wußten es bald. Gotta: «Der scheinbar sinnlose Name machte sie neugierig!» – Der Name scheint von den Kelten, einem frühchristlichen Volk, welches wohl die meisten Spuren im heutigen Irland hinterlassen hat, die Assoziationen «frisch, kühl und herb» abzuleiten. Der Vorteil für die Auftraggeber: Sie haben einen eigenen Namen für ihre alkoholfreie Marke und können gegenüber ihrer Stamm-Marke differenziert positionieren.

Als Promotion haben sich die «König-Treuen» etwas ebenso Besonderes für «Kelts» einfallen lassen: Zwei lustige Gesellen («Der große Hunger» und «Der große Durst») stellten sich jeweils während der Mittagszeit zwischen 11 und 14 Uhr in Fußgängerzonen bzw. vor Kaufhäusern auf und verteilten Lunchpakete an Passanten. Mit dieser Aktion wollten die Bierbrauer veranschaulichen, daß ein Bier ohne Promille sich auch und besonders zum Genuß in der Mittagspause (oder auch während der Arbeit) eignet. Ungewöhnliche PR-Aktionen hatten schon vorher für ein Spektakulum gesorgt – «Polizisten» sind von der Brauerei in bundesdeutsche Szenelokale zur «Kelts-Control» geschickt worden. Wie von der König-Brauerei verlautete, brachten vor allem diese ungewöhnlichen Promotions den Erfolg.

Inzwischen ist «Kelts» (nach Clausthaler) die am meisten getrunkene alkoholfreie Biermarke.

Die Märkte werden immer internationaler. Nochmals Gotta: «Ein Produktname muß deshalb überall auf der Welt einzigartig und unverwechselbar klingen.» – Und er muß Schutzfähigkeit haben, d. h. er darf nicht schon irgendwo besetzt sein. Zum Vergleich: Allein in Deutschland sind ca. 360 000 Produkte namentlich geschützt, 20 000 kamen z. B. 1992 dazu. Neben den Märkten spielen die Medien eine entscheidende Rolle in der Werbung. Sie sind mit «semiotischen Transformationen» gleichzusetzen, welche für gesellschaftliche Institutionen einerseits und individuelle Zwecke andererseits, d. h. für die Interaktion von Angebot und Nachfrage eingesetzt werden.

Die Medien der Massenkommunikation werden in papierabhängig (Print) und papierlos (FFF) eingeteilt. Neben Plakaten sind vor allem Zeitschriftenanzeigen *das* Printmedium schlechthin. Sie zeichnen sich durch formalen und inhaltlichen, internen und externen Bild/Text-Zusammenhang aus.
Die Werbeanzeige als Medium der Gesellschafts- und Wirtschaftskommunikation repräsentiert Institutionen wie Produktions- und Dienstleistungsunternehmen, Verbände und Interessengruppen. – Sie hat ohne diesen Bezug weder Funktion noch Legitimation.
– besitzt Ausgleichs- und Alibifunktion, indem sie ihre Rezipienten von Kaufentscheidungszwängen zumindest teilweise entlastet und Käufe Dritten gegenüber begründet. Sie informiert, argumentiert und legitimiert und wirkt dadurch meinungs- und handlungssteuernd.
– steht meist in einem unmittelbaren Zusammenhang von Zeit (Erscheinungsweise) und Raum (Erscheinungsort) sowie Position (Splitting).
– übt prinzipiell eine Vertreterfunktion aus: Ohne Anwesenheit der Institution erfüllt sie (in den meisten Fällen) ihre Aufgabe.
– ist *zweck*orientiert – ohne Rücksicht auf individuelle Ansprechbedürfnisse, was Stil, Geschmack oder Werteverständnis angeht.
– weist einen hohen Grad an Verbindlichkeit und Ernsthaftigkeit aus, d. h. sie enthält nicht selten suggestive Züge.

Soldat erschoß sich aus Versehen mit Pistole

Das intensive und äußerst kostspielige Bemühen von Institutionen (durch ihre Werbeagenturen), ihrer Zielgruppe Werbebotschaften im Sinne von Handlungsorientierungen zu vermitteln, ohne daß sie selbst unmittelbar präsent sind, läßt vermuten, daß sie ihrer Sache absolut sicher sind. Was heißt das?
«Institution» heißt: ... die einem bestimmten Bereich zugeordnete *öffentliche* (d. h. städtische, staatliche, internationale, weltliche bzw. kirchliche) Ein-

richtung, die dem Wohl oder Nutzen des Einzelnen oder der Allgemeinheit dient. Auch Massenmedien (in diesem Fall Zeitungs- bzw. die Zeitschriftenverlage) sind *institutionell* und nutzen die damit verbundene Machtposition. Alles, was institutionell ist, ist auch offiziell – und umgekehrt. Beispiele: Geld als Zahlungsmittel; Briefmarken, Fahrscheine und Eintrittskarten als Legitimation; Landkarten und Stadtpläne als Orientierung; Gesetze, Verbote, Geschäfts- und Hausordnungen sowie Bedienungsanleitungen als Verhaltenssteuerung genauso wie z. B. das Kochrezept oder der Wetterbericht (Garderobe!), die Zeitungsnachricht – und wie gesagt, die Werbeanzeige in der Presse. Darüber hinaus sind natürlich jene Auftraggeber, welche die Rechtsnachfolge von bereits verstorbenen Urhebern darstellen (GmbH, KG, AG o. ä.) mit Unterschrift und Siegel *auch* Institutionen, selbst wenn sie sich nur durch die Medien vertreten lassen.

Damit sich der «Stromkreis schließt», ist es notwendig, daß der Betrachter der Werbeanzeige den Inhalt bzw. die *Form* des Inhalts begreift. – Das ist von Anzeige zu Anzeige sehr verschieden: Ist die *Pointe* anspruchslos (beim Witz z. B. der Kalauer), geht das fast immer und immer sehr schnell; ist die Pointe anspruchsvoll (beim Witz z. B. ambivalente Dialektik), kommt es auf die individuelle Situation an.

Mehr Schlagkraft benötigen Sie nicht

Zum Abschluß dieser 4. Station möchte ich noch kurz auf ein Aktionsfeld der modernen Werbung eingehen, welches, fast unbemerkt, zu der Gruppe der «geheimen Verführer» gezählt werden muß: Mythologische Prinzipien, welche dem Konsumenten eine Art Über-Mensch vor Augen führen, der sowohl für das Gute als auch für Böses kämpft und dabei immer als Sieger vom Platz geht...

Werbung verfügt nicht nur über soziokulturelle und vor allem psychologische Aspekte, sondern auch über eine mythische Dimension (Hartwig Frankenberg, s. a. Seite 27). – Lesen wir im täglichen Leben den Begriff «Mythos», so denken wir an «Wunder», an «etwas Unwirkliches», an «Traum» im Gegensatz zur «Wirklichkeit». Weil wir auch an die Mythen und Sagen des griechischen Altertums erinnert werden, bringen wir den Begriff in Zusammenhang mit «Legende» – z. B. sprechen wir (im zeitlichen Abstand wird ja sowieso vieles verklärt) von wunderbaren Zeiten (der Belle Epoque, den Goldenen Zwanzigern oder dem Wirtschaftswunder), die längst «Legende» sind...

Der Begriff Mythos meint auch eine «falsche Vorstellung» (Klischee), z. B. die, daß nur «Künstler kreativ sind»... Aber diese alltagssprachliche Verwendungsweise interessiert uns in diesem Zusammenhang nicht. – Dagegen gehört die Legende im Sinne von «fabelhafter Erzählung» zusammen mit der Sage und dem Märchen zur literaturwissenschaftlichen Gruppe der oberflächenstrukturellen Texte.

Um zu veranschaulichen, welche mythische Dimension die Werbung besitzt, habe ich in einer tabellarischen Übersicht
- historische Persönlichkeiten, Reminiszenzen an historische Persönlichkeiten sowie
- gesellschaftlichen Status und Produktnamen, welche zugleich ein Prädikat darstellen, zusammengefaßt:

Historische Persönlichkeiten	«Spuren», welche hinterlassen worden sind	Gesellschaftliche Rollen (Status)	Prädikate (Branding)
Astor (Zigarette)	(1) Colonia (Versicherung)	Ambassador	Triumph (SM) Trumpf (Schok.)
Churchill (Zigarre)		Attaché	Rapid(ograf)
Mozart-Kugeln (Pralinen)		Diplomat (Auto) General (Putzmittel)	
Fürst Bismarck (Doppelkorn)	(2) Leonardo (Glas)	Jockey (Unterwäsche) Meister Propper Kapitän Präsident (Zigarren)	
Puschkin (Wodka)	Carlos I (Brandy)	Prinz Riese (Weißer)	
Tosca (Eau de Cologne)		Ritter (Sport)	
Valentino (Parfum)			

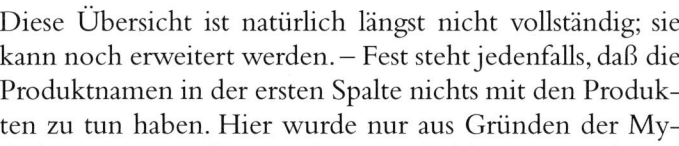

Diese Übersicht ist natürlich längst nicht vollständig; sie kann noch erweitert werden. – Fest steht jedenfalls, daß die Produktnamen in der ersten Spalte nichts mit den Produkten zu tun haben. Hier wurde nur aus Gründen der Mythologisierung auf historische Persönlichkeiten zurückgegriffen. Weil diese schon lange nicht mehr leben, war sicherlich der Zugriff für den Schutz der (eingetragenen) Marke nicht problematisch. – In der zweiten Spalte handelt es sich um eine Stadt (Köln) und zwei Vornamen, welche ebenfalls charismatische Züge in sich tragen.

Fragebogen 7

a) Was ist verwerflicher:
☐ Gute Werbung für schlechte Produkte zu machen oder
☐ schlechte Werbung für gute Produkte?
(Egal, was Sie nun antworten, legen Sie Ihre Antwort auf die «Goldwaage»...)

b) Wenn ein Produkt sich nicht in erwartetem Maße absetzen läßt, wer ist daran schuld?
☐ Das Produkt bzw. die Konkurrenz
☐ Der Preis bzw. die Konkurrenz
☐ Die Positionierung bzw. das Marketing
☐ Die Werbestrategie bzw. die Kreation
☐ Die Werbegestaltung bzw. das Artwork
☐ Der Hersteller bzw. sein Vertrieb
☐ Die Streuung der Werbebotschaft (Media)

c) Wenn der Bekanntheitsgrad einer Marke per anno unverhältnismäßig steigt, wessen Verdienst ist dies?
☐ Das Produkt bzw. der «müde» Mitbewerber
☐ Der Preis bzw. der teurere Mitbewerber
☐ Die Werbeagentur (Marketing, Kreation, Art, PR, Media)
☐ Der Markenname (Brand)
☐ Der Hersteller

d) Die «Hunger-und-Durst»-Idee der König Pilsener-Brauerei bekommt man natürlich nicht umsonst. Was dürfte Sie Ihrer Meinung nach kosten?
☐ 5000 DM/SFR   ☐ 3000 DM/SFR
☐ 2500 DM/SFR   ☐ 1250 DM/SFR
☐ 1000 DM/SFR   ☐ 750 DM/SFR

e) Wer hat mehr Chancen, seine Bedürfnisse zu decken?
☐ Derjenige, welcher etwas anbietet und auf Reaktionen wartet?
☐ Derjenige, welcher auf ein Angebot reagiert

Letzterer befindet sich im «Käufermarkt» und «schießt mit Schrot» – der andere befindet sich im «Verkäufermarkt» und «stellt sich so in die Schußlinie, daß er von einer Kugel getroffen wird»...

f) Welche der nachfolgenden Märchen haben
insgesamt positive Merkmale (freundlich, ehrlich)

_____

überwiegend negative Merkmale (böse, bedrohlich)

_____

männliche Dominanz

_____

weibliche Dominanz

_____

männlich/weiblich ambivalent

_____

1 Frau Holle
2 Hans im Glück
3 Dornröschen
4 König Blaubart
5 Schneewittchen
6 Hänsel und Gretel
7 Rotkäppchen

Die Zeit vergeht, die Freude bleibt

Zwischenfazit 4. Station

Am Ende dieser Station dürfte Ihnen bewußt geworden sein, welche Mechanismen der Botschaftsgestaltung meinungsbildend, ja sogar verkaufsfördernd sein können. Ebenso haben Sie am Beispiel der Arbeitsweise einer Werbeagentur erfahren, wie diese Botschaften konzipiert, gestaltet und für bestimmte Zielgruppen kanalisiert werden können. Dabei muß nicht nur die marketingmäßige Positionierung des jeweiligen Produkts (oder der Dienstleistung), sondern die auf psychologischen Aspekten basierende Idee erarbeitet werden. Wenn es um die Gunst der Konsumenten geht, wird nicht selten in die «Kiste der geheimen Verführer» (Helden, Idole, Leitfiguren) gegriffen, um mit den klassischen Mitteln der visuellen Unterhaltung Feldvorbereitung für Käuferabsichten zu betreiben.

**Männer
ab 40
bevorzugen
Nudeln
al dente**

5. Station
Kreativität als Qualitätsförderung

Jedes Gebilde steckt ein ganz bestimmtes Interpretationsfeld ab. Ein Kreuz setzt beispielsweise völlig andere Gedanken in Bewegung als ein Stern. Ursache dafür ist unsere Wahrnehmungs- und Bewußtseinswelt – ebenso die Abrufmöglichkeit aus unserer «Blackbox».
Die Form allein jedoch macht noch keinen präzisen Inhalt sichtbar.
Stellen Sie sich bitte einmal ein extrem ovales Gebilde vor...Was könnte das sein? Vieles. Alles. Oder auch nichts. Es fehlen Farbe und Anordnung. Möglichkeit eins: Das Oval schwebt silbrig über einem Strich – dann ist es ein Zeppelin. Möglichkeit zwei: Das Oval schwebt silbrig unter einem Strich – dann ist es vielleicht ein Fisch. Möglichkeit drei: Das Oval liegt silbrig auf dem Strich – dann ist es mit hoher Wahrscheinlichkeit ein Kugelschreiber...
Wenn dieses Beispiel auch etwas untypisch sein sollte – symptomatisch ist es allemal: Der Strich (in diesem Fall Horizont, Wasserspiegel oder Tisch) schafft den zur Deutung notwendigen Bezug, welcher zwangsläufig auch über die jeweilige Größe informiert. Größe ist ohnehin eine relative Menge: Alles, was wir mit bloßem Auge erkennen, ist mehr oder minder verkleinert, gemessen an der Wirklichkeit. Der natürliche Weitwinkeleffekt unserer Zweiäugigkeit steht in krassem Gegensatz zur Überdimension der Lupenreinheit.

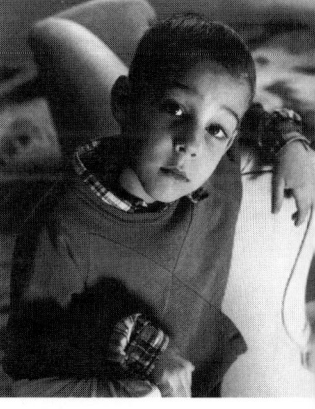

Also: Die grafische Form wird ihrer Funktion als Botschaftsträger nur gerecht, wenn sie sich entsprechend der unterschiedlichen Semantik auch syntaktisch unterscheidet. Gleich oder ähnlich gestaltete Symbole könnten unschwer als Botschaftsträger des gleichen Inhalts verstanden werden. Syntaktische Variationen von Gebilden weisen somit inhaltliche Weiterungen auf – und umgekehrt. Neue Informationen bedingen neue Formen. Die Beziehung zwischen Form und Information verlangt jedoch nicht immer, daß für neue Botschaften auch neue Formen eingesetzt werden müssen – allein Farbe und Anordnung (bezogen auf die Umgebung) regeln die Begreiflichkeit. Kehren wir zum «Kreuz» zurück: Es kann sowohl als kirchliches Zeichen als auch (nach einem Namen) für «gestorben» oder (im Buchstabenverbund) für den Laut t ver-

wendet werden. In der horizontal/vertikal-symmetrischen Form vertritt es
- das Additionszeichen plus (schwarz auf weißem Grund)
- das Erste-Hilfe-Zeichen (rot auf weißem Grund)
- das Nationalitätszeichen für die Schweiz (weiß auf rotem Grund)
- das Zeichen der Antialkoholiker (blau auf weißem Grund)
- das Verkehrszeichen für «Krankenhaus» (weiß auf blauem Grund)

Ursprung aller jedoch war das christliche Kult-Zeichen, als Symbol für den (Opfer-) Tod, aber auch für die christliche Religion und deren Kirche als Institution überhaupt. Daraus haben sich im Laufe der Zeit zahlreiche Kreuz-Darstellungen entwickelt – u. a. das «Lothringer-Kreuz» mit der doppelten Waagrechten, oder die perspektivische Kreuz-Formation der (Soldaten-) Friedhöfe.

Die konventionalisierte grafische Zeichengebung macht individuell-subjektive Interpretationen zu sachbezogen-objektiven Informationen. Aus reproduktionstechnischen Gründen ist oft eine reduzierte Darstellung zwingend. Dabei zeichnen sich vor allem gute Lösungen dadurch aus, daß der Informationsgehalt trotz dieser Vereinfachung nicht leidet. – Am Beispiel des Symbols «Stern» kann dies angerissen werden:

Definitionen: Der Stern
1. Abgesehen vom (silbernen) Mond, jedes (golden) leuchtende Objekt am Himmel.

2. Von Henri Nannen 1948 gegründete (linksliberale) Wochen-Illustrierte.
3. In Zusammenhang mit einem Wort stehendes Fußnoten-Zeichen (Text-Zusatzhinweis)
4. Politisch/religiöses Symbol (farbiger Fünfzack bzw. Überkreuz-linearer Sechszack) «Sternfahrt»/«Sternflug» Auto- oder Motorradwanderfahrt mit verschiedenen Ausgangspunkten, aber gemeinsamem Ziel (Rallye) bzw. Flugwettbewerb mit verschiedenen Startpunkten und einem gemeinsamen Landepunkt.

Bedeutung des Sterns als Symbol (bedeutungsvolles Zeichen für einen übersinnlichen Begriff), d. h. kultisches Zeichen, welche in repräsentativer Gestalt eine Vielzahl von irrationalen Interpretationen anschaulich in sich vereinigt.

Freiheitsstern = von fünf Spitzen eine nach oben weisend, in blauer Farbe.
Roter Stern = von fünf Spitzen meist eine nach unten weisend, auch auf gelber Fläche.
Schwarzer Stern = afrikanisches Freiheits-/Emanzipationssymbol
(Die Farben Blau, Rot und Schwarz stehen auch für Amerika, Asien und Afrika!)
Weiße Sterne auf Dunkelblau = als Waagrecht/Senkrecht-Formation (+ Stripes) für USA
Zionsstern = als «Davidsstern» das politisch (Israel)/religiöse Zeichen des Judentums.
Verwandte Formen: Raute, Pentagon, Sechseck, Achteck.
Assoziationen: Sternschnuppe (Meteor), Sternkreiszeichen (Astrologie), Starkult.
Analogien: Blume/Blüte, Weihnachtsgebäck, Schmuck (formal), Michelin-Stern (inhaltlich)
Der Stern im Rapport: Geschenkpapier, (Kleider-/Dekorations-) Stoffe.
Wird also einer bestimmten Form ein Kommunikationszweck zugeordnet, entsteht ein Zeichen im engeren Sinne. Mit dem Begriff «Zeichen» benennen wir den Sachverhalt, daß etwas für etwas anderes steht. Damit ein Zeichen entstehen kann, müssen folgende Bedingungen erfüllt sein:
– Das Zeichen muß sich auf etwas beziehen, z. B. auf einen Gedanken oder eine Figur.
– Das Zeichen muß eine bestimmte Gestalt aufweisen, z. B. die Form einer Ellipse oder die Lautfolge K-u-g-e-l-s-c-h-r-e-i-b-e-r. Diese Form muß innerhalb einer größeren oder kleineren Gruppe von Menschen konventionalisiert, d. h. vereinbart sein: «Kugelschreiber» bezeichnet den Gegenstand Kugelschreiber, nicht einen Bleistift oder etwas anderes.
– Das Zeichen muß beim Adressaten eine Reaktion auslösen, z. B. Handlungsinteresse. Diesen Kriterien verdanken die in diesem Buch enthaltenen Symbole und Signets einen ihrer wesentlichen Vorteile: Sie brauchen in den meisten Fällen nichts mit Worten zu beschreiben, selten sogar überhaupt eine Zusatzinformation. Dadurch sind sie auch international verständlich.

Endlich! Botaniker nehmen kein Blatt vor den Mund

Kreativ ist, wer ein Problem auf verblüffende Weise lösen kann, nachdem es vielleicht schon andere mit herkömmlichen Mitteln vergeblich versucht haben. Dazu muß er jedoch von der Norm abweichen. – Was ist die Norm? Alles Konventionelle, an das wir uns schon längst gewöhnt haben. Dies betrifft nur Aspekte des Design:
- Die rollende Kugel, der stehende Würfel;
- der senkrechte Fall, der waagerechte Horizont;
- das Licht von links, der Schatten nach rechts (weil wir von links nach rechts schreiben);
- die spitz zulaufenden Eisenbahnschienen;
- die Unschärfe im Hintergrund;
- die Erde ,die «unten», der Himmel, der «oben» ist; das Wasser, welches unter der Erde ist;
- das Lenkrad, das uns ein (unsichtbares) Auto sehen läßt;
- der zweidimensionale Gegenstand in der Fotografie, welcher in natura dreidimensional ist.

Bei «Haus» denkt
- der Immobilienmakler an Grundstücke,
- der Architekt an den Bauplan,
- der Ingenieur an die Statik,
- die Gemeinde an die Baubewilligung
- der Zimmermann an Dach, Türen, Fenstern und Treppen,
- der Bauherr an Möbel,
- das Kind an «Hausaufgaben»...

Wer behauptet, Geld stinkt?

Wer sich von diesen etablierten Denkgewohnheiten entfernen kann, d. h. wer sich die Ambivalenz des «fremden Vertrauten» und des «namhaften Unbekannten» nützlich machen kann, sieht die Dinge anders – etwa
- die stehende Kugel, der rollende Würfel;
- der senkrechte Horizont, der waagerechte Fall, die im Hintergrund auseinanderlaufenden Schienen:
- die Wolke am Boden, die sich vom Boden abhebende «schwebende» Dampfwalze...

Deshalb stellt auch jeder schräge, besser gesagt diagonale Balken (z. B. mit der Aufschrift «neu» die Norm in Frage – weil, außer Dachgiebeln, fast alles in unserer Umwelt entweder horizontal oder vertikal ist. Dieses Denken ist wohl das «kleine Einmaleins» der Kreativität.

Für Fortgeschrittene ist zum Beispiel klar, daß bei «Pfund»
– der Normalbürger an «Gewichtszu- bzw. -abnahme» denkt, während
– ein Bankangestellter «britische Währung» damit in Verbindung bringt.

Nur so konnte auch folgender Witz entstehen:
Erzählt ein Schweizer seinem Freund: «Ich habe zwanzig Pfund abgenommen!» – «Wem?»

Kreativ ist,
– wer ambivalent denken kann, d. h. zweigleisig: das eine tun und das andere *nicht* lassen: Die *dynamische Kugel* ist (z. B. in einer Mulde) auch *statisch* (weil sie dort in sich ruht...) – So entsteht auch Dialektik und Bisoziation (= Zusammenprall zweier miteinander unvereinbarer Normen)
– wer etablierte Denkschemata in Frage stellen kann, d. h. Headlines wie «Reißt den Kölner ab!» (getextet von einer Werbeagentur für eine Social Marketing-Kampagne Ende der siebziger Jahre) sind nicht nur anstößig, sondern geben auch Denkanstöße... ohne, daß dieser Imperativ natürlich gleich in die Tat umgesetzt werden muß (d.h. «mehr Parkplätze zur Verfügung gestellt wären»)
– wer seine vorhandenen, latent schlummernden Fähigkeiten in die Tat umgesetzt hat. Es gibt eine Reihe von empirisch erforschten Kreativitätstechniken (und ihre verschiedenen Kombinationen untereinander), welche ich in meinem Buch «Kreativitätstechniken» (s. Literaturverzeichnis) behandelt habe.

Schon vor Jahren stieß ich einmal auf folgende Parabel, die mich tief beeindruckte: Ein junger Mann steht an der Straßenecke, auf der Brust ein selbstgemaltes Pappschild: «Blind.» Zu seinen Füßen ein leerer Schlapphut. Ein Passant bleibt davor stehen, überlegt kurz und – dreht das Schild um, schreibt darauf «Ich bin blind, Du nicht.» – Als er eine Stunde später wieder vorbeikommt, ist der Boden des Schlapphutes schon mit Münzen bedeckt. Er geht hin und dreht das Schild wieder um und ergänzt das Wort «Blind» mit «Es ist Mai und die Sonne scheint». Als er nach einer weiteren halben Stunde zurückkommt, ist der Hut voll... Der Unterschied, der zwischen dem leeren und dem vollen Hut liegt, macht die Wirksamkeit der kreativen Werbesprache aus!

Kreativität als qualitätsförderndes Element in der Botschaftsgestaltung entsteht durch die *Kombination* der rechts- und linkshirnigen Denkprinzipien (vgl. Seite 2/3)

Die Verschiebung von Inhaltsebenen

Die Bisoziation, d. h. der Wortwitz, bei dem Frage und Antwort (scheinbar) nicht zusammenpassen – wie im Pfund-Beispiel auf Seite 219 – basiert auf dem Verschiebungsmechanismus zweier Ebenen:
– Schlankheitskur (Assoziationen: Übergewicht, Gesundheitsbewußtsein, Diät, weniger Essen, kalorienarm trinken),
– Zahlungsverkehr (Kredit, Wechselkurs, Bankspesen etc.).

Der Text hat eine Pointe, weil er die Realität verzerrt und damit die Logik völlig auf den Kopf stellt. Der Leser wird in seinem Denken *umgepolt*. Der Sinn dabei ist, ihn zu einer «Energie-Investition» zu zwingen; wenn er die Pointe verstehen will, muß er sich auf die zweite (ihm zunächst unbekannte) Ebene begeben. Wenn er das tut, hat er ein Erfolgserlebnis, indem er darüber *lachen* kann (wenn er will…). Mehr noch: Er ist am Zustandekommen dieser «Erlebnis-Kommunikation» aktiv mitbeteiligt – *ohne ihn* geht gar nichts! Das ist dann, nicht wie bei der reinen Informations- oder Manipulationswerbung, eine Einweg-, sondern eine Zweiwegkommunikation – die beste Voraussetzung dafür, daß eine Botschaft nicht nur penetrieren, sondern sogar für längere Zeit zumindest auf Abruf gespeichert werden kann.

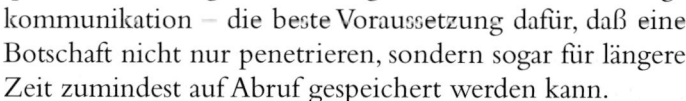

Nicht zuletzt diese Verschiebungsmöglichkeiten machen den Witz zum «Blutsverwandten» des Werbetextes! Einige Beispiele (Slogans + Headlines):
– «Der Tag geht, Johnnie Walker kommt.» (1. Ebene: Zeit / 2. Ebene: Whisky)
– «Apollinaris. Alle Herrlichkeit aus Erden.» Mineralwasser-Text-Analogie zu einem Kultfilm der sechziger Jahre, der «Alle Herrlichkeit auf Erden» hieß – 1. Ebene: Beschaffenheit / 2. Ebene: Geografie, Geologie etc.)
– «Fließend Deutsch und Warmwasser.» (für Südtirol als Urlaubsparadies – 1. Ebene: Perfektion in der Fremdsprache / 2. Ebene: Hotel-Preiskategorie)
– «Der Schaden, den der Schaden anrichtet, soll Ihr Schaden nicht sein.» (für Avis-Autovermietung – 1. Ebene: Unfall / 2. Ebene: Unfallfolge / 3. Ebene: Unfallfolgen-Folge)

- «Helft helfen.» (für Deutsche Rettungsflugwacht – 1. Ebene: imperatives Verb / 2. Ebene: Verb in der Grundform)
- «Mach mir nicht das Leben schwer. Gib mir Liebe statt Bonbons.» (für die Aktion Gemeinsinn – 1. Ebene: ideell-abstrakter Inhalt / 2. Ebene: materiell-konkreter Inhalt)
- «Red nicht lange 'rum, sag Hansen.» (für Hansen-Rum – 1. Ebene: Umstandswort / 2. Ebene: Spirituosenart)
- «Laß Dein Auto leer, wenn Du voll bist!» (gegen Alkohol im Straßenverkehr – 1. Ebene: Inhaltszustand / 2. Ebene: Krankheitszustand)
- «Doornkaat – heiß geliebt und kalt getrunken.» (für einen Kornbrand – 1. Ebene: Superlativ / 2. Ebene: Temperatur)
- «Luxaflex-Jalousien stellen alles in den Schatten.» (1. Ebene: Auswirkung von Licht / 2. Ebene: Auswirkung von Qualität)
- «Alle reden vom Wetter. Wir nicht.» (für Deutsche Bundesbahn – 1. Ebene: Smalltalk / 2. Ebene: Verkehrsbehinderung)
- «Watt Ihr Volt.» (für die Elektroabteilung im Kaufhaus Horten – 1. Ebene: Shakespeare in norddeutscher Mundart / 2. Ebene: Stromstärke und -spannung)

Dies waren jetzt Verschiebungen innerhalb von Texten. Es gibt aber auch text*externe* Verschiebungen. Wenn die Headline die eine Ebene, das danebenstehende Bild die andere Ebene darstellt, spricht man von einer Text/Bild-Verschiebung: Beim Anblick einer zerbrochenen und ausgelaufenen Whiskyflasche denkt der Betrachter, wie schon erwähnt, zunächst an Scherben, Flecken auf dem Boden und die damit verbundenen Umstände. Wenn er dann die kleine darunterstehende Zeile liest «Have you ever seen a grown man cry?» – wird seine Wahrnehmung der Situation umgepolt (vgl. S. 199). Es wird ihm plötzlich klar, worauf er sein Bewußtsein richten, was er erkennen soll. Er prägt sich das Bild, den Text und die damit verbundene Marke besser ein.

Wir halten Sie in Form

Machen Sie Versuche: In welchen Bild/Text-Kombinationen dieses Buches stecken (ungeplante) Ebenen-Verschiebungen? Ich glaube, in den meisten... Alle (zwei- und mehrdeutige) Wortspiele stellen Verschiebungen dar, welche – jedes für sich – rhetorische Züge für sich beanspruchen könnte.

Das Verschiebungsprinzip haben sich auch die Boulevardzeitungen zunutzegemacht; nicht ohne den (mehrfach erwähnten) unverzichtbaren Transformator, welcher den Leseanspruch für den «Mann von der Straße» weit

genug heruntersetzt. Einige Beispiele: (Die Ebenen sind unterstrichen)
– *Menschen*fresser schlachtete *Hunde* (12. 7. 76)
– Tina *Onassis* heiratet *Kommunisten* (27. 6. 78)
– *Dachdecker* und *Bibliothekarin*: 1 x Busen angefaßt – 3 Jahre (23. 12. 78)
– Mord nach Horror-Drehbuch: *Lehrer* aß *Schüler* (5. 11. 80)

Halten wir fest: Bei der Verschiebung von Inhaltsebenen handelt es sich immer um mindestens zwei unterschiedliche, oft konträre Diskurs-, d. h. Bewußtseins- und Wahrnehmungswelten, welche einander in einer Art Ambivalenz (= gemischte Gefühle hervorrufend) gegenübergestellt werden: Freude/Trauer, Krieg/Frieden, Herz/Hirn, Realität/Lust, intellektuell/trivial, schwarz/weiß, laut/leise etc.

Fragebogen 8

a) Was hat eine längliche Form, schwimmt im Wasser und stinkt, wenn es an die Luft kommt?

_____

b) Was hat eine längliche Form, schwebt in der Luft und geht zu Bruch, wenn es ins Wasser fällt?

_____

Gummi schützt vor Torheit nicht

c) Was hat eine längliche Form, liegt auf dem Tisch, ist kleiner wie a) und extrem winzig gegenüber b)?

_____

d) Haben Sie schon einmal darüber nachgedacht, daß die Antwort zu a) das Vorbild zur Antwort auf b) gewesen sein könnte? (Fisch «fliegt» am Himmel, Zeppelin «schwimmt» im Wasser – zu surreal? Dann eben: Fisch «fliegt» im Wasser, Zeppelin (Luftschiff) «schwimmt» in der Luft...)[50]

_____

e) Haben Sie schon einmal darüber nachgedacht, daß die Antwort auf c) eine Kombination aus Natur (Tabakblätter) und Technik (Zeppelin, Torpedo) darstellt?

f) Haben Sie schon einmal darüber nachgedacht, daß es Zigarre rauchende Angler oder Flieger geben könnte?

g) Haben Sie schon einmal darüber nachgedacht,
- ☐ ob Sie Ihre Ihnen angeborene mehr oder größere Menge an Kreativität überhaupt nutzen, d. h. *freisetzen*, indem Sie sie *systematisch* «herauskitzeln» – etwa durch
  - Infragestellung etablierter Denkgewohnheiten
  - ambivalentes Denken (= sich von der Realität entfernen)
  - Entfernung von reinem Zweckdenken
- ☐ ob Sie in Ihrem Berufsalltag nicht doch die eine oder andere Kreativitätstechnik anwenden sollten, z. B.
  - Assoziative Verknüpfung (Brainstorming/Gruppendynamik)
  - Zufallsverbindung (= «Vergessen können»)
  - Heuristische Suchfeldauflockerung (Was/Wer/Wie/Wann/Wo?)
  - Morphologie (Zerkleinerung des Problemkomplexes in Einzelteile)
- ☐ ob Sie nicht vielleicht mit den folgenden beiden Aufgaben einen Anfang machen könnten:
  - Suchen Sie sich ein Bild aus der Werbung (z. B. in einer Illustrierten) und eine passende oder unpassende Headline dazu.
  - Suchen Sie sich einen Ausschnitt aus diesem Bild und wieder eine Headline dazu.
  - Suchen Sie nach weiteren Ausschnitten aus diesem Bild und weitere Headlines dazu.
  - Suchen Sie jetzt nach Ausschnitten aus diesen Ausschnitten und wieder neue Headlines dazu.
  - Suchen Sie sich eine Headline aus der Werbung und ein (un)passendes Bild dazu.
  - Suchen Sie nach einem Teil dieser Headline, welcher zu einem neuen Bild paßt.
  - Suchen Sie nach weiteren Teilen (Wörter, Silben, Buchstaben) in dieser Headline und wieder entsprechende Bilder dazu.

h) Haben Sie schon einmal darüber nachgedacht, wie es hinter Ihrer Stirn aussieht, während Sie z. B. bei der morgendlichen Toilette in den Spiegel schauen? Beide Gehirnhälften (vgl. S. 2) korrespondieren ständig miteinander. Bei der kreativen Arbeit müssen diese jedoch *einseitig* geschaltet werden: während des Brainstormings z. B. nur rechts, beim anschließenden Selektieren nur links!

Analyse
Planung
Mathematik
Organisation
Sprache/Lesen

konvergent

DIGITALES DENKEN

Verbale Kommunikation
Logisches Denken/Detailkenntnisse
Gedächtnis für Wörter und
Zahlen/Sprachgedächtnis

Schüler = Lesen, Schreiben, Rechnen
(verbal – diskursiv)
Juristen, Ingenieure, Wirtschaftler,
Naturwissenschaftler
Lesestoff: Sachbücher (intellektuell)

These = R E A L I T Ä T

Im Kino weniger Gefühlswallungen
bei sentimentalen Szenen . . .

Die Neukombination von bereits bestehenden Teilen

Die Ambivalenz des «lachenden und weinenden Auges» existiert nur in der Rhetorik, nicht in der Optik. Auf dieser Doppelseite (einer detaillierteren schematischen Darstellung wie der von Seite 2) möchte ich u. a. zeigen, wie eine Kombination zweier (bereits vorhandener, aber noch nicht in dieser Konstellation vor Augen geführter) Teile aussieht: die linke Gehirnhälfte, stellvertretend für die Funktion der *indirekten* (monolateral/medialen) Kommunikation – die rechte Gehirnhälfte, stellvertretend für die *direkte* (bilateral/persönliche) Kommunikation. Das Ergebnis dieser Kombination ist in den meisten Fällen die Bildung einer *Pointe*:
– Beim Wortwitz die sog. Bisoziation (vgl. S. 220)

Synthese
Emotionen
Musikalität
Körpersprache
Rhythmus/Tanz

divergent

ANALOGES DENKEN

Visuelle Kommunikation
Ganzheitliche Erfahrungen
Gedächtnis für Personen und
Sachen/Erlebnisgedächtnis

Kinder = Singen, Spielen, Malen
(visuell – intuitiv)
KünstlerInnen, DesignerInnen,
ArchitektInnen, Krankenschwestern
Lesestoff: Belletristik (trivial)

Antithese = L U S T

Im Vortragssaal weniger konzentriert wenn
keine Dias gezeigt werden!

– Beim Bilderwitz (= Cartoon) der Zusammenprall von Logik und Unlogik
– Bei der Wort/Bild-Korrespondenz in der spannungsgeladenen Anzeigenwerbung der Kontrast zwischen zwei zufällig nebeneinander stehenden Teilen.

Diese «Synthese» von These und Antithese konnten bzw. können Sie selbst anhand der Bild- und Textmotive auf den Doppelseiten dieses Buches nachvollziehen…

Fragebogen 9

a) Wenn Sie den Komplex «Wohnung» in 36 einzelne Teilbegriffe auflösen müßten, welche Substantive würden Sie nennen? Welche 36 Verben würden Sie dazunehmen?

Arbeit versüßt das Leben nicht

Welche 36 Präpositionen, bestimmte und unbestimmte Artikel etc. (z. B. in, auf, hinter, der, ein) würden Sie dazu verwenden – um jeweils aus mindestens drei Wörtern einen Satz bilden zu können?

b) Nachdem Sie mit dem Ergebnis die 36 Felder eines (morphologischen) Kastens[51] gefüllt haben: Welche Neukombination für eine Headline würden Sie vornehmen, wenn diese zum Bild auf dieser Doppelseite passen müßte bzw. nicht passen dürfte? (Tip: Fahren Sie mit dem Finger im Zickzack-Kurs über den Kasten – oder versuchen Sie eine senkrechte, waagrechte oder diagonale Reihe...!

c) In welchen Bereichen Ihres täglichen (Arbeits-)lebens kommt Ihre Kreativität bereits voll zum Zug?

A star is born!

d) An welcher Stelle könnten Sie kreativer und innovativer sein?

e) Welche besonderen Methoden oder (beantwortete) Fragen des Buches könnten bzw. konnten Ihnen helfen, Ihre Kreativität zu steigern – wo Sie es für nötig erachten?

f) Wann und wo beabsichtigen Sie, dies in die Tat umzusetzen?

Zwischenfazit 5. Station

Der These «Kreativ sind nur Künstler, weil sie intuitiv, phantastisch und subjektiv arbeiten dürfen» halte ich meine acht Antithesen entgegen. Sie, lieber Leser, mögen die Synthese aus beiden Positionen bilden.

1. Antithese

Jeder Mensch ist latent kreativ; Übung macht den Meister. (Kreativität kann trainiert werden durch Aktivierung der jeweils unterentwickelten Gehirnhälfte)

2. Antithese

Kreativität löst nicht nur künstlerisch-ästhetische, sondern auch wirtschaftliche, politische und soziokulturelle Probleme. (Techniken: Anknüpfung = Brainstorming, Verfremdung = Analogien suchen, Auflösung = Morphologischer Kasten, Kombination = Heuristik)

3. Antithese

Problemlösungen unterliegen einem Prozeß, welcher mit der Problemerkennung beginnt und mittels kreativer Strategie zum gewünschten Ergebnis führen kann. (Konvergente und divergente Denkrichtungen führen zu – kontrolliert divergenten – Pointen)

4. Antithese

Eine kreative Strategie beruht auf unbewußten und bewußten, produktiven und reproduktiven, geordneten und chaotischen Denkrichtungen. (z. B. ist jede Collage eines Künstlers die Neukombination von an sich schon bekannten, aber bislang noch nicht miteinander verknüpften Elementen)

5. Antithese

Kreatives Denken ist die Kombination von Divergenz (Lust, Freiheit, Phantasie) mit Konvergenz (Logik, Disziplin, Systematik) = anderes Denken, z. B. «Konzeption durch Variation»)

6. Antithese

Die Dinge anders zu sehen, ist oft die einfachste Lösung. (Denken Sie öfter an den Mechanismus der Pointe!)

7. Antithese

Ideenfindungsmethoden sind Methoden zum Lösen von Problemen; diese Strategiesysteme dienen der systematischen Problemlösung – sie sollen Kreativität zwar nicht ersetzen, aber freisetzen. (Fragen Sie häufiger «Was? Wie? Wo? Wann? Welche...?)

8. Antithese

Die kreative Energie ist abhängig vom jeweiligen Denker, seinem Umfeld und seiner Problembehandlung; Persönlichkeit, Stimmung und Denkrichtung sind die Faktoren der organisierten Ideenfindung. (Kreative sind sensibel/intellektuell, flexibel/clever, urteilsfähig/kritisch, zielstrebig/ beharrlich)

6. Station
Witze als Vor-Bilder

Basis meiner 6. Antithese war folgender Wortwitz:

Ein Mann kommt ins Geschäft und verlangt nach einem «fliederfarbenen» Hemd. Die Verkäuferin legt dem Kunden alle möglichen Farbtöne vor, doch er gibt sich nicht damit zufrieden. Die fast erschöpfte Verkäuferin weiß keinen Rat mehr – ein fliederfarbenes Hemd gäbe es momentan nicht. Darauf der Mann: «Aber im Schaufenster habe ich doch eben eines gesehen...» – «Nein, da liegen nur weiße!» erwidert die Verkäuferin entnervt. Der Mann dagegen gibt nicht auf: «Es gibt doch auch weißen Flieder!»

Trotz dieser zugegebenermaßen eher mittleren Qualität zeigt dieses Beispiel das Muster einer Pointenbildung auf, welches ohne weiteres auch auf einen Werbetext (Headline?) übertragen werden kann: Zwischen Textbeginn und Textende gibt es prinzipiell zwei Verbindungen – nämlich
– die Gerade, welche auf kürzestem Weg den Verlauf einer puren Information (sachlich, klar, unmißverständlich) aufzeigt (reale Ebene = logisch), und
– den Umweg mit Hakenschlag (surreale Ebene), d. h. im obigen Witz ist der Satz «Nein, da liegen nur weiße!» am weitesten von der Logik entfernt, während Anfang und Ende (= Pointe) eigentlich wieder logisch anmuten.

Können wir nicht Freunde sein?

Beim pointierten Werbetext ist das nicht viel anders. Aber darüber später mehr.
Zunächst folgt ein weiterer Witz; daran anschließend die Analyse.

Der Schriftsteller berichtet im Kreis seiner Gäste von der Premiere seines ersten Stückes: «Als der Vorhang fiel, ertönte im Saal stürmischer Applaus.» Darauf einer seiner Gäste: «Was war denn da auf dem Vorhang zu sehen?»

In dem der Pointe vorausgehenden Satz «Als der Vorhang...» wird eine temporäre Abfolge von Ereignissen, nämlich das Fallen des Vorhangs und des einsetzenden Applauses, geschildert. Aufgrund des Wissens jedes Zuhörers kann die Situation auch von jedem leicht nachvollzogen werden. Vor dem inneren Auge des Hörenden (bzw. Lesenden) ersteht sofort das Innere eines Zuschauerraumes, in welchem nach Vorstellungsende das Licht angeht und die Besucher zum Beifall anheben. In der Pointe jedoch werden die im Satz «Als der Vorhang...» geschilderten Tatsachen über einen temporalen Zusammenhang hinaus in eine kausale Beziehung gesetzt. Der Sinn des Satzes wird somit über die eigentliche Bedeutung hinaus erweitert. Die Rhetorik besteht darin, daß der Zuhörer (Leser) des Witzes zwar nur intuitiv den temporalen Zusammenhang und die Gesamtsituation auf Anhieb erkennt, andererseits aber den der Pointe innewohnenden kausalen Zusammenhang aufgrund der ihm eigenen Kenntnisse der deutschen Grammatik sofort zu verstehen in der Lage ist. Die entsprechende Pointe könnte also, rein grammatisch und unabhängig von der vorliegenden Situation betrachtet, in anderem Kontext eine korrekte und sozial konforme Antwort sein. In dieser Erweiterung vom temporalen zum temporal-kausalen Zusammenhang innerhalb der legitimen Grenzen des grammatischen Systems liegt die Rhetorik.

1. Ebene: Eine Situation, die jedem Zuhörer plausibel und normal einleuchtet, wird geschildert. Vor dem Auge des Zuhörer/Lesers entsteht ein klares Abbild der Situation. Er assoziiert automatisch damit das ganze Spektrum der sozial-konformen Möglichkeiten einer Rückkopplung (Feedback) in der geschilderten Kommunikationssituation und denkt sie gewissermaßen dem Witzeerzähler voraus. Er nimmt also eine bestimmte (inhaltliche) Erwartungshaltung ein.

Sie bedeutete mir überhaupt nichts

2. Ebene: Die Situation, das Abbild, wird zerstört, die Pointe (= Antwort) reißt das Vorhergegangene aus dem Kontext und bezieht es vollkommen anders. Der Kommunikationsfluß wird unterbrochen, beide Personen (die fiktive des Schriftstellers und die des Witze-Hörers/ Lesers) begreifen sofort, daß die Logik nicht mehr intakt und damit (zumindest vordergründig) verlorengegangen ist. Auf welche Wirkung wird beim Hörer/Leser abgehoben? Als erstes wohl auf die Überraschung über den «unverständlichen» Schluß bzw. die frappierende Situation. Dann setzt beim Rezipienten (= Empfänger) ein Prozeß der Sinnsuche ein: Es muß also noch eine verborgene *dritte Ebene* geben. Diese versucht er zu erschließen. Es kann sich dabei nur um eine immanente Geringschätzung des Theaters seitens des Gastes handeln: Er negiert übersteigert die theoretische Möglichkeit, der Applaus könne sich auf Anlässe vor dem Fallen des Vorhangs bezogen haben. Dieser Sinn findet seinen Humor in der totalen Übersteigerung *und* eloquent-indirekten Ausdrucksweise, so daß aus dem vordergründig zusammengebrochenen Kommunikationsfluß trotzdem ein sinnvoller Kontext wird.

Was läßt sich prinzipiell aus der Konzeption des Witzes für uns ableiten? Ein (scheinbar) in einer bestimmten Richtung deutbarer Text kann durch Situation und Kontext in eine ganz andere, eindeutige Information umgewandelt werden. Die These und Antithese kann nach den dialektischen Grundsätzen zu einem qualitativ und inhaltlich vollkommen neuen Ergebnis kommen. Die Synthese besitzt mehr als nur die Addition seiner Teile, hat also als konstituierendes Kriterium eine «Übersummativität» (bei Hegel und Marx: Dialektik), die sich in einem Durchbruch zu neuer Qualität und Relevanz äußert. Konkret: Durch Synthese bekannter Teile kann etwas in jeder Hinsicht «Neues» entstehen, was an realer Wertigkeit mit seinen vorausgegangenen Teilen nichts zu tun hat. Dieses schon in der griechischen Antike bekannte Axiom der Übersummativität ist als konstituierendes Merkmal jeder Kreativität anzusehen. Jedes «Schaffen» ist zwingenderweise eine Kombination bekannter Elemente mit dem Ergebnis, des innovativen Durchbruchs.

Folgende Gegenüberstellung von Witz (links) und Headline (rechts) möge Ihnen zeigen, daß die Werbung mit dem Etikett «Abfallprodukt» ganz gut leben kann:

Frauchen flötet: «Vergiß nicht, daß ich nächste Woche Geburtstag habe. Schenk mir was Schönes für den Hals, die Ohren oder die Hand.»
Er: «Und welche Seife hast du am liebsten...?»

Wenn Ihre Frau demnächst flötet: «...», dann sagen Sie einfach: «...» (Die Seife LUX)

Der Internist zu einem notorischen Trinker: «Glauben Sie mir, wenn Sie weiter so trinken, werden Sie nicht alt!» Der Patient: «Ganz Ihrer Meinung, Herr Doktor, regelmäßig einen guten Tropfen erhält jung!»

Wenn Ihr Arzt Ihnen mit den Worten kommt: «...», dann sagen Sie ihm: «...» und denken an «...» (TAI GINSENG)

Ein flotter, gutaussehender junger Mann betritt ein exklusives Herrenausstattergeschäft. «Was wünschen Sie, mein Herr», fragt die bildhübsche Verkäuferin. Der junge Mann lächelt, beugt sich etwas vor und sagt leise: «Was

ich wünsche? Sie in meinen Wagen zu tragen, zu meinem Appartment zu fahren, eine Flasche Champagner zu öffnen, neben Ihnen auf der Couch zu liegen und so weiter... Aber was ich brauche, das sind zwei Paar Socken – schwarze und braune...!»
(kann sogar in unveränderter Form von BURLINGTON-Strümpfe eingesetzt werden)

Als Übung für Werbetexter empfehle ich, *neue* Witze nach einem bestimmten Vorbild zu erfinden (besser gesagt: zu variieren) – hier ein Beispiel:

Bekannt:
Im Stoffgeschäft – eine Dame will roten Stoff kaufen. Acht Ballen sind für sie bereits entrollt worden, aber das gewisse Rot, das sie benötigt, ist nicht darunter. Die acht Ballen werden wieder zusammengerollt und – Leiter rauf, Leiter runter – im Regal verstaut; ziemlich anstrengend! 18 weitere werden aus dem Lager angeschleppt und der Dame vorgeführt. Auf dem Ladentisch sieht es aus wie im Roten Meer... Die Dame prüft, hält ans Licht, wiegt den Kopf, kann sich nicht entscheiden. Endlich, beim letzten Ballen (... das Personal atmet auf): «Hier ist es, genau das richtige Rot.» Der total erschöpfte Verkäufer holt von irgendwoher ein Lächeln. «Wieviel Meter, gnä' Frau?» Nein, nein, ich brauche höchstens 1 cm. Wissen Sie, beim letzten Umzug ist meiner Stoffkatze die Zunge verlorengegangen...»

Neu:
In einem Warenhaus in Tokio hastet ein junger Mann von Abteilung zu Abteilung auf der Suche nach einem Aschenbecher. Nach einer dreiviertel Stunde kommt er schweißnaß in der Haushaltswarenabteilung im fünften Stock an. Nach einer weiteren Stunde hat die freundliche Verkäuferin bereits den ganzen Ladentisch mit Aschenbechern in allen Farben und Formen vollgestellt. Doch mit keinem ist der junge Mann zufrieden. Die Verkäuferin beginnt langsam zu verzweifeln und fragt den jungen Mann nach seinen genauen Vorstellungen. Worauf dieser antwortet: «Nicht zu klein, nicht zu groß, und vor allem dicht.» Der entsetzte Ausdruck im Gesicht der Verkäuferin veranlaßt ihn hinzuzufügen: «Wissen Sie, ich bin einer der 400 Bürger Tokios, die in einer Litfassäule leben. Da muß auch das Waschbecken schön klein und zierlich sein.

Halten wir fest:
- Witze-Erzähler begleiten ihre Zuhörer in eine wegführende, der Pointe entgegengesetzte Richtung. Sie sind mit Magiern zu vergleichen, die durch Fingerfertigkeit den Zuschauerblick von ihrem Trick ablenken.
- Die meisten Witze weisen zwei Teile auf, welche nicht logisch nachvollziehbar sind.
- Das Lachen des Zuhörers/Lesers resultiert aus einer psychischen Wirkung, weil auf eine emotionale Aktion eine rationale Reaktion erfolgt.
- Es entsteht ein echter Dialog zwischen Witze-Erzähler und -Zuhörer, weil letzterer beim «Fallen des Groschens» aktiv mitbeteiligt ist: In seinem Kopf entstehen die dazugehörigen Bilder.
- Die Dramaturgie in der Kommunikation basiert auf Perspektivenwechsel. Der Erzähler identifiziert sich total mit dem Partner, während er vor dessen geistigem Auge eine Szenerie aufbaut.
- Wenn der hörende bzw. lesende Partner diese «geistige Kursänderung» nachvollziehen kann, d. h. das Wortspiel oder die Rhetorik der Pointe begreift, hat er ein Erfolgserlebnis, welches sich in seinem Lachen widerspiegelt. Er, der Partner, muß unbedingt in den (wechselseitigen) Kommunikationsprozeß miteinbezogen werden: 90% der Story werden vorgegeben, die restlichen 10% muß er sich selbst zu Ende denken (kombinieren).

Fragebogen 10

a) An welchen Witz, den Sie einmal gehört haben, können Sie sich noch erinnern?

_____

_____

b) Was war dabei die Pointe?

_____

c) An welcher Stelle fand dabei der Hakenschlag statt? (vgl. Seite 229)

_____

Ich habe heute abend länger zu arbeiten

d) Wie könnte diese für eine verbale Werbebotschaft genutzt werden? Denken Sie an
- [ ] Konsum-/Investitionsgüter
- [ ] Dienstleistungen (Banken Versicherungen)
- [ ] Branchen (Gemeinschaftswerbung)
- [ ] Social Marketing (Randgruppen, Dritte Welt)

e) Wie könnte die Headline zu nebenstehendem Bildmotiv (für welchen Auftraggeber?) lauten?

Chaval, Zum Lachen und zum Heulen
Copyright © 1969/1974 by Diogenes Verlag AG, Zürich

Ja, es gibt da noch eine andere

Wortschatz, Dramaturgie, Manipulation

In der Wochenzeitschrift «DIE ZEIT» habe ich den wohl längsten (offiziellen) Satz gelesen, den es in deutscher Sprache geben dürfte – entnommen aus der Definition der Begriffe «Zigarre» und «Zigarette» im Tabaksteuergesetz der ehemaligen DDR:

«Zigarren oder Zigarillos sind als solche zum Rauchen geeignete, mit einem Deckblatt oder mit einem Deckblatt und einem Umblatt umhüllte Tabakstränge ganz aus natürlichem Tabak oder mit einem Deckblatt aus natürlichem Tabak oder mit einem zigarrenfarbenen Deckblatt und einem Umblatt, beide aus homogenisierten und rekonstituiertem Tabak entsprechend der Festlegungen der Warennomenklatur, wenn mindestens 60 vom Hundert des Gewichts der Tabakteile länger und breiter als 1,75 mm sind und das Deckblatt schraubenförmig mit einem spitzen Winkel zur Längsachse des Tabakstrangs von mindestens 30 Grad aufgelegt ist oder mit einem zigarrenfarbenen Deckblatt aus homogenisiertem oder rekonstituiertem Tabak entsprechend der Festlegungen der Warennomenklatur, wenn das Stückgewicht 2,3 g oder mehr beträgt, mindestens 60 vom Hundert des Gewichts der Tabakteile länger und breiter als 1,75 mm sind und mindestens ein Drittel der Länge des umhüllten Tabakstrangs einen Umfang von 34 mm oder mehr hat.»

Dem gegenüberstellen möchte ich einen Text für Lucky-Strike-Zigaretten aus einer Promotion-Aktion des B.A.T.-Konzerns:

«Lange Zeit glaubten wir, es würde nichts Schöneres geben als eine Packung Lucky Strike Filters oder Lucky Lights. Aber wir wurden eines Besseren belehrt. – Zuerst waren wir entsetzt, dann fasziniert, schließlich restlos begeistert. Es gibt sie jetzt, eine Packung, die wirklich keine Wünsche offenläßt, mit der Sie jederzeit die richtigen Cigaretten parat haben und die ganz nebenbei eine absolute Weltneuheit ist. – Sie finden, das klingt nach Angeberei? Sie möchten die Schachtel sehen? Sie wollen sie besitzen? – Dann füllen Sie doch endlich diese Karte aus, wir möchten schließlich wissen, wem diese einzigartige Packung von nun an gehört.»

Die voneinander abweichende Tonalität in beiden Texten kann strukturell belegt werden:
– Die Satzlänge ist im Verhältnis zur Textlänge im ersten Text 12 x länger als im zweiten Text;
– im zweiten Text wurden über 4 x mehr Interpunktionen gesetzt;
– der erste Text weist etwa 1 $1/2$ x so viel Substantive auf als der zweite Text,
– wogegen der zweite wiederum 4 x mehr Verben enthält als der erste Text.
– Die Adjektive (welche dem Wortlaut «Farbe» geben) sind im zweiten Text häufiger vertreten.
– Die Wortwiederholungen (welche für die stärkste Redundanz innerhalb eines Textes sorgen) kommen im ersten Text knapp 3 x häufiger vor als im zweiten Text.

Summa summarum: Satzlänge, extrem wenig Zeichensetzung und unverhältnismäßig viel Wortwiederholungen verleihen dem ersten Text eine gewisse Kabarettreife – der zweite Text dagegen lebt vom Rhythmuswechsel der unterschiedlichen Satzlängen, von den Verben und Adjektiven, welche im ersten Text wiederum eher fehlen.

Der Wortschatz des zweiten Textes berücksichtigt die Wirkung beim Leser; die steigende Tendenz (entsetzt–fasziniert–begeistert) begünstigt die wichtige Dramaturgie beim Lesen: Die suggestiven Fragen (Angeberei? sehen? besitzen?) verbreiten den Geruch der Manipulation. Der erste Text ist davon meilenweit entfernt...

Dieser Vergleich zweier unterschiedlicher Texttypen zeigt, daß
– die Anzahl der Verwendung bestimmter Wortarten,
– die Anzahl der Wiederholung bestimmter Wörter,
– die Anzahl der Wörter bezogen auf die Satzlänge und
– die Wahl bestimmter Wörter

sehr ausschlaggebend ist für das verbale Klima einer Mitteilung. Der kreative Gestalter kann diesen Spielraum nutzen, wenn er «verkaufsfördernde Meinungsbildung» (= Manipulation) betreiben möchte...

Die sprachstilistische Analyse der beiden obigen Texte ergab folgendes Bild:

Anzahl der	Begriffsdefinition:		Promotion:	
– Sätze	1	0,7%	8	8,4%
– Interpunktionen	6	4,3%	17	17,9%
– Wörter	140, davon:		95, davon	
– Substantive	33	23,5%	14	14,7%
– Verben	5	3,6%	14	14,7%
– Adjektive	11	7,9%	10	10,5%
– Wiederholungen	20	14,3%	5	5,3%
(= Zigarren, Zigarillos, Deckblatt, Umblatt, Tabak, homogenisiert, rekonstituiert, Warennomenklatur, Hundert, Tabakstrang, natürlich etc.)			(= Lucky, wir, Sie, Packung etc.)	
– Längster Satz	140 Wörter		28 Wörter	

Zwischenfazit 6. Station

Jetzt haben Sie sicherlich vieles gelesen, was Sie schon vorher wußten – aber war es Ihnen auch bewußt? – Gerade die selbstverständlichsten Dinge sind es doch, über die wir hinweggehen, ohne sie zu nutzen. Wer sich über die Pointe Gedanken macht, wird auch schlagfertiger im Verkehr mit Partnern. Besser gesagt, er trainiert, um seine Schlagfertigkeit schlagartig freizusetzen – nicht erst eine Minute später, wenn es schon zu spät ist.

Alles steht miteinander im Zusammenhang: Wortspiel (= Polysemien, Homonyme, Homophone etc.), Analogie (= Synektik, Bionik) und die u. a. damit zu erreichende Pointenbildung.

Ich finde, eine Nummer größer steht Ihnen besser

– *Wer beim Wort «frisieren» nicht nur an die Haartracht, sondern auch z. B. an einen Motor oder gar an eine Bilanz denken kann, hat seinen Phantasiehorizont erweitert.*
– *Wer beim Begriff «Tisch» auch an eine Skisprungschanze oder bei «Wand» auch an eine Abhörwanze denkt, bringt z. B. für ein Brainstorming beste Voraussetzungen mit.*
– *Wer z. B. als Autor gefragt wird «Wer hat denn Ihr tolles Buch geschrieben?» – und darauf (wie aus der Pistole geschossen) antwortet: «Wer hat es Ihnen denn vorgelesen?» ... der ist schlagfertig, weil er die Bosheit mit Unverschämtheit schlägt.*

Sie können die Pointenbildung trainieren, wenn Sie konsequent bei jedem Witz, den Sie künftig hören oder lesen, hinter dem «Hakenschlag», d. h. an seinem spitzen Winkel, wenn der Kurs plötzlich seine Richtung ändert, einen geistigen «roten Punkt» setzen, um sich den Mechanismus der Pointe einzuprägen. Pointen machen viele Werbebotschaften unterhaltender und dämpfen die Manipulation, die in jeder verkaufsfördernden Meinungsbildung steckt. Auch über dieses Thema habe ich ein Buch geschrieben, welches wohl als erstes überhaupt einen Zusammenhang zwischen Witzen und Cartoons einerseits und Werbetexten bzw. -fotos andererseits herstellt. [52]

Texte, welche witzig wirken, müssen nicht in dieser Absicht geschrieben worden sein. Wenn Sie, lieber Leser, hin und wieder einen Text, der Ihnen suspekt erscheint, analysieren, kommen Sie interessanten Dingen auf die Spur:
– In langen (Schachtel-)Sätzen «steckt» häufig ein Oberlehrer;
– viele Substantive zu Lasten von Adjektiven und Verben geben dem Text einen Telegrammstil;
– viele Adjektive verleihen einem Text Farbe;
– viele Wiederholungen machen den Oberlehrer zum Bürokraten;
– Stammwörter wie «machen, stellen, legen, holen» etc. lassen einen Text fad, stumpf und langweilig erscheinen;
– Synonyme wie «meißeln, plazieren, unterbringen, beschaffen» etc. lassen Präzisionsarbeit erkennen;
– Superlative wie «hinreißend, phantastisch, unerhört, einmalig, faszinierend, erregend» etc. wirken auf den Leser suspekt und eher unseriös;
– Jargon wie «toll, stark, affengeil, tierisch, ätzend» etc. ist nur legitim, wenn spezielle «Szene»-Vertreter antendiert werden sollen.
– Viele Fremd- bzw. Fachwörter haben nur dann eine Berechtigung, wenn «Unbefugte keinen Zutritt haben».

Ich schlaf' schon lang nicht mehr mit meiner Freundin, und ich werde sie bald verlassen

7. Station
Lesen als Artikulationstraining

Halten Sie bitte einmal mit einer Ihrer Hände die dem Bild gegenüberliegende Headline zu – und fragen sich, Ihre(n) Freund(in)/Frau/Mann, Ihre(n) Sohn/Tochter, eine(n) Ihrer Mitarbeiter(innen) etc., was der Mensch auf dem Foto denkt... Sie bekommen unterschiedlichste Antworten! Ohne Text überlassen Sie immer dem Betrachter, was er denken will, obgleich Sie es ihm eigentlich «vorschreiben» müßten... Mit einer Bildunterschrift oder einer spannungsgeladenen Headline steuern Sie das Denken des Lesers! Bilder dagegen haben nicht nur stimulierenden Blickfangcharakter oder lockern auf, sondern steuern ihrerseits wieder die Interpretation des Textes.
Nur: Der Text kann deshalb auf ein Bild verzichten, weil jeder Mensch, welcher Lesen und Schreiben gelernt hat, also (mit Buchstaben chiffriertes) dechiffrieren kann, *zunächst* konventionell denkt – z. B. beim Begriff «Haus» an Schutz, Geborgenheit, Wohnung, Privatsphäre etc., und erst anschließend u. U. an «hausgemacht, hausbacken, Hausbesetzung, Hausfriedensbruch» etc. Er denkt *nicht* an «Flugzeug, Urwald oder Tiefseetaucher» z. B.
Auf dieser Basis funktioniert
– Geschriebenes als Brief oder Briefing,
– Kopiertes als Skript oder Manuskript,
– Gedrucktes als Geschäfts- oder Zeitungsbericht.
Das Ganze sehe ich als ein Bezugssystem, bei dem jeder seiner vier Teile mit dem anderen «vernetzt» ist:

Wort – Wortschatz – (Wortbild) – Wortlaut

Der in Klammern stehende Systemteil kommt hinzu, wenn durch die typografische Umsetzung die Botschaft semantisch/syntaktisch gesteuert, d. h. *gestaltet* wird.
– Das Wort ist die reine Chiffre, das Zeichen, mit dem operiert wird;
– der Wortschatz bestimmt die Tonalität der Botschaft;
– der Wortlaut ist die reine Information, welche in der Botschaft steckt.
Bei folgendem Text von Kurt Tucholsky, der die Gattung «Liebesbrief» persiflierte, ist (nicht zuletzt durch die typografische Syntax) die Tonalität dafür verantwortlich, daß die Gefühle «auf den Nullpunkt gesunken» sind:

Geheimsache!
1. Meine Neigung zu Dir ist unverändert.
2. Du stehst heute abend 19.30 Uhr am zweiten Ausgang des Zoologischen Gartens – wie gehabt.
3. Garderobe: Grünes Kleid, grüner Hut, braune Schuhe. Die Mitnahme eines Regenschirms empfiehlt sich.
4. Abendessen im Gambrinus, 20.10 Uhr.
5. Es wird nachher in meiner Wohnung voraussichtlich zu Zärtlichkeiten kommen.

(gez.) Bosch
Oberbuchhalter

Dem Wortschatz (Lexik) kommt eine besondere Bedeutung zu, wenn es um die Artikulation geht – Probleme treten dann auf, wenn es sich um «lexisch-semantische Varianten polysemer Wörter» handelt. W. Schneider[53] nennt folgendes Beispiel:

«Mit Europameister Paul Schockemöhle (Mühlen/Oldenburg), Weltmeister Gerd Wiltfang (Thedinghausen) und Frauke Sloothaak (Mühlen/Oldenburg) sind drei deutsche Springreiter unter den ersten 20 der Europa-Rangliste der Internationalen Reiterlichen Vereinigung (FFI) plaziert. (dpa 7. 10. 1981)»
Sind drei – oder gar mehr plaziert?

Während Schneider hier von einer «verblaßten Floskel» spricht, muß bedacht werden, daß die Präposition «mit» (wie viele andere Wörter) in diesem Fall – wie in den folgenden – *kontextbezogen* ist. Das heißt, die Irreführung hält sich zumindest so weit in Grenzen, als daß mit der Toleranz des Lesers gerechnet werden kann. «Mit» im Sinne von «dabei» (nicht im Sinne von «dazu») kann bezogen sein auf
– die Richtung (= lokal): mit dem Strom... schwimmen
– die Zeit (= temporal): mit Sonnenaufgang... abmarschieren
– das Werkzeug (= instrumental): mit der Schreibmaschine... tippen
– die Art und Weise (= modal): mit Glück... gesegnet sein
– den Geltungsgrad (= die Modalität betreffend): mit großer Wahrscheinlichkeit... ankommen
– die Begleitung (= den Komitativ betreffend): mit dem Vater.... sprechen
– den Umstand (= kausal): mit Grippe im Bett... liegen
– die Erläuterung (= präzis): mit Jürgen Klinsmann... spielt der erste

deutsche Fußballprofi bei einem englischen Club.
Ich wollte damit veranschaulichen, daß einerseits den Spitzfindigkeiten in der Sprache immer Tür und Tor offensteht (Stilblüten lassen grüßen!), andererseits aber auch immer ein «Kontext höheren Grades» oder die Sachkenntnis des eingeweihten Lesers vor Mißverständnissen schützt.

Argumentieren, Formulieren, Texten

Wer argumentieren will, kann das entweder
- unsystematisch (Notizen auf Zettelchen, Fahrscheinen etc.) oder
- systematisch (tabellarisch per Checkliste) angehen. – Am Beispiel des Nutzens einer Leistung kann die Argumentation folgendermaßen aussehen:
  (1) Das *bedeutet*, daß Sie mehr Zeit für andere Dinge haben werden.
  (2) Das *bringt* Ihnen folgende finanzielle Ersparnis:
  (3) Das *reduziert* Ihr Personal um 1–2 Arbeitsplätze.
  (4) Das *senkt* das Konfliktpotential innerhalb Ihrer Belegschaft/Familie.
  (5) Das *spart* Ihnen Anzeigen-/Sendeminuten.
  (6) Das *garantiert* Ihnen mehr saisonale Beweglichkeit.
  (7) Das *ergänzt* Ihre Produkt-/Leistungspalette.
  (8) Das *ermöglicht* Ihnen mehr Lagerkapazität.
  (9) Das *verbessert* die Haltbar-/Widerstandsfähigkeit Ihrer Produkte.

Die Konkurrenz schläft natürlich auch nicht. Prüfen Sie deshalb, ob es bei Ihrem Auftraggeber über den Primärnutzen hinaus noch einen Zusatznutzen seines Leistungsangebots gibt, der nachvollziehbar und deshalb «echt» und objektiv ist – gegenüber der subjektiven Leitbildorientierung (Idole, Helden, Mythen). Gibt es z. B. eine Systemverbesserung seiner Produkte; etwa Vorteile, bei denen früher auch gleichzeitig Nachteile in Kauf genommen werden mußten?

Wie war ich?

Nun zum Formulieren: Sprache setzt sich aus Wörtern und Sätzen zusammen – es entsteht dabei Text. Soll der Text verständlich sein, dürfen
- die Sätze nicht zu lang sein (die Hälfte aller Sätze sind laut Statistik kürzer als 18 Wörter!)
- Wörter und Sätze nicht Anlaß zur Verwirrung sein, d. h. eine einfache Formulierung in puncto Vokabular und Syntax ist des Texters erste Pflicht!

Nicht jedes Fremdwort ist jedoch abzulehnen – es kommt auf die Leserschaft an: Für Jugendliche z. B. ist der Begriff «Disco» absolut verständlich, für den Gestalter das Wort «Layout», für die Journalistin der Terminus «Lead»... Der *Grundwortschatz Deutsch* enthält die häufigsten Wörter der

Umgangssprache	= 85% unserer Kommunikation,
die ersten 1 000 Wörter	= 80–83% im Alltag,
die zweiten 1 000 Wörter	= 8–10% im Beruf,
die dritten 1 000 Wörter	= 4–5% beim Lesen,
die vierten + fünften 1 000	= 2% Fachsprache,

der verbleibende Rest dürfte etwa bei 1% liegen.

Beispiele:

(häufig)	(selten)	(Kurzform)
Auto	Fahrzeug	Pkw, Lkw, Bus
Bahn	Schiene	Zug, Lok, Tram
gut	einverstanden	o. k.
Beratung	Instruktion	Tip
Aufnahme	Lichtbild	Foto
Sendung	Rundfunk	Radio

Die kürzesten Wörter «in, zu, er, es, so, an, im, um, am, da, du, wo» werden am häufigsten eingesetzt. Die Hälfte unserer Muttersprache besteht meist aus Ein- und Zweisilbern: Statt «Lederkugel» sagen wir lieber «Ball», statt «Geldinstitut» eher «Bank», statt «Gesichtshaartracht» einfacher «Bart».

Faustregel: Je weniger echte Information ein Satz enthält, desto kürzer, je aussagekräftiger er ist, desto länger darf er sein.

Wie geht's, Liebling?

Heißer Tip: Noch kürzer schreiben! (Es geht nicht nur um Wörter, sondern sogar um Silben). Vor allem am Anfang eines Artikels oder einer literarischen Abhandlung sind kurze Sätze besonders effektiv. Hier eine kleine Übersicht der «bekanntesten Satzlängen» (durchschnittliche Größen):

Boulevardzeitungen	4–5	Wörter pro Satz
dpa-Meldungen (Originaltext)	9	Wörter pro Satz
deutschspr. Tageszeitungen	15	Wörter pro Satz
«Buddenbrooks» von Th. Mann	18	Wörter pro Satz
Goethes «Faust»	30	Wörter pro Satz

Hans Reinhard Schatter hat in seiner Studie «Zwischen Buchstaben und

Bits» als Obergrenze der Leichtverständlichkeit 18 Wörter pro Satz angegeben und eine Satzlänge empfohlen, welche zwischen jener der dpa-Meldungen und der Tageszeitungen liegt.

Wenn es um reine Werbetexte geht, empfehle ich den selbst praktizierten Rhythmuswechsel zwischen kurzen und langen Sätzen bzw. kurz-lang-länger-kurz-kurz-lang etc.

Für das «treffende Wort» gibt es keinen Ersatz. Einige Beispiele: «Essen – Speisen – Verpflegen».

Man geht essen, meint aber eigentlich «speisen» im Sinne von «gutbürgerlich, feinbürgerlich oder exquisit». Andererseits ist Feinschmeckern der «Speisesaal» (eines Kurheims) oder der «Speisewagen» (im Sinne von Zugrestaurant) eher suspekt... er denkt dann eher an die «Verpflegung» z. B. in einem Krankenhaus im Sinne von Krankenkost/Diät. Der Feinschmecker sagt zu «Suppe» eher «Consommé» oder «Essenz» bzw. «Bisque», zu «Leberwurst» eher «Pastete» im Sinne von Pâté oder Terrine, zu «Kartoffelbrei» eher «Pürré», zu «Nachspeise» eher «Dessert» etc. etc.

Wer als Texter seine Zielgruppe kennt, weiß sofort, welche Ausdrucksformen er am besten nutzen kann. Kreative Mediensprache ist nicht viel mehr als 10% Erfindung, der Rest sind «Schweißtropfen und Blutstropfen», wie es einmal Thorsten Mann, ehemaliger Präsident des Art Directors Club für Deutschland, auf den Punkt brachte.

Fragebogen 11

a) Wie könnte der erste Satz eines Mahnschreibens lauten, das Sie einem Ihrer (künftigen) säumigen Zahler schicken müssen, wenn es sich um

_____

☐ eine Reisekostenerstattung an eine Behörde handelt?

_____

☐ eine Akontozahlung eines Großunternehmens handelt, von der es abhängt, ob Sie mit der zweiten Arbeitsphase Ihres Auftrags beginnen können?

_____

h   ein Honorar handelt, welches Ihnen von einem Auftraggeber zugesagt worden ist, von dem Sie sich weitere künftige Aufträge erwarten?

b) Wie viele und welche Kontextbezüge existieren für das Wort «gegen»?

c) Wie könnte eine Stilblüte mit dem Wort «gegen» lauten? (Vielleicht erinnern Sie sich an Erlebnis-Aufsätze Ihrer Schulzeit!?)

d) Wie würden Sie – in einem Satz – den
    ☐ objektiven Nutzen (nachvollziehbar)

☐ subjektiven Nutzen (Prestige, gefühlsbetont) für den Konsumenten eines Füllfederhalters argumentieren?

e) Welche Synonyme fallen Ihnen spontan zum Begriff «Hut» ein? (Denken Sie auch an Tiere, Pflanzen, Geräte, Architektur etc.)

f) Wie würden Sie den Inhalt des Märchens «Hans im Glück» in einem *einzigen Satz* repräsentativ formulieren?

Schlagzeile, Slogan, Wortspiel, Stabreim etc.

Anzeigentexte setzen sich in den meisten Fällen aus drei Teilen zusammen:
– aus der Headline (= Schlagzeile, Überschrift)
– aus der Copy (= Folgetext, Haupttext) und
– aus dem Slogan (= Abbinder).

Während die Headline als blickfangstarke, kurze Inhaltsangabe fungiert, oft aber auch eine These darstellt, handelt es sich beim Folgetext um deren Beleg, auf jeden Fall aber um eine detaillierte «Kommentierung» der Headline. Der Slogan dagegen bezieht sich weniger bzw. überhaupt nicht auf die Anzeige, sondern auf den Anzeigen-Auftraggeber, das Unternehmen, d. h. auf dessen Philosophie oder auf den Nutzen für die Zielgruppe. Vor allem bei Slogans – manchmal aber auch bei kurzen Schlagzeilen – werden verschiedene rhetorische Figuren eingesetzt. Hier wieder einige typische Beispiele:
– WORTSPIEL «Ohne Wein ist es einfach Essig.» (Salatwürze von Rewe)
– «Laß Dein Auto leer, wenn Du voll bist!» (Unfallverhütung) – «Luxaflex-Jalousien stellen alles in den Schatten.»
– STABREIM (= Alliteration) «Milch macht müde Männer munter.» – «Der Duft der großen weiten Welt.» (Stuyvesant-Zigaretten) – «Ihr guter Stern auf allen Straßen.» (Mercedes-Benz)
– ANTITHESE «Schenken Sie Ihren Freunden einen hinreißenden Abend mit SC. SC schenkt ihnen einen hinreißenden Morgen.» (Sekt) – «Es ist nicht alles Käse, was aus der Schweiz kommt.» (Uhren) – «Schenken Sie dieses Jahr auch wieder Rasierwasser?» (BMW-Autotuning) – «Wann haben Sie Ihrem Mann das letzte Mal Blumen geschenkt?» (Dimple Whisky) – «Soll Schottland überdacht werden?» (Old Smuggler Whisky) – «Doornkaat – heiß geliebt und kalt getrunken.» (Doppelkorn) – «Alle reden vom Wetter. Wir nicht.» (Deutsche Bundesbahn)
– ENDREIM «Im Falle eines Falles klebt Uhu wirklich alles.» (Klebstoff) – «Fulda-Reifen halten und greifen.» – «Am besten selber testen» (Renault) – «Schinkenhäger macht Dich reger.» (Kornbrand)
– STEIGERUNG (= Klimax) «Gut, besser. Paulaner.» (Bier)

Ich verspreche, ich werde mich ändern; von jetzt an wird alles anders

- PARALLELISMUS «Stecken Sie Ihre erste Filterella (Zigarillo mit Filtermundstück, d. A.) mit Ihrer letzten Zigarette an.»
- VERSRHYTHMUS «Nenn nie Chiquita nur Banane!»
- WORTWIEDERHOLUNG «Persil bleibt Persil.» (Waschmittel) – «Nichts geht über Bärenmarke, Bärenmarke zum Kaffee.» (Kondensmilch) – «Kein Brot ist so gut wie Brot mit Boursin.» (Kräuterkäse aus Frankreich)

Zwischenfazit 7. Station

Für Ihre schriftliche Artikulation (Hausmitteilungen, Briefe, Briefings, Mailings etc.) sind Sie mit dem Wort(begriff), dem (Grund-)Wortschatz der deutschen Sprache sowie der Tonalität der Botschaft in Berührung gekommen. Auch die Gefahr von Sprachirritationen durch Polysemien (Heinz Ehrhard: «Ich war allein, meine Eltern und der Ofen waren ausgegangen»...), die jedoch durch den Kontext «entschärft» werden können, ist Ihnen bewußt geworden. – Wie man argumentiert und einfach, aber auch zielgruppenadäquat formuliert, wie man rhetorische Figuren einsetzen kann – diese Operationen in der Werbung können Ihnen auch für Ihre tägliche Korrespondenz sehr dienlich sein.

Und wie war es für dich?

Eine Mahnung mit Fingerspitzengefühl, einen «Stil-Blütenzauber», ein Produkt(nutzen)versprechen, eine Wortschatzübung und eine Wortlautreduktion konnten Sie sogar selbst nachvollziehen. – Wiederum können Sie im direkten Schriftkontakt Verbalisierungen üben und Möglichkeiten praktizieren, wie Sie im indirekten Verkehr (Kommunikationsdesign, Werbemittel, Mediensprache) meinungsbildende Inhalte «in Worte kleiden».

8. Station
Klientel als konstruktive Größe

Problemlöser können sich nur von Problemen ernähren. Oder anders ausgedrückt: Wer sich als kreativer Texter oder Gestalter versteht, braucht Probleme, um sie durch seine Leistung zu bewältigen. Wenn sie nicht an ihn herangetragen werden – weil er vielleicht noch keinen «Namen» hat, muß er nach ihnen suchen.
Ich kenne einen Kollegen, der das Problem jener Firmenchefs erkannte, die Schwierigkeiten damit haben, eine gute Rede zu schreiben. Er sagte sich: Anderer Leute Probleme sind meine Chance – wenn beispielsweise Babysitter gesucht werden, werden bestimmt auch Ghostwriter gesucht; das ist zwar eine andere Problemebene, aber bei beidem handelt es sich um Problemlöser...
Dieser Ghostwritereinstieg für einen Texter – durch die Resonanz auf ein entsprechendes Inserat in entsprechender Zeitung zustande gekommen – hat gegenüber der «Ochsenkur» von Bewerbungsbriefen an ausgesuchte Adressen folgende Vorteile:
- Honorar «cash» auf die Hand, weil die Buchhaltung natürlich nichts von einer *bestellten* Rede wissen durfte.
- Honorar nicht «mager», weil sich der Redenschreiber, welcher im Hintergrund bleibt, den Applaus, den der Redner im Rampenlicht erhält, gut bezahlen lassen kann.
- Wenn das Ghostwriting erfolgreich war, ist bereits eine *Beziehung* zu einem (wenn vielleicht auch kleineren) Unternehmen hergestellt. Es ist dann nicht mehr allzu schwer, den «Fuß in der Tür» einen weiteren Schritt vorwärts zu gehen...

Das kleine Inserat könnte z. B. folgende Aufhänger haben:
- «Ich nehme Ihnen Ihre Probleme ab, damit Sie wieder Zeit zum Lösen Ihrer anderen Probleme haben» oder
- Karajan hat die Musik, die er dirigiert hat, auch nicht selbst komponiert» oder
- «Für den Beifall, den Sie bekommen, möchte ich mir etwas kaufen...»

Die Zeitung, in der Sie dieses kleine Inserat veröffentlichen, könnte folgendermaßen heißen:
- Die Welt, Süddeutsche Zeitung, Frankfurter Allgemeine, Neue Zürcher Zeitung, Die Presse (Wien); je nachdem, wo Sie Ihren Wohn-/Arbeitssitz haben. Diese Zeitungen sind zwar teurer als kleine Regionalblätter, werden aber gerade von solchen Leuten gelesen, welche Probleme haben, die Sie (nur Sie!) lösen könnten.

Für meinen Kollegen war die Ghostwritertätigkeit bald beendet – er hat sich mit Beratung, Konzeption und Text für verschiedene Firmenchefs eine berufliche Existenz aufgebaut.
Ein anderer Kollege, den ich kenne, hatte Erfolg mit seiner Maxime «Das Bessere ist der Feind des Guten.»
Mit diesem Satz leitete er Briefe ein, die er an Personalchefs schrieb, welche als Ansprechpartner auf Stellenangebotsinseraten genannt waren. «Ich bin zwar nicht der Mann, den Sie suchen, aber den Sie brauchen», formulierte er weiter in seinem Brief, «weil Ihr Stelleninserat zwar informiert, aber nicht motiviert, hinreißt, anzündet...» Er legte eine optimierte Fassung dem jeweiligen Schreiben bei und – bekam ein Vorstellungsgespräch als Text-Berater angeboten, welches er dann auch prompt nutzte. Seit zwanzig Jahren ist er bereits selbständig.

Beratung, Durchsetzung, Honorar

Zu mir hat einmal ein Kunde gesagt: «Sie müssen wissen, was *ich* will...» – Solche Kunden sind schwierig. Das Freudsche Lustprinzip kann da leicht zum «Frustprinzip» werden. Nur durch eine straffe Korrespondenz, d. h. sofortige schriftliche Bestätigung aller Gespräche und Aufträge kann man sich einer *Rückversicherung* einigermaßen sicher sein. Vor allem betrifft dies die gewünschte und vereinbarte Honorargröße. Gerade Kunden, welche noch sehr diffuse Vorstellungen von Leistung und Preis in der «kreativen Dienstleistung» haben, erschrecken immer wieder über die Nullen vor dem Komma – ganz im Unterschied zu Kontaktern oder Creative Directors einer Werbeagentur. Auch Grafiker, welche den schreibmaschinengeschriebenen Text gestalten müssen, sollten früh zu solchen Gesprächen hinzugezogen werden, um spätere «Empfindlichkeiten» zu vermeiden. Bei Foto-Designern und Medialeuten verhält es sich ähnlich: Erstere können genauso gut eine Textidee haben wie auch Texter eine Bildidee «auf den Tisch legen». Letztere, die Anzeigen-Millimeter- und Sendeminuten-Einkäufer, wissen Bescheid, ob *Media-Ideen* entstehen können. Der Drucker ist dann der «letzte, den der Hund beißt»; er muß hinzugezogen werden, wenn Druckstoff und Papierverarbeitung in der Produktion eine wichtige Rolle spielen. – Der kreative Werbetexter hat also nicht nur den Kunden, sondern auch den Kollegen zum Partner. Der Umgang mit Partnern macht zwar sein verbales Produkt nicht besser oder schlechter – aber die richtige «Kanalisation» einer Werbebotschaft fängt nicht erst bei ihrer Streuung, sondern schon kurz vor, während oder kurz nach dem Brainstorming an.

Wie kann ein Texter sich gegenüber einem Kunden durchsetzen? Mit der Kraft der Argumentation – jedoch nicht mit «Argumentieren um des Argumentierens willen». Schon Schopenhauer hat hier sein Teil dazu beigetragen: In seinem Werk «Eristische Dialektik» geht es jedoch mehr um Sophistik (=Scheinweisheit) als um These und Antithese, welche dann zur Synthese führen können.

Wichtig ist, daß Sie sich in die Rolle Ihres Diskussionspartners versetzen (können). Dann können Sie auch einmal selbst eine Antithese aufstellen und Ihrem Partner die These überlassen. («Zwar sieht es so aus, daß... aber...» oder «Ihr Argument klingt bestechend, aber...») Grundvoraussetzung für Ihre Sicherheit *jedem* Kunden gegenüber ist der «totale Durchblick», d.h. die Kenntnis *aller* Zusammenhänge; sie geben Ihrem Gegenüber das Gefühl, hier sitzt eine *Kompetenz*. Kompetenz ist das Wichtigste... Wieviel kann ein Texter verdienen? Mehr. Weil es weniger gibt – wie z.B. Grafiker. Und weil der Texter entscheidender an der Konzeption beteiligt ist als alle anderen Designer. Aber er verdient natürlich – wie wir alle – zu wenig. Das ist nicht schlimm. Nur *unterbezahlt* darf er nicht sein; das würde eine Beleidigung seiner Arbeit gleichkommen. – Während der Selbständige zwischen 600 (Mailing) und 1800 DM (Publikumsanzeige 1/1 Seite) verrechnen kann, sind Spitzengehälter von 12000 DM monatlich (und darüber) für Angestellte in Top-Agenturen keine absolute Seltenheit. Während die Hälfte davon von einem Freiberufler an *einem* Tag verdient werden kann, muß natürlich auch gesehen werden, daß der Arbeitsmonat aus drei Wochen besteht, aber eben nicht jeden Tag 4 Anzeigen oder 5 Prospekte ins eigene Büro geflattert kommen...

Mich kann nichts aus der Ruhe bringen

In einer Aufstellung des Fachverbands Freier Werbetexter (FFW) wird für eine Texter-Leistung auf nationaler Ebene
- das niederste Honorar für eine Stunde DM 160 verlangt,
- das höchste Honorar für Slogan DM 3750 verrechnet. (Ohne Mehrwertsteuer – Stand 1990, dazu kommen dann per anno nochmals 3–5% für die jeweilige Teuerungsrate)

Fragebogen 12

a) Wie könnte der *letzte* Satz eines 1. Werbebriefes lauten, mit dem Sie sich als Texter einem ausgesuchten Kreis von mittelständischen Unternehmern vorstellen?

b) Wie könnte der erste Satz eines 2. (Nachfaß-)Briefes an dieselben Adressaten lauten?

c) Wie könnte der Kernsatz eines 3. und letzten Werbeschreibens lauten?

Das Leben ist ungerecht

Zwischenfazit 8. Station

In der vorletzten Station wurde Ihnen eine Perspektive aufgezeigt, aus der Sie sich als Problemlöser betrachten können: Wenn der «Krug nicht zum Brunnen geht», muß eben der «Brunnen zum Krug» kommen, damit «er nicht bricht»... Sie haben die Wahl zwischen unabhängig teilzeitausgelastet und abhängig – wobei Sie hier auch für andere Geld mitverdienen. Dafür haben Sie dann auch einen Verkäufer Ihrer Produkte, während Sie als Selbständiger sich mit starken Argumenten auch selbst durchsetzen müssen.

9. Station
Erfolg als Ziel

In der breiten Öffentlichkeit hat Typografie kein Publikum. In der Designer-Ausbildung ist die Gestaltungsdisziplin Text unpopulär. Beide Defizite bestätigen unverdientermaßen den Spruch «Ein Bild sagt mehr als 1000 Worte». Man stelle sich einmal vor, statt Briefe würden Bilder verschickt, statt der allabendlichen Tagesschau würden Stummfilme gezeigt und die Werbung müßte ohne Text auskommen... Text ist für alle, die Lesen und Schreiben gelernt haben, das Kommunikationsmittel schlechthin – in der Regel zwar weniger emotional, dafür aber präziser und weniger fehlinterpretierbar. Während, wie bereits mehrmals gesagt, beim Betrachten von Bildern «Text im Kopf» entsteht, haben wir beim Lesen von Text wiederum die «dazugehörigen Bilder» in der jeweils gegenüberliegenden Gehirnhälfte. Das heißt, Texten ist nichts anderes, als Bilder im Kopf (des Texters) in Schriftsprache (für den Leser) umsetzen: eine *Synthese visuellen und verbalen Denkens.*

Und noch etwas: Ein Texter, der etwas von Typografie versteht, ist ein besserer (und damit *erfolgreicher*) Gestalter als ein Typograf, der zwar viel von Typografie, aber wenig vom Texten versteht... Somit ist Texten

– Sammeln von Inhalten zu einem bestimmten Thema.
– Ordnen dieser Inhalte nach Rang- und Reihenfolge.
– Formulieren, d. h. reduzieren und transferieren, um eine prägnante Botschaft zu gestalten.

Konzeption bezogen auf die *verbale* Botschaftsgestaltung heißt
– eine klar umrissene Grundvorstellung, ein Leitprogramm haben, wenn es um die Frage geht *Wer* sagt *was* zu *wem* mit *welchen* Mitteln an *welchem* Ort zu *welcher* Zeit? (WER/WAS/WEM/WIE/WO/WANN?)

Konzeptionelles Arbeiten erfordert
– Komplexes Denken (Abstraktion/Kombination)
– Kontext erkennen (Problem–Ursache–Wirkung–Abhilfe)
– Phantasie (sich Fremdes vertraut bzw. Vertrautes fremd machen können).

Fragebogen 13

a) Wie könnte das Bild aussehen, wenn beim Betrachten folgende Assoziationskette entstehen soll? Schirme–Sonne–Strand–Urlaub–Nachsaison–Karibik–Abenteuer? (Wenn Ihnen absolut nichts einfällt, schlagen Sie S. 4 auf!)

_____

b) Zu welchem Bild *paßt* die untenstehende Headline?

_____

c) Zu welcher Headline *paßt* das untenstehende Bild?

_____

d) Welche Erfahrungen haben Sie beim Beantworten dieser drei Fragen gemacht?

_____

e) Wie müßte die Frage lauten, wenn das untenstehende Bild die Antwort darauf wäre?

_____

(Seite)

_____

f) Wie müßte das Bild aussehen, wenn die untenstehende Headline die Antwort darauf wäre?

_____

_____

g) Was wäre die *falsche* Frage bzw. Antwort?

_____

_____

h) Auf welchen untenstehenden Bildern wurden Elemente bewußt weggelassen, damit sie in Ihrem Kopf neu zusammengesetzt werden konnten?

_____

i) Welche Wort/Bild-Kombinationen können als Paradebeispiele dafür gelten, daß die Verschiebung ihrer beiden Ebenen eine besonders wirkungsvolle Pointe ergibt?

_____

_____

_____

Sportsprache, Kabarett-Texte, Dialekte

«Ich sauf mich tot»

Am Ende dieses Buches möchte ich noch kurz auf drei Randformen der verbalen Kommunikation eingehen, welche für den Werbetexter «Zubringer»-Funktion haben, d. h. er kann – je nach Bedarf und Belieben – aus diesen Grundwassern schöpfen, sie mit jener der Idioms und Jargons mixen, um beim Leser die entsprechende Wirkung zu erzielen.

Sportsprache ist zu 99% Interviewsprache. Sportler waren mit die ersten, die nicht mehr das Wort «ich» oder «man» gebrauchten, sondern durch das «du» ersetzten – obgleich sie ja den Interviewer siezten. Die folgenden «Regeln» für interviewte Bundesligakicker haben sich herausgebildet:
– Rede viel, ohne irgendeine Aussage zu treffen («JagutdasErgebnisgehtinOrdnungobwohlwirheuteglaubeichdieklarbesserenwarenzumeiner-

gelbenKartemöchteichnichtssagennursovielderSchiedsrichterhattesieetwas spätgezogen»)
- Rede so, daß du niemals aneckst, niemandem weh tust und immer in alle Richtungen interpretierbar bleibst, trotzdem aber einen (ge)wichtigen Eindruck hinterläßt («Ja gut, wir müssen das Ganze positiv sehen, das Publikum hat mir sehr, sehr gut gefallen – das gibt Kraft für die weiteren Spiele.»)
- Baue in mindestens jeden dritten Satz den Elativ «sehr, sehr...» ein («Er war ein sehr, sehr starker Gegner», «Ich hatte sehr, sehr starke Schmerzen in der rechten Schulter», «Es war sehr, sehr schwer, mit nur noch neun Feldspielern den Spielstand zu halten.») – Diese Regel kann auch gegenüber den anderen beiden vernachlässigt werden, was allerdings sehr, sehr, sehr selten vorkommt...

Diese Regeln ließen sich noch ergänzen mit Phrasen, welche schon so abgedroschen sind, daß man sie ruhigen Gewissens als Klassiker bezeichnen kann:
- Erst hat man kein Glück, dann kommt auch noch Pech dazu.
- Schwach begonnen, dann aber stark nachgelassen.
- Die haben sich auch nicht gerade mit Ruhm bekleckert.
- Was man nicht im Kopf hat, muß man in den Beinen haben.
  - Die haben alle Hände, was sage ich: alle Beine voll zu tun.
  - Über die Leistung (schnell abhaken!) decken wir gnädigst den Mantel des Schweigens.

Ich habe es ja nur gut gemeint

Sie ließen sich noch weiter ergänzen mit Kurz-Statements der Interviewten – die ja ein fast kumpelhaftes Verhältnis zu ihren Interviewern haben:
- Ja gut – genau – ich sag mal – ich will mal so sagen – gewissermaßen – das kann man so nicht sagen (gehoben: stehen) lassen – etc.

Die Interviewer dagegen (die Sportjournalisten) haben auch ihre eigene Sprachdiktion:
- «Das Stadion verwandelte sich in einen Hexenkessel.»
- «In der Hitzeschlacht des Duells Becker gegen Stich...»[54]
- «Der heilige Rasen von Wimbledon wurde für sie zur phantastischen Herausforderung...»

Elative am laufenden Band auch hier.
Sportreporter sprechen von

254

- der «vollen Bude» und meinen das Dortmunder Westfalenstadion,
- der «Farbe, die ins Spiel kam» und meinen den Auswechselspieler, der das «gute Händchen» des Trainers unter Beweis stellte,
- dem «unverdaulichen Schwedenhappen» und meinen die skandinavische Eishockey-Nationalmannschaft,
- der «biederen Hausmannskost» einer Bundesligamannschaft, welche «ihrer Form (noch) hinterherläuft», und meinen eigentlich die Ideenlosigkeit ihrer Feldspieler.

Hin und wieder gipfelt ihre Sprache, wenn sie kabarettreif wird: «Torriecher trotz Nasenbeinbruch» (Überschrift eines Spielberichts der Handball-Europaliga) oder «Bei 30 Grad im Schatten die gegnerische Mannschaft eiskalt erwischt» (Tor in der 50. Sekunde der ersten Halbzeit eines Fußballspiels) oder «die Hansa-Kogge hat die Geißböcke bei den Hörnern gepackt»... (Der Fußballclub Hansa Rostock hat dem 1. FC Köln mit seinem traditionellen Maskottchen eine «Abfuhr» erteilt) oder, oder...
Die Reihe ließe sich beliebig fortsetzen.
Echtes Kabarett dagegen ist folgender Text, den Lutz Richter in «Sprachpflege», Zeitschrift für gutes Deutsch, Heft 5/1989 veröffentlichte:

Wenn ich so richtig müde bin, *liegt* mir ziemlich viel daran, mich *hinlegen* zu können. Singt die Polly in Brechts «Dreigroschenoper» allerdings ihren Song «Da muß man sich doch einfach *hinlegen*...», hat sie wohl andere Gedanken im Kopf. Weniger angenehm ist es, mit einer Angina im Bett zu *liegen*; und wenn man zu häufig in fremden Betten *liegt*, dann *liegt* man schnell auch in Scheidung. Im Bett aber darf man schon einmal schräg *liegen*, während es außerhalb dieses beliebten Möbelstücks im allgemeinen vermieden wird, *schiefzuliegen*.
Manchmal wird uns etwas so ans Herz *gelegt*, daß es uns schwer auf der Seele *liegt*. Statt dann die Hände in den Schoß zu *legen*, könnte man sich kräftig ins Zeug *legen*, aber man kann natürlich auch alles links *liegenlassen*. Nicht leicht ist es, etwas zu *widerlegen*, wenn einem irgendwelche Worte in den Mund *gelegt* werden.
Eine tolle Sohle *legen* wir vielleicht zu selten aufs Parkett. Manche müssen Sohlen in die Schuhe *einlegen*, andere lieben es, diverse Gemüsesorten sauer *einzulegen*; der Mensch wird allerdings auch ohne Essig sauer, nämlich wenn er sich *hereingelegt* fühlt. Einst *legte* man die Bauern, heute werden im Fußball die Stürmer *gelegt*, dann dauert es oft eine ganze Weile, bis

sich die Aufregung *legt*. Hunde werden an die Kette *gelegt*, Karten (bei einer Patience oder beim Rommé) und Geld *angelegt*. Manche versteigen sich gar dazu, Feuer zu *legen*; andere *liegen* ständig auf der Lauer oder im Streit. Außer den ruhebedürftigen Lebewesen *liegt* noch dieses oder jenes, z. B. am Boden oder im argen. «Kalkutta *liegt* (bekanntlich) am Ganges»; ein Schiff *liegt* im Hafen oder auf Reede und manchmal auf dem Meeresgrund; Spielzeug *liegt* prinzipiell im Kinderzimmer *herum*.

Nicht jeder, der mir *liegt*, muß unbedingt neben mir *liegen*. Ein solcher Gedanke kann einen ganz *verlegen* machen. *Verlegen* soll mancher Zeitgenosse auch heute noch werden, wenn er ein geliehenes Buch *verlegt* hat. Andere wieder *verlegen* Bücher gewerbsmäßig und werden dafür auch noch bezahlt. An mehreren Beispielen läßt sich *belegen*, daß ganze Ortschaften *verlegt* wurden. *Verlegt* man ein Konzert, kann es daran *liegen*, daß die Stimme des Sängers oder der Saal *belegt* ist.

Zu *widerlegen* wäre wohl auch die Vorstellung, daß vieles *Überlegen* schon *überlegen* macht. Nicht selten *unterliegt* bei Sportwettkämpfen die *überlegene* Mannschaft. Bei der Popgymnastik sollte man sich eine Matte *unterlegen*; einer Melodie können Worte *unterlegt* werden.

Wild wird vom Jäger *erlegt*, vom Fleischer dann *zerlegt* und dem Gast im Restaurant schließlich *vorgelegt*. Natürlich kann man auch Uhren und Maschinen aller Art *zerlegen* und Pläne oder Rechnungen jemandem *vorlegen* – wenn sie nicht aus Versehen *abgelegt* wurden. Auch unsere Kleidungsstücke *legen* wir ab, freilich müssen wir sie vorher *angelegt* haben. *Anlegen* muß man auch zum Schießen, und nicht nur beim Militär *legt* man sich bei Ungehorsam mit den Vorgesetzten *an*.

Viel zu oft erleben wir im Fernsehen, wie Menschen *umgelegt* werden. Manche Informationen werden unterschiedlich *ausgelegt*; aber man erfährt doch viel von *entlegenen* oder *abgelegenen* Regionen dieser Welt. – Waren *legt* man im Schaufenster *aus*, auch Teppiche und Geld kann man *auslegen*. *Legt* man indes Geld zu häufig *aus*, muß man möglicherweise *zulegen*. Die Besitzer einer Ofenheizung müssen im Winter ab und zu *nachlegen*, damit sie des Abends gut *aufgelegt* sind.

Und was *liegt* noch *an*? Schiffe *legen an* und *ab*. Manche Menschen glauben, einem Schicksal zu *unterliegen*, und befassen sich mit Büchern, die zu diesem Thema *aufgelegt* worden sind. Irgendwann *erliegt* man einer Krankheit... Da es aber nicht in meiner Absicht *liegt*, so pessimistisch zu schließen, möchte ich nur noch bemerken, daß sich mit *liegen* und *legen* im allgemeinen angenehmere Gedanken verbinden.

Nicht alles, was «liegt», kommt uns eben «gelegen»! – In diesem Solo sind über 70 (!) Polysemien und grammatikalische Versionen des Verbs «legen» enthalten – fürwahr eine kleine rhetorische Meisterleistung!

Neuerdings fällt auf, daß (zwar nicht immer, aber) immer öfter Dialektwerbung in Regionen geschaltet wird, in denen Bayerisch, Berlinerisch oder Platt beispielsweise nicht gesprochen wird. Bekannt wurden Testimonial-Kampagnen von Unternehmen wie Paulaner (Bier), Pfanni (Food) oder Procter & Gamble (Waschmittel). Man unterscheidet deshalb
– Dialekt im eigenen Sprachgebiet und
– Dialekt im fremden Sprachgebiet von
– unterschiedlichen Dialekten kreuz und quer gestreut.

Warum Dialektwerbung?
Sieben Argumente stehen zur Verfügung:
– Synergie-Effekt («Wir»-Gefühl) innerhalb einer Region
– Unterhaltungswert des regional geprägten Humors (Gerhard Polt/Bayern, Emil/Deutschschweiz, Otto Waalkes/Friesland)
– Authentizitätsmoment in der Werbung («Volkes Stimme»)
– Sympathieeffekt bei Opinionleadern (z. B. Franz Beckenbauer)
– Human touch («Den Leuten aufs Maul geschaut»)
– Identifikation mit der Mundart («Er spricht meine/unsere ‹Muttersprache›»)
– Beweis überregionaler Bekanntheit

Alle diese Aspekte steigern die *Akzeptanz* beim Verbraucher, seine Aufmerksamkeit wird verstärkt und auf die angebotene Leistung gelenkt.

Aber: Der Einsatz des Dialekts kann natürlich keine anderweitigen Schwächen der Kampagne überdecken oder gar neutralisieren. Andererseits wird ein postiver Eindruck durch diese Stimulanz beträchtlich verstärkt. Ich denke da z. B. an Jürgen von Mangers unvergessene Blödelei in folgendem Pfanni/Biskinöl-Funkspot:

Ach, könntest du doch jetzt hier sein

Äh, also, kann man jetz viel lesen. Diese Aufklärungs- äh, -dingens, nich, so über die geheimen Wünsche der Geschlechter. Und deshalb möchte ich heut mal, äh, bitte hier die verehrte Zuhörerinnen die Ohren spitzen, – weil ich geb' Ihnen jetz ein Rat. Direkt Lebenshilfe. Wat zum Beispiel wir Männer für Wünsche in unserem Busen – die, da – wie gesagt. Ich zum Beispiel möchte auch, dat mir von liebender Hand so schön wunderbar ganz zart de

Kartoffelpuffer von Pfanni gebraten werden. Is natürlich wichtich, dat Se zum Braten nur dat herrliche Biskin in de Pfanne tun. Reinet Pflanzenöl und ganz reichlich in diese Wirkstoffe, wat der Mensch so für sein Überleben braucht. Diese Kartoffelpuffer von Pfanni, in Biskin goldbraun gebraten – aber, dat schmeckt – direkt wie, wie, wie Weihnachten.»

Welche Dialekte sind am populärsten?
Hier gibt es Unterschiede zwischen den *unter* Dreißig- und den *über* Dreißigjährigen. Während erstere

– Bairisch (dazu zählt landsmannschaftlich auch Tiroler, Salzburger, ober- und niederösterreichische Mundart)
– Schwäbisch (-Alemannisch, auch badische Mundart)
– Rheinisch (Millowitsch)
– Westfälisch (Ruhrgebiet, Jürgen von Manger)

bevorzugen, lieben die letzteren vor allem

– Plattdeutsch (Friesisch, z. T. auch Hamburger Mundart)
– Hessisch («Äppelwoi»)
– Pfälzisch

Ich komme, ich komme!

Es gibt selbstverständlich auch gewisse «Problem-Dialekte», beispielsweise Sächsisch: Hier gibt es außerhalb von Leipzig und Dresden (oft unbegründete) Ressentiments; auch gegen die «Badener» (Mannheim, Karlsruhe, etc.) haben z. B. die Württemberger unsachliche, teils politische, teils konfessionelle (teils beides zusammen) Vorbehalte, welche auch nicht durch «Badischen Wein, von der Sonne verwöhnt» kompensiert werden können. («Es gibt badische und unsymbadische...») – In folgender Tabelle sind Sympathie, Antipathiewerte der einzelnen Dialekte gegeneinander aufgerechnet worden, d. h. es ist von einem Noten*durchschnitt* ausgegangen worden, um eine Rangfolge zu bekommen. An der übernächsten Tabelle kann abgelesen werden, welches Medium und welche Produktgattung in der Werbung mit Dialekteinsatz am meisten vertreten ist.
Die beiden sich daran anschließenden Übersichten zeigen den Unterschied zwischen «Kenner»- und «Nichtkenner»-Akzeptanz, wenn es um Dialektwerbung geht.

Rangreihe nach Beliebtheit (Schulnotenskala):	MW	1 + 2 %	5 + 6 %	Index (1 + 2) : (5 + 6)
1 – Berlinerische	2.6	56	12	4.7
2 – Norddeutsch	2.6	58	14	4.1
3 – Plattdeutsch	2.7	52	13	4.0
4 – Bayerisch	2.7	54	15	3.6
5 – Westfälisch	2.9	42	13	3.2
6 – Pfälzisch	3.0	42	17	2.5
7 – Rheinisch	3.1	39	21	1.9
8 – Hessisch	3.3	38	27	1.4
9 – Schwäbisch	3.5	30	25	1.2
10 – Sächsisch	3.6	29	32	0.9

Medien für Dialektwerbung	Kenner N = 510/%
– Funk	74
– TV	57
– Print	2

Produktkategorien	Kenner N = 510/%
– Schokolade/Süßwaren	21
– Bier	18
– Wein/Apfelwein	18
– Milchprodukte/Käse	11
– Reinigungsmittel	8
– Kaffee/Tee	6
– GEZ	5
– Sonstige Nennungen unter 5%	
(Kenner)	

Schulnotenskala	MW	1 + 2 %	5 + 6 %	Index (1 + 2) : (5 + 6)
insgesamt	2.7	53	13	4.1
1 – Plattdeutsch	2.1	71	4	17.8
2 – Rheinisch	2.2	66	7	9.4
3 – Bayerisch	2.6	57	10	5.7
4 – Schwäbisch	2.8	53	18	2.9
5 – Berlinerisch	2.9	38	13	2.9
6 – Hessisch	3.1	41	18	2.3
7 – Pfälzisch	3.8	17	25	0.7
(Nichtkenner)		N = 450/%		
Positive Einstellung		53		
Präferierte Dialekte		N = 240/%		
1 – Bayerisch		35		
2 – Schwäbisch		18		
3 – Plattdeutsch		15		
4 – Norddeutsch		10		
5 – Hessisch		10		
6 – Rheinisch		8		
7 – Berlinerisch		5		
8 – Pfälzisch		5		
Geeignete Produkte		N = 240/%		
Bier		24		
Wein/Apfelwein		20		
Milchprodukte/Käse		18		
Fisch/Krabben		13		
Wurst/Würstchen		13		
Spirituosen		6		
Schokolade		5		
Sonstiges: Autos/Gemüse/Knödel/Nudeln/Reinigungsmittel/ Fremdenverkehr/Brot/Kaffee				

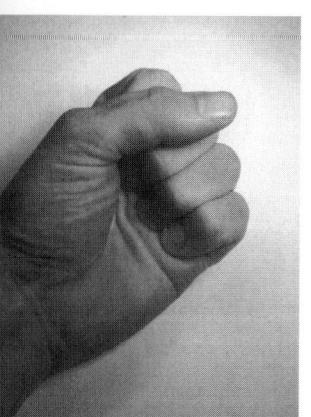

Bei all diesen Bewertungen ist jedoch zu berücksichtigen, daß nicht ein bestimmter Dialekt isoliert als Sprachform, sondern die jeweils *gesamte Kampagne* bewertet wurde.

Die Befragung ist leider nicht brandaktuell – sie wurde von der Werbeagentur DMM D'Arcy Mac Mamus Masius, Hamburg in den achtziger Jahren durchgeführt – kann aber schon einen ungefähren Eindruck über die deutschsprachigen Dialekte und ihren Stellenwert in der Werbung, hier vor allem in den elektronischen Medien, vermitteln.

Zwischenfazit 9. Station

In dieser letzten Station ging es noch einmal um die Korrespondenz der emotional/visuell denkenden mit der rational/verbal operierend gegenüberliegenden Gehirnhemisphäre, wobei erstgenannte beim «Artworker» stärker frequentiert wird als beim «Werbestrategen», dessen Denken wiederum eher digital ausgerichtet ist. (Wenn jeder dieser beiden seine jeweils «unterentwickelte» Gehirnhälfte «trainiert», hat er noch bessere Voraussetzungen für die Umsetzung seiner kreativen Energie.) – Text und Konzeption stehen in einem engeren Zusammenhang als Text und (Grafik-)Design. Durch das Beantworten von spitzfindigen Fragen sind Sie dem Bild/Text-Mechanismus noch mehr auf die «Schliche» gekommen. Jetzt sind Sie auch in der Lage, bei der Präsentation von Kampagnen-Prototypen noch besser zu argumentieren. Wenn Sie Stimulanzien in Ihre Headlines oder «Basic lines» bringen wollen, bedienen Sie sich der Vielzahl von Idioms und Jargons; berücksichtigen Sie aber auf jeden Fall das Sprachklima des Sportjournalismus, der Skatspieler und der Kabarettisten! Auch Blödelbarden wie Otto, «Schnellfeuerpistolensprecher» wie Hans-Dieter Hüsch, «polysemische Plauderer» wie Heinz Ehrhardt und persiflierende Parodisten wie Vicco von Bülow (Loriot) liefern immer wieder herrliche Anschauungsbeispiele dafür, daß zwischen witzig-bissig-verspielten «Spracharchitekturen» und der qualitativ-originellen Formulierung eines Werbetextes kein großer Unterschied besteht.

Was wirst du jetzt von mir denken?

Resümee:
Alle neun Stationen im Zusammenhang

Die neun Stationen der Wirksamkeit: Unter dem Motto «Ein guter Schreiber ist ein guter Verwerter – ein guter Verwerter ist ein guter Beobachter», möchte ich Ihnen, verehrte Leser, Gelegenheit geben, auf den folgenden neun Tafeln, die sich an den Stationen orientieren, Ihre ganz persönlichen Gedanken und Ideen festzuhalten; wobei es *mir* in der Zusammenfassung eher auf symptomatische als auf repräsentative Details ankam.

Ich habe nicht daran gedacht

Ideentafel 1: Sprachstil

- Wenn Sie einen Text reflektorisch lesen, unterscheiden Sie zwischen drei Aspekten – Stil, Wortwahl und Zusammenhang! Wenn der Zusammenhang nichts rüberbringt, d. h. wenn nichts «zwischen den Zeilen» steht, bleiben Stil und Vokabular Attrappe. Um über die Qualität etwas zu erfahren, sollten Sie eine *sprachstilistische* Analyse vornehmen. (Wie viele Substantive, Verben, Adjektive, Präpositionen, Wiederholungen, Rhythmuswechsel etc. sind im jeweiligen Text enthalten? Wie lang sind die Sätze?)
- Wenn Sie Textarbeit verrichten, sollten Sie die vier wichtigsten «rhetorischen Tricks» kennen:
Alliteration («Mann und Maus»), Metapher («mausetot»), Analogie («mit jemandem Katz und Maus spielen») und Jargon («die letzten Mäuse zusammenhalten»)
- Wenn Sie einen Text *schnell* lesen müssen, weil Sie wenig Zeit haben, setzen Sie sich beim Sehen und Wahrnehmen Prioritäten: Achten Sie einmal nur auf Substantive (Großschreibung!) und Adjektive (diese stehen meist direkt vor den Substantiven!) Jetzt brauchen Sie nur noch auf Verben (oft durch Präpositionen von den Substantiven getrennt!) Rücksicht nehmen. Der Rest ist Füllung resp. Zusammenhangverständnis; dies läßt sich trainieren.

Ideentafel 2: Textstudium

– Wenn Sie einen Text erschließen, lernen Sie Textsorten sowie Stilverhalten, Verbalisierung und Absicht des Autors kennen. Anschließend können Sie darüber zielgerichtet und partnerbezogen berichten, d. h. kritisch dazu Stellung beziehen.
– Wenn Sie einen Text beurteilen oder gar bewerten wollen, unterscheiden Sie zwischen drei Kategorien: Satzbau, Aussage und Stimulanzien! – Wenn es an der Verständlichkeit hapert, fehlt eine wichtige Voraussetzung für die Wirksamkeit; daran können Effekte wie «direkte Rede» oder «rhetorische Tricks» auch nichts verbessern. Um eine Qualitätsübersicht zu bekommen, können Bewertungsbilder erstellt werden, in deren Felder die Punktzahlen von 1–3 eingetragen werden.
– Wenn Sie einen Text verbessern möchten, sollten Sie ebenfalls Prioritäten setzen: Klarheit geht vor Kürze, Verständlichkeit ist wiederum wichtiger als Stimulanz (wobei unter letzteres auch das «erklärende Beispiel» fällt…)

Ideentafel 3: Texterberuf

- Wenn Sie einen Text schreiben müssen, unterscheiden Sie zwischen drei Dimensionen – Inhalt, Form und Anwendung! Wenn der Inhalt falsch ist, kann die Form nichts berichtigen und niemand kann ihn verwenden. Um Fakten zu bekommen, müssen Sie die *entsprechenden* Fragen stellen. Ein guter Text ist schön *und* richtig. Ein guter Text berücksichtigt auch den Anlaß: Wer bestellt ihn für wen und was, welche Zeit und welchen Ort?
- Wenn Sie Ihrem Text (= Folge von Sätzen, die untereinander in einem Zusammenhang stehen und deshalb eine größere sprachliche Einheit bilden) eine Headline geben, ist diese immer eine Verkürzung des Inhalts, d. h. um Einheit zu erzeugen, müssen Sie Vielfalt verdichten!

«I've never tried it because I don't like it»

Ideentafel 4: Meinungsbildung

- Wenn Sie jemanden interviewen, von dem Sie etwas ganz bestimmtes wissen wollen, können Sie mittels acht verschiedener Fragetypen eine komplexe Einschätzung erreichen (Grob-Information):
un/vollständige, un/gerichtete, projektive, indirekte, suggestive, auffordernde Fragen.
Hier handelt es sich meist um vorformulierte Fragen, unabhängig von der jeweiligen Antwort.
- Bei der sog. *Exploration* werden während eines längeren Gesprächs Fragen gestellt, die sich auf die vorher gegebene Antwort beziehen. Diese Technik müssen Sie anwenden, wenn Sie «in die Tiefe» gehen wollen und dabei auch keine Anstrengung fürchten (Fein-Information).
- Wenn Sie sich über eine Person oder über eine Sache ein Urteil bilden und darüber zweckgerichtet und partnerbezogen berichten wollen, müssen Sie nach der Information (Datensammlung = Input) den Sachverhalt systematisieren und strukturieren (Rang- und Reihenfolge = Dramaturgie), um daraus eine Mitteilung (Datenverarbeitung = Output) zu machen.

Frau vergewaltigte einen Mann

Ideentafel 5: Kreativität

- Wenn Sie eher ein Verstandesmensch sind, sollten Sie Ihre rechte Gehirnhälfte, wenn Sie eher dem klassischen Schwärmer entsprechen, sollten Sie Ihre linke Gehirnhälfte trainieren!
- Wenn Sie den Text zu einem bereits *vorhandenen* Bild zu machen haben, handeln Sie stets nach dem Prinzip «Zeige nie, was du sagst, sage nie, was du zeigst!»
- Wenn Sie eine Headline oder einen Slogan texten wollen: «Schlag nach bei Shakespeare!»... Im Ernst, es existiert eine Unmenge an Sprichwörtern, Aphorismen, Zitaten, Schüttelreimen, Sponti-Sprüchen etc. – Diese brauchen Sie oft nur ein wenig umzubauen (z. B. andere Wörter einsetzen, Kontraste bilden o. ä.) und schon haben Sie ein Text-Produkt. Verändern ist häufig besser als erfinden!

Ideentafel 6: Esprit

– Wenn Sie Ihrem Text (Headline, Story oder Slogan) eine Pointe verleihen wollen, können Sie sich an Witzen orientieren: 90% des Kommunikationsflusses leistet der Erzähler, die restlichen 10% aber der Zuhörer, indem er den «Stromkreis zum Schließen» bringt. Dieser Mechanismus kann direkt übernommen werden: Sie müssen einen bestehenden Witz nur dem benötigten Inhalt entsprechend abändern.

Ideentafel 7: Korrespondenz

- Wenn Sie (Werbe-)Briefe schreiben, richten Sie sich nach dem kpv-Prinzip: klar, prägnant, verbindlich.
- Wenn Sie nicht immer z. B. «schreiben» schreiben wollen, formulieren Sie «notieren, protokollieren, aufzeichnen, verfassen, reimen, dichten oder tippen».
- Wenn Sie in Rechtschreibung und/oder Zeichensetzung nicht «Duden-sicher» sind, trainieren Sie mit *bewußter* Falschschreibung...!
- Wenn Sie an Stil und/oder Sprachklima von Direct mailings noch weitere Ansprüche stellen, trainieren Sie mit dem Umschreiben von früheren Rundschreiben aus der Registratur!
- Wenn Sie druckreifer formulieren (und sprechen) wollen, schreiben Sie einmal *direkt in die Maschine* – machen Sie sich vorher kein Konzept. Das ist vor allem anfänglich etwas schwierig, spart aber dann viel Zeit... und Sie lernen «freies Reden» dabei.

Ich hab' dir's ja gesagt

Ideentafel 8: Praxis

- Wenn Sie ein Bild durch Text *ersetzen* wollen, dürfen Sie es *nicht beschreiben*. Vielmehr müssen Sie so formulieren, daß dieses (dann fehlende Bild) im Kopf des Lesers erscheint. Anders ausgedrückt: Beim Texten stellt sich der Autor im Kopf vor, was seine Hand zu Papier bringt. Diese Assoziationsverarbeitung findet im Studium noch unter Vorlage des jeweiligen Bildes statt – beim Profi dagegen in der Phantasie, also ohne Bildvorlage. Beim Text/Bild-Transfer ist es genau umgekehrt.
- Wenn Sie viel lesen und «warum?» fragen, können Sie vieles mit «weil...» argumentieren!
- Wenn Sie hin und wieder «alles» (auch sich selbst) in Frage stellen, werden Sie souveräner...
- Wenn Sie sich häufiger fragen «Um was geht es eigentlich grundsätzlich hier?», lernen Sie *abstraktes Denken!*

Ich will zu meiner Frau

Ideentafel 9: Ziel

— Wenn Sie den Text zu einem Bild schreiben, versuchen Sie sich *immer* in die Perspektive Ihres Ansprechpartners zu versetzen: Er betrachtet Ihr Bild mit seiner rechten Gehirnhälfte (analog) und liest dazu den Text mit seiner linken Gehirnhälfte (digital). – Die Verarbeitung etwaiger «Unstimmigkeiten» findet ebenfalls in der rechten «Hemisphäre» statt. Je größer die «Kontroverse», desto besser ist die Voraussetzung für die Speicherung der Botschaft beim Empfänger! Clowns, Cartoonisten und Kabarettisten lassen freundlichst grüßen.

Nachbemerkung

Umstrukturierung in der Gestaltung findet nicht nur visuell, sondern auch rein verbal bzw. verbal-visuell statt, d. h. die Variation einer Headline bietet eine Vielzahl von pointierten Werbebotschaften. Man kann eine Headline beispielsweise in Frage stellen, man kann Anti-Headlines formulieren etc. etc.

Auf der Basis des Begriffs «Schweizerkäse» können exemplarisch mit den Kreativitätstechniken Morphologie und Heuristik systematisch Kombinationen erarbeitet werden, indem jeweils die Kästchen der untenstehenden Tabelle im «Zickzack»-Kurs zu neuen Verknüpfungen führen.

Doch zunächst – was ist «Schweizerkäse»? Ist er das einzige, was in der Schweiz produziert wird? Wird dieses Produkt auch exportiert? Wird woanders auch noch Käse hergestellt – und ausgeführt? Denkt man bei Käse bzw. *nur* bei Käse an die Schweiz? etc. etc.

In den sechziger Jahren textete ein Texter in einer Schweizer Werbeagentur die Headline «Es ist nicht alles Käse, was aus der Schweiz kommt.» Diese Headline läßt sich unter Zuhilfenahme des morphologischen Kastens wunderbar variieren:

Gestaltungs-elemente	Käse	Uhr	Käse-Uhr	Schweiz
Was?	X	X	X	X
Wo?				X
Wie?	X		X	
Wann?		X	X	
Wer?			X	
Wem/Womit/Warum?			X	

Nur die angekreuzten Kästchen führen weiter, ergeben aber witzige Kombinationen:

1. Variation: Anzeige mit der Headline «Es ist nicht alles Käse, was aus der Schweiz kommt.» (Bild: «Schweizerkäse mit dem Wort «Was?») – Käse im Sinne von «Bockmist»...

2. Variation: Anzeige mit der Headline «Es ist nicht alles Käse, was aus der Schweiz kommt.» (Bild: Schweizer Uhr mit dem Wort «Wann?») – Käse im Sinne von «Milchprodukt»...

3. Variation: Anzeige mit der Headline «Es ist nicht alles Käse, was aus der Schweiz kommt.» (Bild: Käse + Uhr)

4. Variation: Anzeige mit der Headline «Es ist nicht alles Käse, was aus der Schweiz kommt.» (Bild: Schweizerkäse-Uhr)

5.–8. Variation: Alle Abbildungen mit der Headline «Nicht jeder Käse kommt aus der Schweiz.»

9.–12. Variation: Alle Abbildungen mit der Headline «Es ist nicht alles Schweiz, was wie Käse aussieht.»

13.–16. Variation: Alle Abbildungen mit der Headline «Es ist nicht alles schweizerisch, was nach Käse riecht.» Über diese Kombinationen gelangt man dann sogar zu absurden Sujets. Z.B. zu einem Uhren-Käse...
(Das ist eine besondere Art vor Emmentaler, bei dem in den Löchern Zifferblätter zu sehen sind...) Headline: «Kennen Sie schon Käse, der tickt»? Was dann wiederum zu der Headline führen könnte «Nicht alles, was tickt, ist Käse.» (D.h. Schweizer Uhren gehen genau...)

«Es ist nicht alles Käse, was aus der Schweiz kommt.» Auch nicht dieses Buch, hoffe ich!...

Noch ein Glas und ich bring' mich um

273

Anmerkungen

1 Werner Kroeber-Riel spricht von «Imagerystrategien» und «Imagerytechniken», welche zum Erreichen der Zielgruppen eingesetzt werden können. Der Vorteil der Bildwirkung, für die er das Fernsehen und die Informationsüberflutung verantwortlich macht, rühre auch von der Sprache her, welche sich wiederum an den Mustern der Bildkommunikation orientiere.
2 Wilhelm von Humboldt ergänzt: «So wie für jeden Laut ein Zeichen gegeben ist, gewöhnen sich das Ohr und die Sprachorgane, ihn immer genau auf dieselbe Weise zu fordern und wiederzugeben; zugleich wird er mit Abschneidung des unbestimmten Tönens, mit dem, im ungebildeten Sprechen, ein Laut in den anderen überfließt, schärfer und richtiger begrenzt. Diese reinere Aussprache, die feine Ausbildung des Ohrs und der Sprachwerkzeuge ist schon an sich, und in ihrer Wirkung auch auf das Innere der Sprache von der äußersten Wichtigkeit; die Absonderung der Lautelemente übt aber auch einen noch tiefer in das Wesen der Sprache eingehenden Einfluß aus.»
3 Hermann Strehle nennt diese in seinem Buch «Vom Geheimnis der Sprache». Leider habe ich dazu keine Verlagsdaten.
4 Der französische Komödiendichter meinte schon vor 300 Jahren: «Die Sprache wurde dem Menschen gegeben, um seine Gedanken auszudrücken.»
5 Der Kulturhistoriker Jacob Burckhardt (1819–97), Begründer einer systematischen Kunstwissenschaft, sagte ergänzend dazu: «Die Sprache, deren Ursprung, unabhängig vom Einzelvolk und seiner Einzelsprache, in der Seele liegt . . .»
6 So poetisch hat es dieser Franzose in seinen «Gedanken und Maximen» formuliert.
7 Marshall McLuhan bilanziert, Humboldt folgend, in seinem Buch «The Medium is the Message»: «Bis das Schreiben erfunden wurde, lebte der Mensch in einem akustischen Raum – grenzenlos ohne Richtung und Horizont, in der Dunkelheit des Geistes, in der Welt der Gefühle, in der ursprünglichen Intuition, in Terror, das beherrschende Organ der sinnlichen wie sozialen Orientation in voralphabetischen Gesellschaften war das Ohr – Hören bedeutete Glauben!»
8 Der österreichische Philosoph Ludwig Wittgenstein lebte 1889–1951.
9 Aus seiner Studie «Zwischen Buchstaben und Bits, Formulieren und Texten im Kommunikations-Zeitalter».
10 Hierzu schreiben diese beiden Autoren: «Die Verarbeitung und Speicherung von Informationen erfolgt im menschlichen Gehirn grundsätzlich doppelt (. . .) Dabei aktivieren Bilder direkt das Bildverarbeitungssystem, werden aber auch in Form von Assoziationen gespeichert. Worte wiederum können innere Bilder auslösen und so direkt mittels Bildcode gespeichert werden. Bildhafte Sprache kann so zweifach codiert werden, während abstrakte Wörter, bei denen Bildassoziationen fehlen, sich nur für die einfache Codierung eignen.»
11 Kroeber-Riel merkt dazu an: «Über die Konstruktion von verhaltenswirksamen ‹Scheinwelten› durch Bilder – insbesondere durch die Bilder des Fernsehens – gibt es umfassende Literatur. Vgl. dazu in Kürze Espe, 1990, S. 26.»
12 Der Linguist Hartwig Frankenberg hat mich zur Auseinandersetzung mit seiner «Modell-Analyse eines journalistischen Textes» angeregt.
13 Hier verweise ich auf entsprechende Sekundärliteratur, z. B. B. V. Schmidt, «Zeichen und Wirklichkeit», Stuttgart 1966.
14 Kolumne aus dem «St. Galler Tageblatt».
15 Der Germanist Erich Straßner ist Professor an der Universität Tübingen. In seinem Vortrag «‹Bild› und die Folgen – Zur modernen Pressesprache» reflektiert eine seit über 25

Jahren andauernde Beschäftigung mit dem Journalismus und seinen verschiede-nen Produkten – der Tagespresse, den Zeitschriften der Boulevard- und «Yellow»-Presse.
16 «Der Spiegel oder die Nachricht als Ware», Edition Voltaire, Frankfurt-Berlin 1968.
17 Übersetzung der Mitterand-Rede aus dem Französischen: Roland Kaehlbrandt. Quelle: Rentrop-Verlag (beide Bonn).
18 Anfang von Testberichten in der deutschen «Auto-Zeitung» und in der österreichischen «autorevue».
19 In seinem Buch «Wie wirklich ist die Wirklichkeit?» (dessen Verlagsdaten mir ebenfalls leider nicht bekannt sind) berichtet er u. a. über Phänomene der Konfliktbewältigung in verschiedenen Lebenssituationen.
20 Hörspiel für den Schulfunk zum Berufsbild «Fotograf».
21 Essay: Warum viele Fotos nicht gemacht werden.
22 Frei nach «Maria Stuart» von Friedrich Schiller.
23 Klappentext zu einem Buch.
24 Text zu einem Firmenprospekt.
25 Stellenanzeige in einer Regionalzeitung.
26 Anfang und Ende eines zeitgenössischen Märchens.
27 Ausschnitt aus «Ein Tag im Leben der Bärbel B. - Ein Tagebuch.»
28 Ausschnitt aus einer Erzählung.
29 Medium: Frauenzeitschrift
30 (Medium: Ökologische Zeitschrift)
31 (Medium: Kurzgeschichtensammlung. Alter 3–5 Jahre)
32 (Medium: Mädchenroman. Alter 10–12 Jahre)
33 (Medium: Zeitschrift oder Prospekt)
34 (Medium: Ökologische Zeitung)
35 (Medium: Frauenzeitschrift)
36 (Medium: Szene- oder Jugendzeitschrift)
37 (Mehrere Ausgaben der «Abendzeitung», München, 4/94)
38 Sector: Sport-Watches-Anzeige mit Patrick de Gayardon.
39 Zeitschrift «Stern» 36/93
40 (Diverse Kurzmeldungen in verschiedenen Ausgaben der «Abendzeitung», München 4/94)
41 Sehr frei nach Franz Xaver Kroetz: «Oberösterreich».
42 Anregung: Fußball-Fernsehübertragung.
43 Inhaltsidee: «Geo» – Sucht und Rausch.
44 H. P. Lovercraft: Pickmans Modell (Stilidee) Typ-O-Negative: Bloody Kisses.
45 Münchner: 10/93 / In München: 11/93
46 dto.
47 Clive Barker: «Das Buch des Blutes».
48 Hierzu gibt es ein Buch, welches ich jedem Werbetexter als Lektüre empfehlen kann: *Antisprichwörter,* Band II, von Wolfgang Mieder, herausgegeben von der Gesellschaft für deutsche Sprache (GfdS). Wiesbaden 1985.
49 Der *mittelbare* Bekanntheitsgrad orientiert sich beispielsweise an der Frage: «Welche Waschmaschinenhersteller in Deutschland kennen Sie?» – Der *unmittelbare* Bekanntheitsgrad wird z.B. durch die Frage «Was fällt Ihnen zu ‹Miele› ein?» ermittelt, d.h., die Antworten auf diese Fragen werden ausgewertet, um die jeweilige %-Angabe zu bekommen. Dabei ist der mittelbare Bekanntheitsgrad meist niedriger als der unmittelbare.
50 *Bionik* ist die Bezeichnung für eine Verfremdungsanalogie (Synektik), wenn die Anregung dazu aus der Natur gekommen ist – z.B. hat der *Zitterrochen* mit einem Unterwassergeschoß namens *Torpedo* vieles gemeinsam ...

51 Jeweils sieben waagrechte und senkrechte Linien ergeben ein Netz mit 36 Feldern. In jedem Feld steht jeweils ein Substantiv, ein Verb und eine Präposition – z.B. Haus – setzen – in / Wand – stellen – in / Tisch – legen – über etc. etc.
52 Dieses Buch präsentiert keine Ergebnisse, sondern legt die *Wege* zu diesen Ergebnissen frei: *Kreativitätstechniken für Werbung und Design*, erschienen im Econ-Verlag, Düsseldorf 1994.
53 In: *Deutsch für Profis. Wege zum guten Stil*, Hamburg 1984, S. 142
54 Auf der Tribüne hielten zwei Zuschauer ein Transparent hoch, auf dem zu lesen war: BECKER STICHT!

Literaturverzeichnis

Keyenburg, Wolf: Werbetexttraining, Landsberg 1987
Kroeber-Riehl, Werner: Bild-Kommunikation, München 1993
Der kleine Werbeweltatlas, Publikation des Art Directors Club für Deutschland 1984
Frisch und kühl: Aufsatz im Nachrichtenmagazin «Der Spiegel» 32/1993
Högn, Ernst/Pomplitz, Hans Jürgen (Hrsg.): Der erfolgreiche Werbetexter, Landsberg 1990
Linneweh, Klaus: Kreatives Denken, Karlsruhe 1981
Nimmergut, Jörg: Korrespondenztraining, München 1973
Ott, Ernst: Optimales Lesen, Stuttgart 1970
Richter, Lutz: Nicht alles, was «liegt», kommt uns «gelegen»! in: Sprachpflege, Zeitschrift für gutes Deutsch, Leipzig 5/1989
Schümann, Helmut: Sportsprache, in: Konturen, Magazin für Sprache, Literatur und Landschaft, Ismaning bei München, 2/1992
Urban, Dieter: Text-Design, München 1989
Urban, Dieter: Kreativitätstechniken für Werbung und Design, Düsseldorf 1994
Urban, Dieter: Persönlichkeitsentfaltung, Heidelberg 1994
Wallraff, Günter: BILDerbuch, Göttingen 1985
Werbeberater, Ideenservice für erfolgreiche Werbung, Verkaufsförderung und Öffentlichkeitsarbeit, Bonn 1/1994
Wunderlich, Dieter: Studien zur Sprechakttheorie, Frankfurt/M. 1976

Stichwortverzeichnis

Abbinder 245
Absatzziel 203
Absicht des Autors 264
Abstraktion 251
Abstraktionsfähigkeit 13
Account 20
Aktion 11
Akzentuierung 44
Akzeptanz 257
Allgemeinplätze 52, 188
Alliteration 20, 33, 245, 263
Ambivalenz 20, 218, 222, 224
Analogie 176, 237, 263
– suchen 227
Analyse 35
– sprachstilistische 236, 263
Anastrophe 33
Animatic 207
Anknüpfung 227
Antithese 150, 225, 245, 249
Aphorismus 267
Arbeiten, konzeptionelles 251
Argumentation 35, 51, 204, 241, 249
Artikulation 8, 240
– schriftliche 246
Artwork 211
Assoziation 208
Assoziationskette 2, 252
– -verarbeitung 270
Aufforderung 10, 11
Aufmerksamkeitswert, höherer 1
Aufnahmelayout 207
Aussage 264
Axiom 231
banal 31
Baseline 207
Bedeutungsidentität 27, 28
Begründung 34
Bekanntheitsgrad 203
Berichterstattung, subjektive 46
Beweglichkeit, intellektuelle 13
Beweisführung 43
Bewertungsbilder 264
Bewußtsein, Headline- 46
Bewußtseinswelt 1, 215, 222
Bezeichnungsidentität 27
Big Idea 205
Bild 252
Bild/Text-Mechanismus 261
Bildidee 249
Bildstopper 17
Bionik 34, 237

Bisoziation 20, 219, 220, 224
Blackbox 215
Blickfang 199
Botschaft 246
– verbale 199
Botschaftsgestalter 19
– -träger 215
Botschaftsgestaltung, verbale 251
Boulevardblätter 39
Brainstorming 224, 227, 237, 249
Branding 208, 211
Brief, (Nachfaß-) 250
Briefe 20
Briefing 20, 51, 201, 206, 239
Buchstaben 6
Cartoon 20, 225, 238
Chuzpe 190
Copy 245
Decodierung 207
Denkarbeitsprozeß 3
Denken, abstraktes 270
– komplexes 251
– kreatives 228
– verbales 251
– visuelles 251
Denkgewohnheiten, etablierte 218
Denkmuster 199
Denkprinzip, rechts- und linkshirnig 220
Denkrichtung, divergent 227
– konvergent 227
Design, verbales 51
Dialekt 58
Dialektik 20, 219, 231
– ambivalente 210
Direct mailing 269
Diskurswelt 222
Disziplin 228
Divergenz 228
Dramatik 57, 109
Dramaturgie 20, 207, 233, 235, 266
Ebene, reale 229
– surreale 229
Einfallsreichtum 17
Einheit 13
Einleitung 34
Elativ 254
Empfindungswörter 6
Endreim 245
Engagement, kommunikatives 12

Epik 57, 109
Erfindungsgabe 17
Erfolgskontrolle 206
Erzählung 41, 211
Exploration 12, 266
Exposé 51
Fangfrage, hypothetische 13
Figur, rhetorische 7, 33, 245, 246
Flüche 58
Folgetext 245
Form 35, 265
Frage, auffordernde 13, 266
– gerichtete 266
– gezielte 12
– indirekte 13, 266
– offene 12
– projektive 13, 266
– suggestive 13, 266
– ungerichtete 13, 266
– unvollständige 266
– vollständige 12, 266
Fragetyp 266
Fragetypen 12
Freiheit 228
Fremdbild 14
Fremdes vertraut 251
Frivolität 4
Füllwörter 188
Gehirn 3, 4
Gehirnhälfte 251
– linke 224, 267
– rechte 224, 267
– linke (digital) 271
– rechte (analog) 271
Gehirnhemisphäre 261
Gerüst 26
Geschmack 209
Geschriebenes 13
Gesprochenes 13
Gestaltungsdisziplin Text 251
Gestaltungsprozeß 205
Ghostwriter 247
Ghostwriting 247
Gliederung 26
Grundlagen der verbalen Kommunikation 51
Haupttext 245
Headline 8, 14, 199, 207, 221, 223, 239, 245, 252, 261, 265, 267, 268, 272, 273
– Anti- 272
Held 241

277

Heuristik 227, 272
Honorar 247, 250
Human touch 257
Humor 54, 231, 257
Ideenfindung, organisierte 228
Identitätsbeziehung 27
Idiom 8, 39, 54, 165, 253, 261
Idol 207, 241
Implementation 51
Implementierung 20
Information 28, 34
informierend 34
Inhalt 35, 265
Innovation, sprachliche 39
Institution 209, 210, 212
Interesse 12
Interjektionen 6
Interpretation 199, 207
Interview 51
Ironie 4
Irritation 1
Jargon 54, 58, 238, 253, 261, 263
Journalismus 39, 51
 – Boulevard- 39
Kabarett 21
Kalauer 210
Kampagne 202, 204, 257
Kampagnenkonzept 205
Kasten
 – morphologischer 227, 272
Kaufentscheidungszwang 209
Käufermarkt 212
kausal 26
Kettenstory 31
Klima, verbales 236
Klimax 245
Kombination 251, 272
Kombinationsfähigkeit 13
Kommentierung 44
 – gefärbte 46
 – verbale 50, 60
 – visuelle 50
Kommunikation, verbale 19, 61
Kommunikationsdesign 246
 – -stheorie 50
 – -sziel 203
Kompetenz 251
konjunktional 27
Konkurrenzdefinition 204, 205
Konsequenz 27
Konsonanten 6
Konsumnutzen 205
 – -versprechen 204
Kontaktfreude 13
Kontext 246, 251
Konvention 207

Konvergenz 230
Konzeption 51, 253
Kooperationsprinzip 10
Korrespondenz, tägliche 246
Kreation 211
Kreativität 20, 218, 220, 227, 231
Kreativitätstechnik 50, 219, 272
Kursänderung, geistige 233
Legitimation 210
Leitbildorientierung 205, 241
Leseanreiz 44, 199
Leseforschung 23
Lesen, optimales 23, 24, 26
Leseverständnis 24
Lexik 240
Linkshirn 3
Logik 3, 225, 228
Lösungsperspektive 34
Lust 228
Lustprinzip, Freudsches 248
Lyrik 57, 109
Manipulation 220, 236, 238
Märchen 211
Marginalie 34
Marken-Image 204
Marken-Persönlichkeit 204
Markenname 208
Marketing 211
Marketing Mix 203
Marktanteil 205
Massenmedien 210
Massenpresse 39
Media-Idee 249
Mediaeinkauf 206
Mediaplanung 202, 206
Mediensprache 246
Medientexte 57
Medium 209
Meinungsbildung 28
Metapher 7, 34
Metaphorische Analogie 33
Methodik 50
Mitteilung 266
modal 26
Moderation 51
Morphologie 272
Motivation 12
Mythologisierung 211
Mythos 207, 210, 241
Nachahmungstrieb 207
Namensfindung 208
Nonsens 201
Notizen 26
Nutzen 204
Operationalität 203

Parallelismus 246
Parodie 4
pathetisch 39
Penetranz 4, 17
Persiflage 4
Perspektive des Ansprechpartners 271
Perspektivenwechsel 233
Phantasie 13, 228, 251, 270
Phrase 59
Phrasen 52, 188
Pointe 2, 3, 4, 199, 210, 220, 224, 227, 228, 229, 230, 233, 238, 253, 268
 – Schluß- 45
Pointenbildung 20, 229, 238
Polysemie 246, 257
populistisch 39
Positionierung 1, 211
PR 51
PR-Aktion 208
Prädikation 27
Präferenzen 10, 11
Präposition 240
Präsentation 51
Pressetext 51
Prestigedenken 207
Problemerkennung 227
Problemlösung 227
Produkt(nutzen)versprechen 246
Produktpositionierung 204
Prosa 41
Protokoll 51
Provokation 4
Raumvorstellung 13
Reaktion 10
Rebriefing 201, 206
Rechtschreibung 269
Rechtshirn 3
Rede 43
 – direkte 264
Redeeröffnung 43
Redensart 8, 39, 54
Redetext 43
Reduktion 14
Reduktion, prädikative 27
Redundanz 14, 59, 235
Referat 51
Reihenfolge, dramaturgische 28
Reinlayout 207
Repetition 33
Reportage 51
Reversion 33
Rezipient 209, 230
Rhetorik 3, 31, 32, 34, 58, 199, 230, 233

Rhythmuswechsel 32, 243
Rohlayout 207
Romane 41
Rückkoppelung 230
Rundschreiben 20, 269
Sage 211
Sanektik 239
Sarkasmus 4
Satire 4
Satzbau 24, 26, 31, 34, 264
Schlagfertigkeit 237
Schlagzeile 44, 199, 245
Schlüsselwörter 44
Schrift 6
Schrift-Persönlichkeit 60
Schüttelreim 267
Script 207
Selbstbild 14
Semantik 215
Sinngehalt, emotionaler 39
Skribble 207
Slogan 245, 267, 268
Sogverhalten 207
Spannungsverhältnis 1
Speicherung 6
Sponti-Spruch 267
Sprachdiktion 254
Sprache 6, 39
 – elitäre 39
 – Stammtisch- 39
Sprachebene 31
Sprachklima 261, 269
Sprachkompetenz 57
 – geschriebene 51
 – gesprochene 51
Sprachökonomie 39
Sprachstil 24, 26, 39
 – charakteristischer 39
Sprechakttheorie 8
Sprichwörter 267
Stabreim 20, 245
Status 211
Statusdenken 207
Steigerung 245
Stil 209, 263, 269
 – journalistischer 34
 – verbaler 39
 – -Blüten 246
Stilverhalten 264
Stimulanz 54, 261, 264
Story 268
Storyboard 207
Storyline 207
Strategie 21
 – kreative 227
 – verbale 51

Stromkreis zum Schließen 268
Subheadline 207
Substantiv 39
Superlativ 238
Symbol 216
Synektik 237
Synonym 15, 238
Syntax 241
Synthese 2, 225, 227, 251
Systematik 50, 228
Systemverbesserung 205
Teil, fakultativ 28
 – obligatorisch 28
 temporal 26
Tendenz der Schlagzeile 44
Termini 58
Terminologie 51
Testimonial 257
Text 13, 44, 251, 265
 – -analytik 51
 – -charakter 27
 – -erschließung 35, 48
 – -erweiterung 48
 – -experiment 51
 – -funktion 51
 – -idee 249
 – -reduktion 48
 – -sorte 30, 51, 264
 – -typen 8
Texter 243, 251
These 225, 245, 249
Tonalität 239, 246
Touch, philosophischer 34
Transfer 207
 – Text/Bild- 270
Transformation 27
 – konjunktionale 26
 – semiotische 209
Transformator 221
Transposition 33
Trial-and-error 205
Tricks, rhetorische 264
trivial 31
Typograf 251
Typografie 61, 177, 207, 251
Überschrift 245
Umgangssprache 7, 39, 54
umgepolt 17
Umsetzung, kreative 205
Unlogik 3, 225
Unterhaltungswert 4, 257
Ursache 27, 46
Verarbeitung 6, 199
Verb 39
Verbal-Prädikation 27
Verbale Kommunikation 19, 61

Verbalisierung 264
Verballhornung 20
Verbrauchernutzen 204
Verfremdung 227
Verführer, geheime 39
Verhaltenssteuerung 210
Verkäufermarkt 212
Verkaufsziel 203
Verknüpfung 207
Verschiebung 221, 253
 – von Inhaltsebenen 222
 – Text/Bild- 221
 – -smechanismus 220
 – -smöglichkeit 220
Versrhythmus 246
Vertrautes fremd 251
Videolayout 207
Vielheit 13
Vokabular 14, 24, 26, 32, 63, 241, 263
 – -Gefälle 32
Vokale 6
Wahrnehmungswelt 1, 215, 222
Wahrnehmung 6, 24, 199
 – selektive 207
Werbeagentur 209
Werbeanzeige 209
Werbebotschaft 209
 – pointiert 272
Werbeeinsatz 206
Werbegestaltung 202, 206
Werbekonzept 205, 207
Werbemailings 20
Werbemittelproduktion 206
Werbeschreiben 250
Werbestrategie 202, 204, 206, 207, 211
Werbetexter 253
 – kreativer 249
Werbewirkungsstrategie 207
Werbeziele 202
Werbung 39, 51
Werteverständnis 209
Wirksamkeit 264
Wirkung 21, 35, 46
Wissen 12
 – faktisches 11
 – generelles 11
 – sprachliches 10
Witz 2, 3, 20, 210, 220, 232, 238, 268
Wort 239
 – Sponti- 165
 – Sprich- 165
Wortbild 239
Worthülse 59

– abgegriffene 52
Wortlaut 239
Wortschatz 239, 240
 – Grund- 246
Wortschatzübung 246
Wortlautreduktion 246
Wortspiel 20, 221, 237, 245
Wortwahl 31, 34
Wortwiederholung 246
Zeichen 216, 217, 239
Zeichensetzung 269
Zielgruppe 243
Zielgruppenbestimmung 204
Zitate 267
Zug, rhetorischer 221
Zusammenhang gelesen, im 24
Zusammenhangverständnis 19, 28